加密货币与金融大变局

艾利艾咨询　编著

李未柠　主编

图书在版编目（CIP）数据

加密货币与金融大变局 / 艾利艾咨询编著；李未柠主编 . -- 北京：中信出版社，2025.8. -- ISBN 978-7-5217-7835-9（2025.8重印）

Ⅰ.F713.361.3

中国国家版本馆 CIP 数据核字第 20251MJ083 号

加密货币与金融大变局

编著者：艾利艾咨询
主　编：李未柠
出版发行：中信出版集团股份有限公司
（北京市朝阳区东三环北路 27 号嘉铭中心　邮编　100020）
承印者：北京通州皇家印刷厂

开本：787mm×1092mm 1/16　　印张：21.25　　字数：248 千字
版次：2025 年 8 月第 1 版　　　　印次：2025 年 8 月第 2 次印刷
书号：ISBN 978–7–5217–7835–9
定价：79.00 元

版权所有·侵权必究
如有印刷、装订问题，本公司负责调换。
服务热线：400–600–8099
投稿邮箱：author@citicpub.com

目 录

序 言 / III
前 言 / VII

上篇
加密货币

第一章　加密货币：重塑全球金融秩序 / 003

第二章　加密货币新监管：多维治理新框架 / 027

第三章　比特币：数字货币领航者 / 069

第四章　稳定币：世界金融秩序的下一场巨变 / 127

下篇
金融大变局

第五章　金融变局：美国对比特币的态度演进与趋势 / 183

第六章　未来博弈：美国比特币政策的战略布局 / 249

后 记 / 323

序　言
稳定币的兴起与全球金融秩序变局

当前，全球金融体系正处于颠覆性重构的历史进程中。以稳定币为代表的新兴数字资产，在技术进步、市场变革与制度演化的推动下，已迅速从边缘化的交易工具发展为金融政策制定者和监管者高度关注的制度性因素。它不仅改变了传统货币的支付清算逻辑，更开始在国家货币主权、跨境资本管理以及全球金融治理中发挥越来越重要的作用。

在全球金融秩序深刻变革的当下，如果说比特币颠覆的是传统资产的认知范式，那么稳定币冲击的则是货币制度的底层逻辑。面对这一趋势，全球主要经济体已竞相开展稳定币战略布局，不再局限于依赖传统货币工具维持金融稳定与经济调控，而是试图借助加密技术重塑跨境支付体系、主权信用架构，进而争夺全球金融主导权。

2024年初，美国证券交易委员会（SEC）批准了首批现货比特币交易所交易基金（ETF）[①]在美国挂牌上市，这一里程碑

---

① 这是一种在证券交易所上市交易且份额可变的开放式基金。

事件标志着加密资产迈向传统金融体系的关键一跃。相较于比特币更多承载价值符号的属性，稳定币的金融工具特性更强——其价值锚定法币，却不受任何一国央行直接监管，在全球资本流动中表现出技术中立性与政治不确定性。这种"双重性"使其既有可能成为美元的延伸工具，也可能被用来打破现行货币体系的权力结构。

稳定币的兴起，并非仅是金融技术创新者的试验，其与央行数字货币（CBDC）共同构成了某种结构性张力。稳定币由私人部门驱动，追求支付效率、金融"去中介化"与市场自发接纳，CBDC则依托主权国家信用，强调监管可控、安全可溯与法定货币的权威性。两者并非简单对立，而更像面对全球货币竞争加剧与金融安全需求升级这一议题上的两种"解题思路"。

在这一关键战略节点上，中国正加速布局。京东科技、蚂蚁集团等国内多家企业率先探索稳定币与跨境支付的融合创新，试图通过"合规稳定币+可信支付网络"技术架构，参与国际结算体系的重构。这表明，稳定币已不仅是加密货币市场的金融工具，还正逐步演变为全球货币战略博弈中的新变量、新桥梁和新隐患。

从全球货币竞争维度审视稳定币的崛起，会看到其引发的变革远不止一次货币创新那么简单，实则是一场关乎国家金融主权重塑、全球价值流通体系革新，乃至国际政治格局重组的博弈。稳定币既有可能成为美国"数字美元"的"全球先遣部队"，也可能成为非美元国家"去美元化"的"桥头堡"。无论如何，各国都不得不重新思考，在一个稳定币高度流通、法币边界逐渐模糊的新金融时代，如何维护本国的货币主权与金融安全。

本书正是立足这一历史性拐点，从战略高度对稳定币及其所处的加密货币生态系统进行全面、系统且深刻的解读。

本书由"加密货币"与"金融大变局"两条主线构成，分为上、下两篇，共六章。

上篇着眼于加密货币整体生态，试图厘清其从技术实验阶段发展至全球热潮的演进路径。首先，上篇对比特币作为"价值储存工具"及"货币实验"的双重身份，从历史与现实维度进行了解构。其次，将研究重点聚焦于当前最具政策敏感性与战略意义的稳定币，从制度设计逻辑、金融功能创新，到国际演变趋势进行深入分析，并以USDT（泰达币）、USDC（美元币）为案例，展示稳定币如何在缺乏国家背书的前提下，借助信用锚定机制和智能合约网络获取全球流通力。最后，上篇还对以太坊、DeFi（去中心化金融）平台等底层基础设施进行评估，以还原整个加密生态系统的运转逻辑，揭秘其蕴含的系统性风险。

下篇则聚焦政治金融视角，深度剖析美国的政策转向。通过对华尔街、美国国会、监管机构与民间团体等多元主体在加密货币议题上的立场分析，揭示了美国将加密货币纳入国家战略工具的深层原因，并通过追踪2024年美国总统大选中比特币议题的浮现与延伸，展现了美国在数字货币政策方面的战略分化与多轨推进。此外，本书还特别关注了特朗普2.0时代潜在的金融战略转向，分析美国如何利用加密货币推动财政体系的重塑与国际结算策略的调整，同时探讨全球资本吸引政策的潜在动向及未来演变。

在全球金融"转向之年"，这部聚焦加密货币的学术专著的出版，不仅是对数字金融变革历程的一次历史记录，更是对各国战略判断力与制度创新水平的一场现实考验。加密货币尤其是稳定币所带来的最大挑战，并非缘于技术迭代本身，而是制度适配的不确定性与政策响应的滞后性。任一具有全球影响力的稳定币项目都将如"影子央行"一般，改变资本流动方向、重塑货币政策传导效率，甚至重构部分经济体的金融主权结构。

本书为读者提供了三个层面的价值。

其一，本书为政策制定者提供了国际加密生态的全景式观察框架，帮助读者在纷繁复杂的信息中辨识主要趋势与潜在方向，特别是理解稳定币如何从"支付工具"演变为"金融竞争利器"。

其二，本书为金融从业者与科技企业绘制了一份加密领域的竞争图谱。针对加密货币业务布局策略、国际规则博弈中的合规突破路径，以及如何从公链、支付通道、数字身份等核心环节切入市场，本书均给予了方法论和实践指引。

其三，本书为普通读者开启了观察"货币变革"的窗口。加密货币已不只是投机性资产，它还深刻改变了公众对金融体系、国家信用与市场边界的认知。读懂稳定币，便能洞察新型金融秩序如何逐步成型。

总之，本书既是紧扣时势的加密货币解读之作，也是面向未来的战略预测文本。在世界金融新秩序尚未形成定局的当下，我们尤需通过深度研究与理性判断，从加密货币规则制定权、话语权与主导权的争夺入手深入分析。正如本书所揭示的那样：在这个新兴的货币疆域中，稳定币不是终点，只是序章；真正的博弈，才刚刚开始。

艾利艾咨询
2025 年 7 月

前　言

全球加密货币自诞生以来，已历经 15 年的发展历程。其持有者数量已达 6.17 亿，约占全球总人口的 7.5%。其中，比特币（BTC）在全球万余种加密货币 2 万多亿美元的市值中占据半壁江山。单枚比特币的价格，从最初的 0.1 美元已上涨至数万美元。截至 2024 年 7 月末，全球比特币 ATM（自动提款机）数量达 38 528 台，广泛分布于 72 个国家（地区）。如此高的活跃度，不仅表明人们对数字资产的兴趣已成为一种趋势，还凸显出全球对数字资产经济和创新潜力认知广泛且持久的转变。

截至 2023 年 12 月，加密货币已在 119 个国家（地区）和 4 个英国海外领地获得合法地位。其中，萨尔瓦多已将比特币当作法定货币使用，22 个国家（地区）认定加密货币非法，但这并不意味着这些国家（地区）的居民不持有加密货币。此外，还有 25 个国家（地区）处于"中立"状态，尚未明确赋予加密货币法律地位。

值得注意的是，2024 年初，发生了一件出人意料的事。SEC

一反常态，于同年1月10日批准了ETF上市交易，这一举动被市场解读为具有深远影响的"历史性里程碑"，SEC堪称"游戏规则改变者"。

彼时，尚为美国总统候选人的特朗普，在加密货币的态度上发生了显著转变。在其第一任期内及2022年前，特朗普对比特币持否定、攻击的态度。然而，在2024年7月27日的比特币大会上，特朗普宣称：希望比特币"是在美国挖掘和制造的"，"如果当选总统，打算建立比特币战略储备"。

更具戏剧性的是，2025年1月18日，也就是特朗普再次入主白宫前两天，他在"真相社交"平台上发文宣布，推出个人迷因币"TRUMP"，并附上了相关链接。就在特朗普发币的第二天，其夫人梅拉尼娅也发行了以自己名字命名的迷因币"MELANIA"。几小时后，特朗普小儿子同名迷因币"BARRON"上线，并和"TRUMP""MELANIA"一同登陆主流交易所。

截至2024年8月，美国在比特币掌控方面已成为全球"明面"上的最大势力。从全球政府持有比特币的情况来看，比特币总供应量为2 100万枚，其中政府持有量占比约11.8%，而美国政府比特币持有量占世界各国（地区）政府持币总量的8.6%。全球40只基金、ETF基金或类似物合计持有108.5万余枚比特币，其中美国的16家公司持有量占比高达86.2%。全球51家上市公司持有32.7万枚比特币，其中美国的23家公司持有量占比高达91.6%。全球私营公司持有38.3万枚比特币，其中美国公司持有量占比为45.7%。在个人持有方面，比特币创始人中本聪被外界推算持有量最多，约为110万枚。同时，有4个美国人持有超11.7万枚。通过数字钱包地址查询发现，持有比特币数量最高的地址，由美国监管的加密货币交易所币安（Binance）托管账户管理，该地址比特币总数超 24.8 万枚。

作为当今世界头号金融强国，美国已在谋划加密货币的新篇章。世界似乎也到了需要对加密货币再次进行全面审视的关键节点。

上篇　加密货币

第一章
加密货币：重塑全球金融秩序

一、加密货币的现状

2024年8月6日，新加坡加密货币交易所Crypto.com发布《2024年上半年加密货币市场规模报告》。该报告显示，2024年上半年全球加密货币持有者数量增长了近6.4%，从2023年12月的5.8亿增加到2024年6月的6.17亿。按照联合国同年7月发布的《世界人口展望2024》推算，到2024年中期，世界人口接近82亿，这意味着全球约有7.5%的人口持有加密货币。其中，比特币持有者数量从2.96亿增至3.14亿，增长6%，占全球持有者总数的51%；以太币（ETH）持有者数量从1.24亿增至1.36亿，增长约9.7%，占全球持有者总数的22%。此外，38.8万~160万人通过美国现货比特币ETF投资比特币。

（一）全球加密货币数量

截至2024年7月26日，全球加密货币种类超过万种，总市值超 2 万亿美元，其中比特币占比过半。

迄今为止，尚无国家（地区）央行发布加密货币数据，业界分析数据主要来源于两个专门机构：一个是总部设在美国的全球知名加密资产价格跟踪网站 CoinMarketCap，另一个是世界著名金融网站英为财情（Investing）。CoinMarketCap 数据显示，截至 2024 年 7 月 26 日上午，全球流通的加密货币有 10 028 种，总市值高达 2.36 万亿美元；英为财情数据显示，全球加密货币有 10 036 种，总市值 2.31 万亿美元。两者数据相近。

从市值规模可观察加密货币全球格局。CoinMarketCap 数据显示，截至 2024 年 7 月 26 日上午，市值超过万亿美元的加密货币只有比特币 1 种。其市值高达 13 096.11 亿美元，占全球加密货币总市值的 55.5%，比特币长期在全球加密货币领域稳居首位，处于绝对领先地位。

市值处于 1 000 亿至 10 000 亿美元区间的加密货币有以太币和泰达币。以太币市值为 3 829.66 亿美元，约占全球加密货币总市值的 16.2%；泰达币市值为 1 142.77 亿美元，约占全球加密货币总市值的 4.84%。比特币、以太币与泰达币这三种加密货币的市值合计占全球加密货币总市值的 76.54%。

市值处于 500 亿至 1 000 亿美元区间的加密货币有币安币（BNB）和索拉纳币（Solana）。币安币市值为 836.47 亿美元，索拉纳币市值为 806.15 亿美元。

在市值 100 亿至 500 亿美元的区间内，有美元币（USDC）、瑞波币（XRP）、狗狗币（Dogecoin）、TON 币（Toncoin）、艾达币（Cardano）、波场币（TRON）、AVAX 币（Avalanche）7 种加密货币。其中，美元币市值为 338.02 亿美元，瑞波币市值为337.74亿美元,狗狗币市值为185.21亿美元,TON币市值为166.89亿美元,艾达币市值为143.50亿美元,波场币市值为118.57亿美元,AVAX币市值为107.76亿美元。

市值处于10亿至100亿美元区间的加密货币多达56种,合计市值为1 647.95亿美元,约占全球加密货币总市值的7%。其中,市值在50亿至100亿美元的有8种,合计市值为552.72亿美元,约占全球加密货币总市值的2.34%;市值在10亿至50亿美元的有48种,合计市值为1 095.23亿美元,约占全球加密货币总市值的4.64%。

市值小于10亿美元的加密货币多达9 960种,合计市值约844亿美元,约占全球加密货币总市值的3.6%。

上述市值在100亿至1 000亿美元区间的9种加密货币,市值合计为3 040.31亿美元,占全球加密货币总市值的12.88%。若将这9种与市值排名前三的加密货币(比特币、以太币、泰达币)所占市值比重(76.54%)相加,则占比高达89.42%,这意味着其余1万多种加密货币的总市值占比仅为10.58%(见表1-1)。

表1-1 加密货币市值排名全球前20

排名	中文名称	英文名称	符号	价格(美元/枚)	市值(亿美元)
1	比特币	Bitcoin	BTC	66 373.05	13 096.11
2	以太币	Ethereum	ETH	3 185.33	3 829.66
3	泰达币	Tether	USDT	1.00	1 142.77
4	币安币	BNB	BNB	573.17	836.47
5	索拉纳币	Solana	SOL	173.51	806.15
6	美元币	USDC	USDC	1.00	338.02

续表

排名	中文名称	英文名称	符号	价格（美元/枚）	市值（亿美元）
7	瑞波币	XRP	XRP	0.60	337.74
8	狗狗币	Dogecoin	DOGE	0.13	185.21
9	TON币	Toncoin	TON	6.63	166.89
10	艾达币	Cardano	ADA	0.40	143.50
11	波场币	TRON	TRX	0.14	118.57
12	AVAX币	Avalanche	AVAX	27.30	107.76
13	柴犬币	Shiba Inu	SHIB	0	97.70
14	波卡币	Polkadot	DOT	5.75	82.62
15	链克币	Chainlink	LINK	13.06	79.41
16	比特币现金	Bitcoin Cash	BCH	364.61	71.97
17	NEAR币	NEAR Protocol	NEAR	5.49	60.75
18	LEO币	UNUS SED LEO	LEO	5.91	54.73
19	DAI币	Dai	DAI	1.00	53.48
20	莱特币	Litecoin	LTC	69.61	52.06

注：统计数据截至2024年7月26日北京时间上午10点。
资料来源：CoinMarketCap；艾利艾咨询整理。

（二）全球加密货币现货交易情况

2024年1—7月，全球加密货币现货交易总量达9.82万亿美元，同比增长112.4%。其中，亚洲市场占据了全球交易总量的75.2%。

这是一项针对包含比特币在内的全球万余种加密货币现货交易的观察。根据美国专注于数字货币领域数据、研究和新闻媒体的 The Block 数据，2023 年 1 月至 2024 年 7 月这 19 个月期间，全球加密货币现货交易呈现出以下特点（见表 1-2）。

表 1-2 加密货币现货交易量

（单位：亿美元）

时间	亚洲	欧洲	北美洲	南美洲	全球
2023 年 1 月	6 320.8	268.8	779.9	—	7 888.5
2023 年 2 月	7 137.0	283.3	627.1	—	8 707.1
2023 年 3 月	7 575.1	421.4	813.5	—	9 761.9
2023 年 4 月	4 460.9	260.8	562.0	—	5 973.8
2023 年 5 月	3 234.6	231.4	379.1	—	4 411.8
2023 年 6 月	3 650.3	265.7	376.5	—	4 892.9
2023 年 7 月	3 580.8	221.6	340.5	—	4 598.4
2023 年 8 月	3 406.5	202.7	325.2	619.0	4 330.5
2023 年 9 月	2 439.3	169.3	270.5	890.0	3 215.0
2023 年 10 月	3 857.7	245.3	485.4	160.8	5 122.5
2023 年 11 月	6 238.3	366.5	746.8	229.8	8 204.2
2023 年 12 月	8 258.0	447.1	1 057.8	221.2	10 900.0
2024 年 1 月	8 705.8	498.8	1 173.8	130.6	11 400.0
2024 年 2 月	8 884.7	430.7	1 135.6	95.4	11 600.0
2024 年 3 月	19 300.0	745.4	2 162.3	173.9	24 800.0
2024 年 4 月	11 800.0	512.9	1 358.9	42.6	15 900.0
2024 年 5 月	9 302.6	363.3	1 121.7	28.2	12 300.0
2024 年 6 月	7 672.5	290.6	975.0	41.4	11 000.0
2024 年 7 月	8 173.5	336.6	1 371.7	47.5	11 200.0

注：1. 数据均由 The Block 根据总部位于以色列的全球网络分析工具 SimilarWeb "确定了交易所网站的大部分访问者来自哪里" 的统计得出。

2. 数据均为当月值。

3. "—" 代表没有该项数据。

资料来源：The Block；艾利艾咨询整理。

从全球层面来看，2024年1—7月单月交易量均超万亿美元，3月更是创下2.48万亿美元的历史峰值。2024年1—7月，全球加密货币现货累计交易量为9.82万亿美元，同比增长112.4%，较2023年全年7.8万亿美元高出2.02万亿美元。

亚洲在全球交易量中的占比为75.2%。2024年1—7月，亚洲地区累计交易量约为7.38万亿美元，同比增长105.3%，较2023年全年近6.02万亿美元高出1.36万亿美元。单月交易量均超过2 000亿美元，3月为1.93万亿美元，4月为1.18万亿美元。尽管亚洲在全球交易量中的占比相较2023年同期的77.8%下降了2.6个百分点，但无疑仍是全球加密货币现货交易最为活跃的区域。

北美洲表现日趋活跃。2024年1—7月，北美洲地区累计交易量为9 299亿美元，同比增长139.8%，较2023年全年6 764.3亿美元高出2 534.7亿美元。2023年12月的交易量为1 057.8亿美元，其余11个月均低于900亿美元，而2024年1—7月，除6月为975.0亿美元外，其余6个月均高于1 000亿美元。北美洲在全球交易量中的占比为9.5%，较2023年同期的8.4%上升了1.1个百分点。

2023年1—12月，欧洲加密货币现货交易量均未超过500亿美元，且绝大多数月份处于200亿至300亿美元之间。2024年1—7月，欧洲累计交易量为3 178.3亿美元，同比增长62.7%，月均454.04亿美元，高于2023年月均281.99亿美元的水平。欧洲在全球交易量中的占比为3.2%，较2023年同期的4.2%下降了1个百分点。

(三)加密货币在全球的法律地位格局

1. 赋予加密货币合法地位的国家(地区)

加密货币数据追踪网站 CoinGecko,对加密货币在全球 166 个国家(地区)的法律地位展开了统计。数据显示,截至 2023 年 12 月,加密货币在 119 个国家(地区)和 4 个英国海外领地具有合法地位(见表 1-3)。

表1-3 加密货币在全球 166 个国家(地区)的法律地位

法律地位	数量(个)	国家/地区(部分)
合法	119	阿拉伯联合酋长国、英国、美国等
非法	22	阿尔及利亚、埃及、孟加拉国、中国、卡塔尔等
中立	25	刚果(金)、尼加拉瓜、塔吉克斯坦、赞比亚等
合法:存在监管措施	62	丹麦、爱沙尼亚、芬兰、法国、日本、新加坡等
合法:被视作法定货币	1	萨尔瓦多
合法:禁止银行涉足加密货币业务	20	中国台湾、阿拉伯联合酋长国、越南、阿根廷等

注:2024 年 6 月,阿拉伯联合酋长国央行出台新规定,禁止使用加密货币用于商品和服务支付,获得许可的迪拉姆支付代币或已注册的外国支付代币除外。
资料来源:CoinGecko;艾利艾咨询整理。

2. 全面禁止加密货币的国家(地区)

2021—2023 年,完全禁止境内使用与交易加密货币的国家(地区)数量,从 9 个增至 22 个,其中非洲国家占 13 个。一个国家(地区)将加密货币视作非法,并不意味着境内无人持有加密货币。据 CoinGecko 报告,即使在埃及、中国等加密货币非法的国家，仍有一些人持有加密货币。加密货币技术公司 Triple-A 的数据表明，埃及持有加密货币的人口比例为 2.95%。

3. 持中立态度的国家（地区）

在统计范围内，25 个国家（地区）对加密货币持中立态度，未明确赋予加密货币法律地位。其中，24 个国家（地区）的央行和政府已通过隐性方式禁止加密货币相关活动，或对加密货币使用表现出极大担忧，甚至采取限制措施。

4. 唯一将加密货币视作法定货币的国家：萨尔瓦多

目前，仅有萨尔瓦多将比特币纳入法定货币范畴。2021 年 6 月 9 日，萨尔瓦多国民议会通过相关法案，批准将比特币作为该国法定货币，并于同年 9 月 7 日正式生效。法案规定，比特币作为萨尔瓦多法定流通货币接受监管，可用作商品标价、支付手段和纳税用途；比特币交易无须缴纳资本利得税；境内比特币与美元兑换汇率由市场决定。值得一提的是，2022 年 4 月，中非共和国曾宣布将比特币作为法定货币，但在 11 个月后的 2023 年 3 月，宣布废除了比特币的法定货币地位。

二、加密货币的用途

2022 年 12 月至 2023 年 1 月，CoinGecko 与区块链研究实验室联合开展了"非同质化代币（NFT）和加密货币用户调查"。427 份调查结果显示，投资、质押、支付位列加密货币用途前三，而借贷则为最不受欢迎的用途（见表 1-4）。

表1-4 目前加密货币的8种用途与持有者态度

(单位：%)

排名	用途	总是	经常	有时	很少	累计	从不
1	投资	37.9	30.9	18.7	6.3	93.9	6.1
2	质押	20.1	27.6	25.8	15.2	88.8	11.2
3	支付	13.6	17.8	30.4	22.7	84.5	15.5
4	投机	9.4	17.1	33.0	21.6	81.1	19.0
5	参与代币销售	8.9	14.5	32.3	23.9	79.6	20.4
6	流动性"挖矿"	8.2	17.6	27.4	21.6	74.8	25.3
7	治理	8.0	13.1	28.1	25.3	74.5	25.5
8	借贷	6.3	8.7	20.6	22.0	57.6	42.4

注：由于小数取值，累计值可能存在偏大或偏小0.1%的情况。
资料来源：CoinGecko；艾利艾咨询整理。

（一）投资

在加密货币领域，多数持有者将其视为一种长期投资形式。比特币市场先驱和领导者认为"比特币是数字黄金"。除比特币外，加密货币具备一定的资金筹集功能，并已被纳入另类投资范畴。

如表1-4所示，37.9%的持有者表示，加密货币是一项投资。这意味着加密货币很可能成为他们金融投资组合中的长期组成部分，而且他们相信加密货币会持续存在。从投资重点来看，该群体倾向于将加密货币视为一种金融工具或业务。30.9%的持有者表示，加密货币经常被用作投资；25.0%的持有者表示，只是有时或偶尔使用加密货币用作投资；6.1%的持有者表示，从未将加密货币作为投资，这些人可能是投资期限较短的加密货币日内交易者，或者他们认为加密货币风险过高、波动性大，不宜被视作投资资产。

（二）质押

88.8% 的加密货币持有者表示参与过加密货币质押，这表明质押已成为一种流行活动。其中，约 20.1% 的持有者表示总是参与质押，约 27.6% 表示经常质押，约 41.0% 表示有时或很少质押，约 11.2% 表示从未尝试过加密货币质押。

（三）支付

84.5% 的加密货币持有者曾用其支付。虽然从技术层面看，加密货币与法定货币的用途相同，但目前其用于购买商品或服务的场景有限，这也许可以解释，为何只有 31.4% 的持有者总是或经常使用加密货币支付，53.1% 的持有者只是有时或很少使用。加密货币支付常与犯罪分子或可疑活动关联，这可能会影响 15.5% 尚未使用加密货币支付的持有者。

（四）投机

至少 81.1% 的加密货币持有者对加密货币进行投机，这与加密货币市场的高度不稳定走势相符。约 26.5% 的持有者表示总是或经常进行短期加密货币投机，这些人可能是资本雄厚、风险承受能力强的加密货币日内交易者，或是专门预留部分资本寻求高风险机会的投资者。约33.0%的持有者表示有时会进行适度投机。约21.6%的持有者表示很少投机。19.0%的持有者则表示不会用加密货币投机。

（五）参与代币销售

79.6%的加密货币持有者会使用加密货币参与代币销售。其中，超过20%的持有者表示总是（占比8.9%）或经常（占比14.5%）参与代币销售；一半以上的持有者表示有时（占比32.3%）或很少（占比23.9%）参与。20.4%的持有者则表示从未购买过新发行的代币。

（六）流动性"挖矿"

74.8%的加密货币持有者表示曾参与过流动性"挖矿"（Mining），25.3%表示从未通过加密货币获取此项收益。流动性"挖矿"是DeFi协议中针对流动性提供者的一种高息激励计划，即贡献者通常以利息形式获得被动奖励，以换取将其代币投入流动性池的回报。

（七）治理

治理也是加密货币的一种用途。74.5%的加密货币持有者表示，曾通过投票等方式参与其持有代币的项目治理，参与比例几乎与参与流动性"挖矿"的比例相同；25.5%表示从未参与。

（八）借贷

在加密货币的常见用途中，借贷是相对最不常见的一种。42.4%的持有者表示从不使用加密货币参与借贷，57.6%的持有者表示曾有过此类操作。在进行加密货币贷出或借入的人群中，只有6.3%表示总是、8.7%表示经常使用加密货币进行借贷。

三、加密货币与法定信用货币

2021年9月初，萨尔瓦多正式将比特币列为国家法定货币，与美元并行流通。这一举措引发了广泛的争议与混乱，同时也吸引了全球比特币投资者和投机者的密切关注。萨尔瓦多由此成为全球首个将比特币纳入法定货币体系的国家，堪称"第一个吃螃蟹者"。然而，诸多国际金融权威官方机构从一开始就不支持萨尔瓦多这种做法。比如，世界银行早在同年6月就明确拒绝了萨尔瓦多提出的协助其将比特币列为法定货币的请求。甚至有国际金融机构高层人士认为，比特币缺乏主权支撑，最终将难以存续。

比特币等被冠以"货币"之名的加密货币，必然会引发与传统法定货币的比较。

（一）锚定物角度

1.法定货币：从实物锚到信用锚

货币的锚定物及发行方式，是国家金融体系最重要的基础组成部分。截至目前，世界上出现过两种货币锚：实物锚（如黄金、白银等实物商品）与信用锚（如美元、欧元等国际货币）。

布雷顿森林体系解体后，国际汇率制度不再统一。美元、欧元等主要货币基于自身经济状况，依据通胀、就业、经济增长等核心指标制定货币政策。美国率先实行"主权信用货币制"，通过财政部发行国债、美联储及其他交易方购买国债的方式投放货币。其他货币的锚定物大致可分为两种：一是锚定某种强势货币，二是以若干强势货币组成的货币篮子为锚。

新中国成立至今，人民币发行制度历经两个阶段：从"物资本位制"（即现金发行以国家掌控的物质为基础）转变为"汇兑本位制"（外汇储备可视为人民币发行基础或储备）。2005年7月21日，中国人民银行宣布人民币与美元脱钩，改为实行"参考一篮子货币进行调节、有管理的浮动汇率制度"。人民币的锚定物从美元转变成"一篮子货币"，篮子内各货币的比重依据中国与各国的外贸比重确定。

2. 加密货币：表面"以人们的信仰为锚"，实则无锚

比特币等加密货币以"挖矿"成本作为价值基础，人们的信仰则是其根本价值锚。然而，这种锚既不稳定也不可靠，甚至可以说其本身并无锚定物。世界银行前首席经济学家、国际货币基金组织（IMF）前第一副总裁安妮·克鲁格，在2021年为世界报业辛迪加撰文时指出，一个正在形成的共识是，比特币和其他私人发行的加密货币可作为一种投机性价值储存手段，进而成为一种资产类别。但这些工具能否发展成为交易媒介或记账单位，仍存在疑问。就比特币而言，该加密货币没有锚定物，其总量将恒定为2 100万枚代币。尽管这在一定程度上可能具有对冲通

胀的作用，但比特币价值剧烈波动且缺乏支撑，使其稳定性备受质疑。

有两个现象值得关注：其一，设计为去中心化模式的加密货币，并非由任何一个主权国家政府发行，也没有可用于评估价值的锚定物，却在全球范围内获得了越来越多的认可，其价值有不断强化态势；其二，比特币本身没有锚，而当今市场中却出现了一些以比特币为锚定物的加密货币，如 WBTC、HBTC、renBTC、pBTC 等比特币锚定币，它们在非比特币网络上发行。

（二）货币职能角度

货币理论认为，货币之所以能成为货币，其本质来源于人们对它的信心，即一般授受性。或许部分人认为比特币拥有类似货币的巨大潜力，在一定程度上能够履行货币职能。然而，就目前情况而言，比特币等加密货币的货币属性远称不上"完备"。并且，在应对通胀与通缩压力、保障货币安全使用等方面，它们面临巨大挑战，尚未具备完全取代传统法定信用货币的能力。

1. 传统法定货币的五大职能

在发达的商品经济环境中，货币具有价值尺度、流通手段、贮藏手段、支付手段以及世界货币五大职能。这五大职能是随着商品经济发展逐步形成的。其中，价值尺度和流通手段是货币最基本的职能。货币首先作为价值尺度，衡量商品有无价值以及价值的大小，然后作为流通手段实现商品的价值。

以人民币为例，有助于我们更深入地理解这一问题。中国人民银行金融消费权益保护局编著的《金融知识普及读本》指出,《中华人民共和国中国人民银行法》规定,人民币是我国的法定货币,由中国人民银行统一印制、发行。人民币作为我国的法定货币具有以下特征:其一,它是我国境内唯一合法的货币,具有无限法偿的能力;其二,它是一种价值符号,可作为商品价值计价的尺度;其三,它是相对稳定的货币,能够保持相对稳定的购买力;其四,它是独立自主的货币,象征着国家的经济主权。国内所有的货币收付、计价单位和汇价的确定,均以人民币为基准。

2. 加密货币:非全部货币职能

BBC(英国广播公司)网站在2022年的一篇文章中提道,IMF一直敦促萨尔瓦多改变将比特币作为法定货币的决定,原因在于比特币的稳定性极差。萨尔瓦多经济学家塔提亚娜·马洛昆对这一问题的担忧与日俱增。欧洲央行认为,货币应是可靠的价值储存手段,而比特币的波动性太大,本质上属于投机性资产,换句话说,"若将其用于投机行为,可能获得收益,但也需承担本金损失的风险"。

澳大利亚储备银行指出,"比特币和其他'加密货币'具备货币的部分属性,但并非全部。比特币与充当'一般等价物'进而成为'货币'之间还有较远距离"。

下文将从传统法定信用货币的五大职能出发,对以比特币为代表的加密货币进行分析。

从价值尺度职能来看,比特币具有"去中心化"特征,没有集中发行和调节机构,不存在中央调节机制的现代信用货币体系。这使其币值波动难以得到有效调节，尤其是在遭遇外部炒作时，波动更难熨平。币值的剧烈波动会创造套利空间，叠加过度炒作，易形成恶性循环。2021年3月，时任美联储主席杰罗姆·鲍威尔表示，比特币作为价值符号并非真正有用，其背后缺乏价值支撑，更多是一种投机资产，本质上是黄金而非美元的替代品。

从流通手段职能来看，比特币的稀缺性（即总量有限）会增强个人对其升值的心理预期，导致人们更倾向于将比特币作为投资品甚至投机品，而非经济生活中的交换媒介。

从支付手段职能来看，澳大利亚储备银行认为，尽管一些企业和个人愿意接受比特币作为支付手段，但愿意接受比特币的企业数量极少，这表明比特币并非一种被广泛认可的支付手段。IMF金融专家帕尔马·贝恩斯与货币和资本市场部主任助理兰吉特·辛格，在2022年共同撰写的研究文章中指出，"比特币等加密资产难以展现出作为支付工具的潜力，而是成了一种投机性赌注。投机者涌入市场，并不使用比特币等加密资产进行支付，只是一味地囤积，期望它们的价格持续上涨"。

从贮藏手段职能来看，比特币币值波动剧烈，风险超过许多风险资产，这使其贮藏手段职能大打折扣，目前更多被视为一种投机资产。澳大利亚储备银行认为，比特币价格极不稳定，这种波动性是其不具备贮藏手段能力的原因之一。英国央行也表示，像比特币这类加密资产，价值往往会在短时间内大幅波动，这是因为它们缺乏实物资产作为后盾。例如，2024年8月5日，比特币一度跌破5.3万美元/枚，最低触及5.26万美元/枚，跌幅超过10%。显然，如此大的日内跌幅，表明其作为贮藏手段存在明显缺陷。

从世界货币职能来看,尽管部分国家(地区)愿意接受比特币,但占比并不高,且目前仅有萨尔瓦多将比特币作为法定货币。相当多的国家(地区)对比特币持观望或存疑的态度,这影响了比特币等加密货币行使世界货币职能(见表1-5)。

表1-5 比特币等加密货币的货币职能分析

货币职能	加密货币是否具备	备注
价值尺度	不明朗	比特币等加密货币具有"去中心化"特征,缺乏国家强制赋予的价值尺度职能,其是否具备价值尺度职能需要通过市场博弈来判定
流通手段	是	能够实现点对点的直接支付与流通
支付手段	不明朗	比特币等加密资产很难证明其作为支付工具的潜力,多数投机者涌入市场并不使用其进行直接支付
贮藏手段	否	由于比特币总量恒定,日常波动性极大,更多被视作投机资产
世界货币	否	尽管有部分国家(地区)愿意接受比特币,但其整体占比相对较低

资料来源:艾利艾咨询根据公开资料整理。

四、加密货币与 CBDC

(一)全球 CBDC 发展现状

根据美国智库大西洋理事会的追踪数据,截至2024年5月,占全球 GDP(国内生产总值)总量98%以上的134个国家(地区),均在考虑或曾经考虑过推行 CBDC。其中,3个国家(地区)处于启动阶段,已正式推出用于零售或批发的数字货币,面向机构和公众；36个国家（地区）处于试点阶段，在参与者有限的条件下，于实际场景中对CBDC进行测试；30个国家（地区）处于开发阶段，已在受控环境中开展数字货币技术构建和早期测试；44个国家（地区）处于研究阶段，成立工作组对数字货币的应用场景、影响和可行性进行探讨；17个国家（地区）处于不活跃阶段，近期无数字货币相关实施计划；塞内加尔和厄瓜多尔这两个国家处于取消数字货币阶段；此外，还有两个国家（地区）属于其他类型，未做详细说明。

（二）CBDC定义

在IMF看来，CBDC是央行货币数字化的一种潜在新形式。其有别于商业银行在央行的准备金或结算余额，属于央行负债。它以现有记账单位计价，可作为交易媒介和贮藏手段。CBDC不是加密资产。

世界经济论坛（WEF）指出，CBDC由央行发行，不会取代现金，而是作为现金的补充与之共同存在。

大西洋理事会表示，CBDC是由央行支持并发行的虚拟货币。当前，随着货币和支付越来越数字化，世界各国央行已意识到，它们需要提供一种公共选择，否则很可能会在货币未来发展的进程中落后。

以数字人民币（e-CNY）为例。2021年7月，中国人民银行数字人民币研发工作组发布《中国数字人民币的研发进展白皮书》，明确指出数字人民币是人民银行发行的数字形式的法定货币，由指定运营机构参与运营，以广义账户体系为基础，支持银行账户松耦合功能，与实物人民币等价，具有价值特征和法偿性。具体包含以下几方面含义：第一，数字人民币是央行发行的法定货币；第二，数字人民币采用中心化管理、双层运营模式；第三，数字人民币主要定位于现金类支付凭证（M0），将与实物人民币长期并存；第四，数字人民币是一种零售型CBDC，主要用于满足国内零售支付需求；第五，在未来的数字化零售支付体系中，数字人民币和指定运营机构的电子账户资金具有通用性，共同构成现金类支付工具。

（三）加密货币与CBDC的两大本质区别

1. 发行主体不同

CBDC由央行发行，加密货币则由私人开发。世界经济论坛在2023年10月的文章中明确指出，CBDC的发行主体是央行，这与比特币等由私人开发的加密货币有本质区别。这意味着CBDC得到货币发行政府支持，确保其价值稳定，而加密资产则可能受多种因素影响，价值波动极大。

2. 中心枢纽存在差异

大西洋理事会发文指出，加密货币基于分布式账本技术运行，全球众多设备共同验证交易的准确性，不存在单一中心枢纽。相比之下，CBDC有着不同的运行机制。加密货币主要分为两类：一是像比特币这样完全去中心化的加密货币；二是稳定币（Stablecoin），其价值与资产或美元等法定货币挂钩。

美国《华尔街日报》2023年的文章指出，许多数字货币研究者认为，从基础层面来看，数字货币的核心作用在于实现控制。加密货币虽属于数字货币，但并不受政府或其他中央机构控制，其兴起以及一国数字货币对他国货币主导地位冲击的可能性，都增强了官方推行数字货币的意愿。

（四）加密货币与电子货币、虚拟货币、数字货币的区别

随着互联网和网络技术等快速发展，电子货币、虚拟货币、加密货币、数字货币等非实物货币纷纷出现，各类货币的概念容易混淆。目前，国内外主流概念界定为：电子货币是与银行账户相关的货币，是法定货币的电子化形式；虚拟货币不属于法定货币，可看作一种可兑换资产（见表1-6）。

表1-6 电子货币、虚拟货币、加密货币、数字货币的区别

类别	电子货币	虚拟货币	加密货币	数字货币
发行主体	金融机构	虚拟平台及网络运营商	理论上任何主体	金融机构
使用范围	不限	虚拟空间、特定社群内、企业内部	不限，集中于加密货币交易所等	不限
发行数量	法币决定	企业决定	程序设计决定	央行决定
信用保障	政府信用	企业信用	无	政府信用
货币价值	与法币对等	与法币不对等	与法币不对等	法币
流通方式	双向流通	单向或双向流通	双向流通	双向流通
监管难度	较容易	构成复杂，难追踪	去中心化特征，几乎无法形成整体监管	容易

续表

类别	电子货币	虚拟货币	加密货币	数字货币
典型代表	银行卡、储值卡、第三方支付等	Q币、盛大币、论坛积分等	比特币、以太币、泰达币等	CBDC，如数字人民币

注：表中四种货币的分类源自对公开文献资料的整理，但也有许多不同的观点。
资料来源：艾利艾咨询根据公开资料整理。

第二章

加密货币新监管：多维治理新框架

当今世界，加密货币种类数量繁多、市值差异巨大。2022年11月，总部位于巴哈马的全球前五加密货币交易所FTX宣布申请破产。这家在短短3年内市值飙升至320亿美元的交易所，堪称"造富神话"。然而，由于种种问题和风险，该交易所不到10天便市值归零。FTX的"爆雷"严重损害了加密货币行业的声誉，促使各国加速制定专门法规，同时对加密货币企业的牌照申请流程、信息报告标准等提出更严格的要求。

随着加密资产受到越来越广泛的关注，如何对其进行有效监管成为众多经济体高度重视的问题。应对加密货币市场波动已成为全球性金融课题。因此，我们不仅需要了解全球加密货币的整体状况，更有必要研究率先表现出利用和掌控全球加密货币意图的美国，IMF货币篮子[特别提款权（SDR）]中的欧盟、日本、英国，资源大国澳大利亚，受西方金融制裁且为全球比特币"挖矿"第二大国的俄罗斯，以及阿拉伯联合酋长国、新加坡、韩国等亚洲经济体的加密货币监管情况，以在国际比较中更从容地解答这一全球性金融课题。

一、加密货币全球监管整体状况

（一）加密货币合法国家（地区）超半数实施全面监管举措

在119个承认加密货币合法的国家（地区）中，有20个出台规定，禁止银行等金融机构与加密货币交易所或用户开展业务往来。多达62个（占比52.1%）制定了全面的监管措施，其中包括36个国家（地区）、22个欧盟成员国，以及4个英国海外领地。在这些实施全面监管的主体中，发达经济体与新兴和发展中经济体各占一半。

（二）43个国家（地区）呈现4种不同监管层次

普华永道在2023年12月发布的《纵览全球加密（资产）格局：2024年展望》报告中，对美国、英国、日本等43个国家（地区）的加密资产监管政策进行了分析，并从4个维度对监管方式进行了观察（见表2-1）。

表2-1 43个国家（地区）的加密货币监管现状

（单位：个）

类型	监管框架	牌照/注册规定	"旅行规则"（反洗钱）	稳定币监管
已立法或发布相关行政规定的国家（地区）	31	36	36	25

续表

类型	监管框架	牌照/注册规定	"旅行规则"（反洗钱）	稳定币监管
相关政策、立法或讨论正在进行中，或立法即将生效的国家（地区）	9	3	5	10
尚未开始制定或考虑具体的加密资产立法或监管框架的国家（地区）	3	4	2	8

注：43个国家（地区）分别是美国、英国、澳大利亚、奥地利、巴哈马、巴林、巴西、保加利亚、加拿大、开曼群岛、丹麦、爱沙尼亚、芬兰、法国、德国、直布罗陀、希腊、中国香港、匈牙利、印度、爱尔兰、马恩岛、意大利、日本、拉脱维亚、立陶宛、卢森堡、马耳他、毛里求斯、挪威、波兰、葡萄牙、卡塔尔、新加坡、斯洛伐克、南非、西班牙、瑞典、瑞士、中国台湾、土耳其、阿拉伯联合酋长国、乌干达。最新数据统计截至2023年12月。

资料来源：普华永道；艾利艾咨询整理。

1. 监管框架

在43个国家（地区）中，已有31个针对加密资产出台了相关监管框架，9个正在推进或即将实施相关监管框架，仅有3个尚未制定相关监管措施。欧洲和中东地区在加密资产监管方面取得了显著进展，构建了全面的监管指导框架，为数字资产公司的发展指明方向。在包括美国在内的其他地区，实行的是复杂且分散的监管体系，联邦机构和各州监管范围或规则相互重叠，甚至冲突。

2. 牌照/注册规定

当前，36个国家（地区）已发布加密资产业务牌照或注册规定。此外，有两个国家（卡塔尔、澳大利亚）和1个地区（中国台湾）的相关政策、立法工作正有序推进；有4个国家（土耳其、乌干达、印度和巴西）尚未实施相关规定。

3. "旅行规则"（反洗钱）

"旅行规则"（Travel Rule）属于反洗钱金融行动特别工作组（FATF）发布的40条建议中的第16条，旨在打击洗钱和恐怖融资。FATF成立于1989年7月，总部设在法国巴黎，是由39个国家（地区）组成的政府间政策制定机构，也是全球打击洗钱的关键国际组织之一。其职能是制定和推动全球反洗钱、反恐怖融资及反大规模杀伤性武器扩散融资的国际标准与措施。

"旅行规则"对虚拟资产服务提供商（VASP）提出信息报告要求：当VASP处理超过1 000美元（或1 000欧元）等值金额的虚拟资产交易时，需收集并传输发起人和受益人的身份、钱包地址、护照号以及交易日期等信息，以防范洗钱和恐怖融资活动。应注意的是，该规则并非强制，各经济体可根据自身情况设定相应门槛，如英国最低报告门槛为1 000美元（或1 000欧元），韩国为100万韩元（约720美元），美国为3 000美元。

在43个国家（地区）中，36个已实施加密资产业务"旅行规则"，5个国家（地区）的相关政策正处于立法或讨论阶段，而乌干达、土耳其两个国家暂未实施。

从更广泛的地区来看，FATF在2024年7月9日发布的报告中披露，在其调查的94个国家（地区）中，65个国家（地区）（占比约70%）已通过立法实施"旅行规则"，15个国家（地区）正在推进立法工作或即将实施，14个国家（地区）尚未实施。

4. 稳定币监管

在稳定币监管方面，25个国家（地区）已出台相关立法或措施；10个国家（地区）的相关政策正处于立法或讨论阶段；8个国家（地区）尚未着手制定或具体考虑相关措施。稳定币监管的推进速度明显落后于上述三个方面。

IMF对稳定币给出明确概念：稳定币是一种加密资产，旨在维持相对于特定资产或资产池的稳定价值，这些资产可以是记账货币单位（如美元或欧元）、一篮子货币、大宗商品（如黄金）或无担保的加密资产。

美联储于2025年2月23日发文《稳定币的一级市场和二级市场》指出，稳定币是一种加密资产，旨在相对于非加密参考资产保持稳定价值。通常，根据其抵押和发行方式，稳定币可分为三类：法定货币支持的稳定币、加密资产抵押的稳定币、算法（或无抵押）稳定币。

香港金融管理局认为，稳定币是一种旨在与特定资产（一般为货币）维持相对稳定价值的虚拟资产。美国《华尔街日报》发文称，稳定币是与美元等国家货币挂钩的数字货币，在加密货币交易所中是关键的流动性来源。在衍生品和去中心化金融市场，稳定币被交易员和投机者用作抵押品，且许多合同以稳定币作为支付手段。英国《金融时报》发文表示，稳定币是加密货币的一种形式，与比特币及其他投机货币不同，其名义上与标的资产挂钩，以限制价格波动。

二、美国

(一) 构建联邦政府和州政府加密货币双层监管体系

联邦政府层级监管主要由美国财政部金融犯罪执法网络（FinCEN）、SEC、美国商品期货交易委员会（CFTC）等部门构成。州政府层面的监管呈多元化特征，各州的监管严格程度存在差异（见图2-1）。

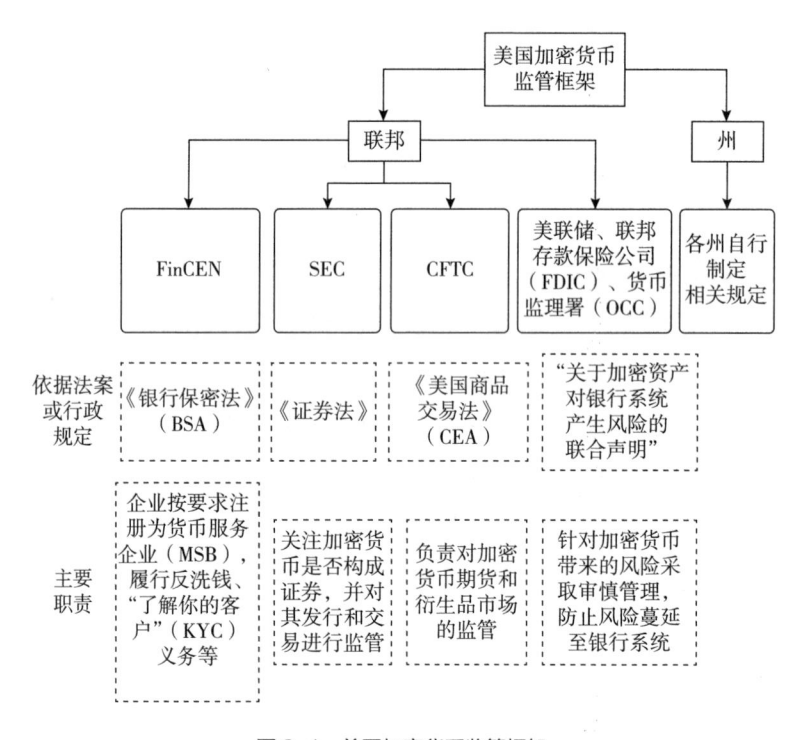

	联邦				州
	FinCEN	SEC	CFTC	美联储、联邦存款保险公司（FDIC）、货币监理署（OCC）	各州自行制定相关规定
依据法案或行政规定	《银行保密法》（BSA）	《证券法》	《美国商品交易法》（CEA）	"关于加密资产对银行系统产生风险的联合声明"	
主要职责	企业按要求注册为货币服务企业（MSB），履行反洗钱、"了解你的客户"（KYC）义务等	关注加密货币是否构成证券，并对其发行和交易进行监管	负责对加密货币期货和衍生品市场的监管	针对加密货币带来的风险采取审慎管理，防止风险蔓延至银行系统	

图2-1 美国加密货币监管框架

资料来源：艾利艾咨询根据公开资料整理。

(二)联邦政府监管体系:多部门协同推进

1. 美国财政部金融犯罪执法网络的监管职责与权限

美国依据1970年《银行保密法》对加密货币交易实施监管,该法案是美国反洗钱与反恐怖融资体系的基石。按照《银行保密法》的要求,任何从事货币服务业务的机构①,都必须在FinCEN进行注册,并遵守相关合规要求,包括验证客户身份、提交货币交易报告、保存特定记录以及响应执法部门的请求。根据现行监管规定,像币安这样的加密货币交易所,已在FinCEN注册为货币服务企业。

2. SEC的监管职责与权限

SEC主要依据1933年《证券法》对证券发行和交易进行监管。根据该法案,所有证券(包括涉及数字资产的证券)的发行和销售,都必须依照规定进行注册或获得注册豁免。其中,加密货币是否被判定为证券,主要依据"豪威测试"(Howey Test)。根据SEC在2019年4月发布的《数字资产投资合同分析框架》,某种数字资产的发行或出售若要满足"豪威测试",需满足表2-2所列的四项要求。

表2-2 《数字资产投资合同分析框架》:"豪威测试"要求

要求	说明
资本投入	要求购买者将现金作为对价形式,向项目发起方提供资金。SEC表示,加密资产通常符合该要求

---

① 指除银行之外的任何促进货币传输、兑换或转换的企业。

续表

要求	说明
投资于"共同事业"	最高法院通常将"共同事业"认定为投资合同的独特特征。SEC表示,加密资产通常符合该要求
投资人有收益预期	依据"豪威测试","收益"被界定为因初始投资或经营事业而产生的资本增值,或是运用买方资金而产生的收益。完全由外部市场因素(如通胀或经济发展)导致基础资产供求变化,进而引起的价格上涨,不属于"豪威测试"定义下的"收益"
预期收益是否来自他人的努力	若项目发起方、组织方或其他与之关联的第三方承担了必要的管理工作,且这些努力对项目的成功与否起决定性作用,同时投资者仅需按规定支付费用及成本,并不直接参与项目的日常运营和管理,相关项目便满足"豪威测试"的第四项要求

资料来源:SEC;艾利艾咨询整理。

若数字资产通过"豪威测试"并被归类为证券,发行人必须遵守SEC的规定,包括注册和披露要求,还需遵守严格的交易、报告和投资者保护规则。2024年1月,美国专门从事比特币和数字货币的新闻网站CoinDesk发文指出,这一要求颇具难度。因此,加密货币行业投入了大量精力,力求规避《证券法》对加密货币销售和发行的约束。

3. CFTC的监管职责与权限

CFTC主要依据《美国商品交易法》,对加密货币期货和衍生品市场进行监管。对于部分被界定为商品的加密货币,其期货、期权、掉期和其他跟踪这些加密货币价格的衍生品合约,均在CFTC的监管范畴之内。此外,CFTC对属于商品的加密资产市场操纵行为拥有管辖权。

4. 其他机构的监管职责与权限

美联储、FDIC以及OCC对加密货币带来的风险采取审慎管理态度。2023年1月，上述机构发布联合声明，强调要防止加密货币行业风险向银行系统蔓延，并着重阐述了与加密货币相关的多项风险及其对银行组织的影响。

（三）州政府监管体系：呈多元化特征

2024年6月5日，美国加密货币创新委员会（CCI）[①]发布文章称，随着人们对将数字资产融入金融系统的兴趣日益浓厚，2024年上半年，全美各州立法会议上提出了165项有关数字资产的法案。值得关注的是，这些法案中约70%已获得通过或处于积极审议阶段，这表明立法工作获得了支持。如此高水平的立法活动表明，人们对数字资产的兴趣不只是一时潮流，更凸显出一种更广泛、持久的转变，即各界逐渐认识到数字资产的经济和创新潜力。积极主动且适用的监管举措，对于美国金融和技术的未来至关重要，有助于促进创新，并创建一种将数字资产融入经济体系的结构化方法。

美国各州针对加密货币的监管政策不同，一些州要求企业必须获得许可证才能在州内开展业务；另一些州则通过一系列法案，免除某些类型加密货币业务牌照要求，以吸引加密货币企业

---

① 美国加密货币倡导组织，于2021年4月成立。其宗旨是就加密货币的益处与政府及监管机构对话，由世界经济论坛区块链和分布式账本技术前负责人希拉·沃伦担任CEO（首席执行官），领导层包括前美国参议院议员科里·加德纳，并聘请了数位在美国金融监管政策领域经验丰富的专家。

入驻和投资。其中，怀俄明州和纽约州颇具代表性。

怀俄明州的监管环境较为宽松，政策体系相对完善，吸引了大量美国加密货币企业在此设立业务。CoinDesk 的数据显示，2016—2024 年，该州通过了 35 项涉及加密货币的法规。其中，2018 年通过的一项法案使"实用代币"（Utility Token）获得证券监管豁免，若代币的发行和销售仅用于交换商品或服务等消费目的，便可享受此项豁免。此举在州层面解决了美国加密货币行业一项重大法律难题。同时，该州还允许设立特许目的存款机构，提供加密货币托管服务。

代币作为代表特定权益、凭证或其他形式的数字化资产，可在对应的区块链上进行交易、转移、兑换等操作，基于其他公链发行，自身无专属公链。瑞士金融市场监督管理局（FINMA）将代币分为以下三类。一是支付型代币（Payment Token），与加密货币同义，指在当下或将来计划用作购买商品或服务的支付手段。加密货币不会对其发行者产生任何权利要求。二是功能型代币（Utility Token），指通过区块链基础设施提供对应用程序或服务数字访问权限的代币。三是资产型代币（Asset Token），代表某种资产，通常体现为对发行方的债权或股权。例如，它可能赋予持有人分享公司未来收益或资本增值的权利。因此，从经济功能的角度来看，这些代币类似于股票、债券或衍生品。在区块链上交易实物资产的代币也归属这一类别。

相较于美国其他州，纽约州的监管体系更为严格。根据加密货币交易所 Gemini 的解读，纽约州金融服务部于 2015 年推出了 BitLicense（数字货币交易业务许可证），规定所有从事虚拟货币活动的企业都必须获得纽约州金融服务部的许可，但该许可不适用于虚拟货币"挖矿"业务，以及接受虚拟货币付款的业务。企业需提交详细的申请材料，接受背景调查，并遵守严格的反洗钱、客户尽职调查等要求，以及消费者保护、网络安全等相关规则。"挖矿"是加密货币领域的专业术语，指通过执行工作量证明（PoW）或其他类似算法，利用高性能计算机求解加密方程等复杂数学问题，从而获取比特币、以太币、莱特币等加密货币的过程。

BitLicense的申请流程通常冗长且成本高昂，但获得该许可的企业往往能在市场中赢得更高信任度。以加密货币交易所Coinbase为例，作为获得BitLicense许可的企业之一，它在用户和投资者中享有较高信誉，这为其吸引更多客户与资金带来了帮助。

与此同时，近年来BitLicense的政策效力受到质疑。2024年1月，纽约州审计长办公室发布报告称，"对纽约州金融服务部充分履行其监督职责信心有限"。这意味着，BitLicense可能会被发放给自身财务稳定性未充分验证的申请人，或者说，即便企业获得许可，也可能无法维持财务或网络安全标准。

在加密货币属性问题上，尚无任何州出台法律明确将比特币或以太币归为证券。但美国地方法院在多起案件中明确将比特币和以太币归类为商品，这一判定与CFTC的立场一致（见表2-3）。

表2-3　美国地方法院涉加密货币属性判决（部分）

判决时间	案件名	涉加密货币属性判决内容
2018年8月	CFTC起诉罗伯特·麦克唐奈	纽约东区地方法院的法官裁定，比特币属于CFTC监管范畴内的商品。该案件涉及虚拟货币的欺诈指控，法官裁定CFTC有权监管比特币等虚拟货币

续表

判决时间	案件名	涉加密货币属性判决内容
2018年10月	CFTC起诉My Big Coin	马萨诸塞州地方法院法官裁定，虚拟货币是《美国商品交易法》规定下的商品。该案件涉及My Big Coin的欺诈行为，法官认定虚拟货币符合《美国商品交易法》中对广义商品的定义
2023年8月	针对加密货币交易所Uniswap的集体诉讼	纽约南区地方法院法官驳回针对加密货币交易所Uniswap的集体诉讼。法官明确指出，比特币和以太币是"加密商品"，而非证券

资料来源：艾盈、CoinDesk；艾利艾咨询整理。

2024年7月11日，加密货币媒体Cointelegraph报道称，CFTC主席罗斯汀·贝纳姆在美国国会表示，伊利诺伊州法院在一项判决中确认，根据《美国商品交易法》，比特币和以太币是数字商品。艾盈发文称，该裁决只适用于伊利诺伊州，并不代表其他州或联邦政府的立场。

（四）美国现有监管体系的冲突与变化

1. 加密货币属性：反映联邦监管机构间的冲突

一是证券性质归属冲突。SEC、CFTC均称自己拥有数字资产监管权限。SEC倾向于将除比特币外的多数数字资产认定为证券；CFTC则认为，按照《美国商品交易法》，70%~80%的数字资产并非证券。

二是商品属性分歧。SEC、CFTC在认定"比特币为商品"方面无分歧，但在以太币及其他加密货币属性问题的认定上存在争议。SEC主席加里·根斯勒坚持认为，以太币在改变共识机制后是证券,并在 2023 年 1 月 24 日公开表示,SEC"对现货比特币 ETF 所做的一切,仅限于这一非证券商品,不应被解读为除此之外的任何其他内容"。与之相对,CFTC 主席罗斯汀·贝纳姆则在 2023 年 3 月的国会听证会上表示,以太币是商品。他强调,"如果我们不确信,以太坊期货产品属于商品,便不会批准其在交易所上市"。

三是稳定币问题分歧。2023 年 3 月,数字媒体平台 Forkast 报道,罗斯汀·贝纳姆在稳定币问题上与加里·根斯勒似乎存在分歧。2023 年 2 月,SEC 提出要指控 Paxos①将稳定币币安美元(BUSD)作为未注册证券发行,而罗斯汀·贝纳姆则认为,在缺乏针对稳定币新立法的情况下,稳定币应被视为商品。

2. SEC 的监管偏好导致业界删除现货以太坊 ETF 涉质押条款

(1)以太币"质押"机制或是 SEC 的判定关键

2022 年 9 月,以太币完成共识机制从工作量证明到权益证明(PoS)的转换。在此之前,SEC 认为以太币是商品,而在其完成转换的 2022 年 9 月 15 日,加里·根斯勒就在国会听证会上表示,"一个允许其用户持有硬币以换取投注奖励的加密货币网络,是在'豪威测试'下投资公众根据别人的努力预期获得利润的另一个标志"。

据以太坊官网说明,"质押"是指任何用户存入 32 枚及以上以太币,从而成为验证者的行为。验证者将负责存储交易数据、处理交易以及向区块链(批准并)添加新区块。通过质押机制,

---

① Paxos 为支撑稳定币 BUSD 的区块链技术平台。

用户可以获得以太币形式的奖励。① 以太坊网络由此也变得更加安全，因为随着越来越多的以太币被质押，黑客若要实现对网络的多数控制，需掌握大量以太币。

与SEC截然不同，CFTC在以太币转变共识机制后，仍然坚持"以太币是商品"的看法。《财富》杂志在2022年10月发文指出，CFTC主席罗斯汀·贝纳姆在纽约出席活动时表示："我认为以太币是一种商品，但SEC主席加里·根斯勒不这么认为。"有公开消息称，罗斯汀·贝纳姆还试图消除有关CFTC与SEC之间"地盘争夺战"的说法。他对一群律师和行业领袖表示："那种认为两个机构无法解决问题、难以合作的观点，实在是过于悲观。"

（2）加密货币的商品属性是决定其ETF产品获批的关键

摩根大通分析师尼古拉斯·帕尼吉尔佐格鲁认为，如果SEC在2024年5月批准现货以太坊ETF，其前提是将以太币界定为类似于比特币的商品，而不是证券。同年7月22日，SEC批准了9只现货以太坊ETF上市交易。

包括灰度（Grayscale）、富达（Fidelity）、方舟投资（ARK Invest）和21Shares等在内的资产管理公司，均在其ETF上市申请书中删除了质押相关内容，这表明SEC与业界做出妥协。对此，Galaxy Digital研究主管亚历克斯·索恩认为，如果委员会对以太币的态度真如外界猜测般出现根本性转变，它们或许会尝试在两者间找到一个平衡点：认定以太币本身不是证券，但质押的以太币属于证券。这一推测也与各种诉讼案件以及相关调查报道一致。

---

① "质押收益"（stakingrewards.com）数据显示，截至2024年7月22日，以太币质押的年化名义收益率为3.487%。

（3）市场担心剔除质押机制将导致现货以太坊 ETF 失去投资价值

与投资基金相比，投资者可以直接通过以太币获得质押收益。彭博社于 2024 年 5 月 22 日发文指出，数字资产公司 GSR 高级策略师布莱恩·鲁迪克认为："通过美国 ETF 持有以太币，意味着放弃质押收益，从而产生机会成本。"同年 7 月 24 日，美国星晨咨询（Morningstar）发文指出，以太坊基金会表示，当前质押的回报率可达 3.2%。同年 7 月 22 日，加密货币交易公司 Wintermute 分析师在报告中提道，"如果没有质押，现货以太坊 ETF 就会失去一个重要的潜在回报来源，从而降低其在追求收益投资者眼中的吸引力"。

3. 美国众议院通过加密货币法案

2024 年 5 月 22 日，美国众议院通过了《21 世纪金融创新与技术法案》（简称 FIT21）。FIT21 旨在针对数字资产领域，制定明确、实用的联邦监管办法。据美国众议院金融服务委员会所发文件，FIT21 将在 SEC、CFTC 之间建立明确的（监管）界限，且（数字资产市场）参与者将有明确的流程，以确定哪些数字资产交易受 SEC 和 CFTC 管辖。

FIT21 通过前，60 家加密货币公司签署了联名信，对该法案表示支持，其中包括 Coinbase、Gemini、数字货币集团（DGC）等。

加里·根斯勒明确反对 FIT21。他认为，该法案允许加密货币公司自我认证其加密货币投资和产品为"去中心化的"，并属于"数字商品"的"特殊类别"，从而规避 SEC 审查。"该法案将加密货币交易平台排除在交易所的定义之外，并废除'豪威测试'等历经历史检验的框架,这将使投资者暴露于风险中。"

此外,拜登发表声明,反对该法案的通过,同时表示,白宫愿意与国会合作,"在现有监管机构的基础上,确保数字资产的全面、平衡的监管框架,促进数字资产和支付手段创新的负责任发展,并有助于巩固美国在全球金融体系中的领导地位"。

三、欧盟

欧盟《加密资产市场监管法案》(简称 MiCA)已于 2023 年 6 月 30 日正式生效(见表 2-4)。区块链情报公司 Crystal Intelligence 指出,MiCA 针对 CASP(加密资产服务提供商)的合规要求进行了详细的规定,以在促进创新与保护投资者两个目标之间取得平衡。MiCA 针对稳定币提出的严苛合规要求,被视为欧盟试图维护欧元地位的举措之一。

表 2-4 MiCA 出台及生效时间线

时间(截止日期)	决定	内容
2020 年 9 月 24 日	草案提交	欧盟委员会提交 MiCA 草案
2022 年 6 月 30 日	达成临时协议	议会立法者从 2022 年 3 月 31 日开始对话,并于 2022 年 6 月 30 日达成临时协议
2023 年 4 月 20 日	欧洲议会批准	欧洲议会正式批准 MiCA
2023 年 6 月 9 日	法案正式发布	欧盟官网发布法案
2023 年 6 月 30 日	法案生效	在欧盟公报发布 20 天后,MiCA 正式生效
2024 年 12 月 30 日	规则全面适用	CASP 必须获得牌照许可,允许部分实体申请过渡期
2026 年 7 月 1 日	过渡期结束	所有 CASP 必须获得牌照许可

资料来源:Crystal Intelligence、艾盈;艾利艾咨询整理。

（一）MiCA 的要义

MiCA 聚焦欧盟其他监管措施未覆盖的加密资产，将其划分为三类并根据风险差异实施分级监管，具体包括电子货币代币、资产锚定代币，以及其他代币（见表 2-5）。

表 2-5 MiCA 规定的三类加密资产及部分监管要求

类型	定义	特殊监管要求
电子货币代币	一种加密资产，通过参考法定货币（如美元、欧元等）的价值来保持币值稳定	·发行方应被授权为电子货币机构或信贷机构。电子货币代币应被视为欧盟《电子货币指令Ⅱ》中定义的电子货币。原则上，发行方应遵守该指令中关于电子货币代币发行和可兑换性的相关要求 ·同时，电子货币代币发行方需编制加密资产白皮书，并通知其主管部门。该白皮书应明确规定，电子货币代币持有者有权随时按面值，将持有的代币兑换为对应的法定货币
资产锚定代币	一种加密资产，其价值通过参考其他特定价值或权利（如一篮子货币、商品、证券等）来保持稳定	·无论是交易还是发行此类代币，均需事先获得欧盟各成员国主管部门的授权和加密资产白皮书的批准。资产锚定代币的加密资产白皮书应涵盖币值稳定机制、储备资产投资策略、储备资产托管安排，以及向持有人提供的权利等信息 ·自有资金的要求：资产锚定代币发行方的自有资金应不低于 35 万欧元、平均储备资产的 2%、上一年单季度固定运营成本三个标准中的最高值 ·"大规模"资产锚定发行方的定义：满足代币持有人超 1 000 万人，每日日平均交易超 250 万次，日均交易额超 5 亿欧元等标准 ·"大规模"资产锚定发行方的要求：满足上述定义的发行方应遵守更严格的流动性要求，如自有资金占平均储备资产的比例应从 2% 提高至 3%

续表

类型	定义	特殊监管要求
其他代币	除电子货币代币、资产锚定代币以外的所有加密资产	・当发行人或交易方计划向公众发售加密资产，或寻求在欧盟交易此类加密资产时，应起草加密资产白皮书，通知其所在欧盟成员国主管当局并进行发布。该白皮书作为包含强制性披露内容的信息文件，主要包括以下信息： 1. 发行方或申请交易许可方的信息 2. 筹集资金所涉项目的信息 3. 加密资产附带的权利与义务说明 4. 加密资产的技术细节 5. 加密资产的相关风险

注：MiCA 不适用于 NFT，如数字艺术品或收藏品。
资料来源：DLA PIPER、艾盈、欧盟；艾利艾咨询整理。

　　MiCA 要求所有加密资产在公开发行或上市前，必须编写详尽的加密资产白皮书。该白皮书需全面阐述加密资产的性质、功能和用途等。MiCA 通过规范白皮书编写与发布流程、强化信息更新要求及规范营销材料，提升项目发行市场的透明度，从而保障投资者权益。MiCA 还针对"大规模"电子货币代币，特别是资产锚定代币做出定义，并对这类代币的发行人提出更严格的资本金要求和其他合规限制。

　　MiCA 针对欧盟范围内的 CASP 提出了详细的要求，内容涵盖运营与组织、投诉处理、利益冲突处理、外包及客户加密资产和资金保护等方面。其中，审慎原则被着重强调。根据企业提供的 10 项加密资产服务类型，MiCA 将相关企业划分为三类，每一类都有相应的最低资本金要求，分别为 5 万欧元、12.5 万欧元和 15 万欧元。例如，运营加密资产交易平台的企业适用于第三类，应维持最低 15 万欧元的资本金（见表 2-6）。

表 2-6　CASP 的定义与要求

CASP 的定义
CASP 是指在专业基础上向第三方提供加密资产相关服务的法律实体或其他机构

加密资产服务包括以下 10 项，MiCA 针对这 10 项服务向提供商提出详细要求（条款 75—82）

1. 托管和管理：代表客户保管加密资产
2. 交易平台运营：提供加密资产的交易平台服务
3. 加密资产与资金：提供加密资产与法定货币的兑换服务
4. 加密资产与其他加密资产的交换：提供加密资产与法定货币或其他加密资产之间的兑换服务
5. 订单执行：代表客户执行加密资产的交易订单
6. 加密资产的放置：帮助发行人向投资者销售加密资产
7. 接收和传输订单：代表客户接收和传输加密资产订单
8. 投资建议：向客户提供加密资产投资建议
9. 组合管理：为客户管理加密资产投资组合
10. 转账服务：提供加密资产的转账服务

关于 CASP 运营与组织要求（部分）
CASP 须严格遵守运营与组织要求。CASP 管理机构的成员应是称职的，其股东或成员应具有良好的声誉。CASP 应聘用具备充足知识、技能和专业素养的管理人员及员工，并建立健全的内控和风险评估机制，配备完善的系统与程序，以保障所接收信息的完整性与保密性。鉴于 CASP 所提供的加密资产服务以及不同服务类型所产生的特定风险，可能还需进一步遵循一些额外要求

关于 CASP 投诉处理要求（部分）
CASP 须构建和维持透明化的投诉处理程序。投诉处理程序和模板应以多种语言在 CASP 网站上公开，CASP 管理人员须每年对投诉处理程序展开全面审查。CASP 须拥有足够的资源以处理各类投诉，负责处理投诉的员工必须具备熟练的技术和渊博的知识。关于投诉的决定必须及时沟通

关于 CASP 利益冲突处理要求（部分）
CASP 须构建一套能够识别、组织、管理及披露利益冲突的稳健政策。利益冲突包括但不限于 CASP 与股东、董事会成员、客户、员工、管理层之间的利益相悖状况。CASP 应在其网站的显著位置，向现有客户和潜在客户公开披露上述利益冲突的一般性质与来源，以及为缓解这些利益冲突所采取的措施。CASP 应当每年至少开展一次对利益冲突政策的评估与审查工作，并采取一切适当的手段，对这些缺陷加以修正

续表

关于 CASP 客户加密资产和资金保护要求（部分）
在收到客户除电子货币代币以外的资金后，CASP 须在一个工作日结束前，将这些资金存入信贷机构或中央银行。CASP 应采取各项必要措施，确保客户在信贷机构或中央银行所存的除电子货币代币以外的资金，单独存放在一个账户中，此账户必须与 CASP 自身资金账户区分开

关于 CASP 外包要求（部分）
当 CASP 为履行运营职能，将服务或活动外包给第三方时，必须采取所有合理措施，以防范产生额外的运营风险。CASP 须在书面协议中明确自身的权利和义务，以及外包第三方的权利和义务。外包协议应赋予 CASP 终止协议的权利。CASP 与第三方应根据要求，向主管当局和其他相关当局提供所有必要的信息，以便这些部门能够评估外包活动的合规性

关于 CASP 审慎原则（部分）		
最低资本金应取以下两项中的最高值： 1. 上一年度任一季度的固定运营成本，此项成本每年审核一次 2. 根据 CASP 提供的服务类别，分别适用于以下三类资本金要求		
一类	最低资本金要求为 5 万欧元，适用于提供加密资产服务定义中第 5、6、7、8、9、10 项服务的 CASP	
二类	最低资本金要求为 12.5 万欧元，适用于在一类基础之上，提供加密资产服务定义中第 1、3、4 项服务的 CASP	
三类	最低资本金要求为 15 万欧元，适用于在二类基础之上，提供加密资产服务定义中第 2 项服务的 CASP	

资料来源：Crystal Intelligence、欧盟；艾利艾咨询整理。

（二）"控制"稳定币：维护欧元地位？

布雷顿森林体系委员会发文指出，MiCA 所设定的代币发行框架，其意义不仅限于稳定币领域。它将提供明确、实用的发行标准来吸引全球企业，从而缓解其他地区普遍面临的监管不确定性和执法风险。与传统金融类似，欧盟整体市场结构将得益于对市场滥用和内幕交易的有力防护，而这恰恰是加密货币领域此前明显缺失的。

短期内，MiCA 将对欧盟以外发行的暂不合规的稳定币造成沉重打击。根据该法案第 23 条款，对于季度日均交易次数超过 100 万次、季度日均交易额超过 2 亿欧元且被用作交易媒介（如购买商品或服务）的资产锚定代币，发行方必须停止发行。但如果代币并非作为交易媒介，如点对点交易、用于兑换电子货币代币，发行方仍可为欧盟消费者提供服务。

值得注意的是，目前全球主流稳定币日均交易额已超过该法案规定的上限。CoinGecko 数据显示，截至北京时间 2024 年 7 月 24 日下午 3 时，全球市值排名第一的稳定币泰达币，过去 24 小时交易额约为 336 亿美元；市值排名第二的美元币，约为 94.5 亿美元。鉴于此，Kraken、Uphold、币安、欧易（OKX）等加密货币交易所已在欧盟将包括泰达币在内的稳定币摘牌。币安更是在 2024 年 6 月 26 日，也就是该法规生效的前几天，将以欧元为锚定的代币 EURT 摘牌，尽管其市值仅为 3 242 万美元，还不及泰达币市值的 0.03%。

由于"大规模"资产锚定代币发行方将面临更为严苛的资本金要求，稳定币发行人遭遇的合规阻力进一步加大。MiCA 第 45 条款规定，"大规模"资产锚定代币发行方在信贷机构的存款金额，不得低于每种锚定官方货币代币总额的 60%，而非"大规模"资产锚定代币发行方的这一比例则为 30%。2024 年 1 月，加密货币技术公司 Circle 的欧盟战略与政策总监帕特里克·汉森撰文称，在最极端情形下，"大规模"资产锚定发行方的自有资金（类似于银行资本金）需达到储备资产的 4.8%，这一数值甚至超过了《巴塞尔协议Ⅲ》针对银行所设的 4.5% 核心一级资本充足率要求。

那么，欧盟此举意在维护欧元地位吗？CoinDesk 发文指出，CCI 的欧盟政策负责人马克·福斯特认为，欧盟制定这些严格规则，旨在防范脸书（后更名为 Meta）曾计划发行的稳定币 Diem（该项目现已停止运作）以及其他稳定币取代欧元。欧洲银行管理局（EBA）发言人公开表明，设置（交易额）上限是为了"保护（欧元）货币体系"。同时，该发言人还向 CoinDesk 透露，这些规定并不会妨碍公司发行以欧元以外货币计价的稳定币，关键在于这类稳定币是否被用作交易媒介，比如用于支付商品或服务，若存在此类用途，则需遵循具体上限规定。

四、日本

（一）日本的加密资产监管框架

日本是全球率先将加密资产业务纳入法律监管体系的国家之一。日本首先制定专门的监管法规《支付服务法》，随后修订《金融工具与交易法》《金融工具销售法》等法案的相关条款，并针对金融机构的特定金融交易行为出台了部分规定。这些法规从不同层面，对加密资产交易主体、业务类型、中介机构等做出了详细的法律规定。日本的主要监管主体包括日本金融厅、日本国税局以及加密资产交易商协会等。

1. 监管主体：日本加密资产市场的监管情况

（1）政府监管机构

在加密资产市场监管方面，日本金融厅主要负责制定或修订加密资产和 ICO（首次代币发行）业务等方面的监管法规。同时，负责加密资产交易商的注册登记工作，审核加密资产业务报告，并监督与法律条款相关的信息披露事宜。此外，日本金融厅明确规定，信托银行和信托公司严禁开展加密资产方面的信托业务，也不得从事与加密资产相关的任何投资活动。

日本国税局负责制定加密资产税收制度与执行细则，加密资产交易的所得收益被纳入国税局"其他收入"项目下进行统计。

（2）自律监管组织

2018年，日本金融厅正式授予日本加密资产交易商协会自律监管地位。作为日本金融厅唯一认定的、代表加密资产交易兑换服务提供商的半官方行业自律组织，该协会以保护投资者合法权益、推动加密资产交易行业健康发展为宗旨，开展一系列工作：制定适用于本行业的自律监管规则；明确相关业务的会计准则，对会员经营活动进行相应指导、劝告或处分；对申请加入的会员进行资格审查；处理加密资产交易纠纷事件；统计并公布加密资产交易情况；提供相应业务洽谈和信息咨询服务；等等。

2. 监管对象：覆盖"'挖矿'—投资—交易所"全链条

日本持续扩大对加密资产的监管范畴，监管对象的类型日益增多。目前，主要包括加密资产交易商、加密资产投资基金公司以及"云挖矿"企业。

3. 业务监管：针对加密资产现货交易、衍生品交易、信用交易等均制定监管措施

依据日本相关规定，加密资产交易业务不仅包括交易商自身

参与的加密资产交易活动，也涵盖交易商代理客户进行的买卖、兑换及资产业务管理等行为。

2019年3月15日，日本金融厅提交了《为应对因信息通信技术发展而出现的金融交易多样化部分修订支付服务法等相关法案的议案》，旨在对《支付服务法》、《金融工具与交易法》以及《金融工具销售法》等法案中的相关条款予以补充或修订。2019年5月31日，日本众议院通过了该议案。

2020年1月14日，日本金融厅发布了《令和元年关于修改支付服务法等相关法案的内阁府令》。该法令不仅包括《支付服务法》《金融工具与交易法》等相关内容的修订条款，还包含《加密资产交易商内阁府令》等。其主要内容涉及加密资产交易商的注册资格、变更加密资产名称或交易类型的报备制度、加密资产管理业务规范、加密资产信用交易规则、严禁虚假宣传与招揽客户以及投资者保护等诸多方面。

日本的加密资产监管框架如图2-2所示。

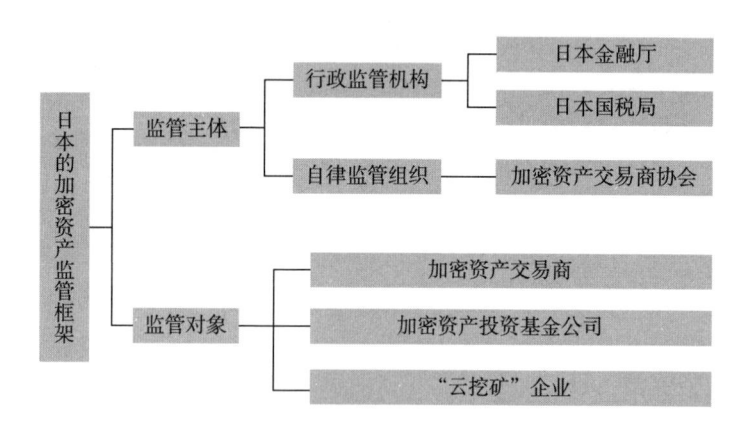

图2-2 日本的加密资产监管框架

资料来源：艾利艾咨询根据公开资料整理。

（二）监管演进：加密资产风险事件推动

最初，日本对加密资产基本不加约束，直到大规模风险事件屡次出现，才推动政府逐步构建起现有监管体系。

1. 虚拟货币立法的导火线：比特币交易所 Mt.Gox 破产事件

2014 年，比特币交易所 Mt.Gox（因谐音被称作"门头沟"）申请破产，并宣布约 85 万枚比特币被盗（其中涉及客户 75 万枚、自有 10 万枚），这一数量约占当时所有比特币总价值 4.5 亿美元的 7%。此事件成为推动日本金融厅出台虚拟货币立法的导火线。

2015 年 12 月，日本金融厅发布报告，针对虚拟货币立法提出针对性建议，明确了两个直接立法目标：一是保护虚拟货币持有者和交易平台用户；二是强化国际协同合作，以应对洗钱和恐怖融资等犯罪行为。基于此，日本金融厅向国会提交《资金结算法》修正案，增设"虚拟货币"一章，明确虚拟货币定义以及交易机构的监管规则。该修正案于 2016 年 5 月获国会通过，并自 2017 年 4 月 1 日起正式生效。

2016 年 5 月，日本内阁和国会通过《支付服务法》《金融工具与交易法》修正案，承认虚拟货币（如 BTC、ETH、LTC 等）可作为支付手段，并对加密货币交易所提出监管要求，为全面实施加密货币法规奠定基础。

2017 年 4 月 1 日，《支付服务法》正式生效，这是日本首次在法律层面规范加密资产交易商的经营行为和交易规则等事项。同日，《虚拟货币交易者内阁府令》生效，承认比特币等虚拟货币作为支付手段具有合法性。尽管该法令仅将虚拟货币定义为支付手段，而非法律认可的货币，但仍对促进虚拟货币的使用起到了推动作用。

2017年7月1日，《税务改革法案》正式生效，明确取消对比特币等数字货币征收8%消费税的规定。此后，数字货币相关交易所得将与工资所得、股票投资所得等合并计税。

2. Coincheck 被黑客入侵等事件引发监管进一步强化

2018年1月，日本大型虚拟货币交易平台 Coincheck 遭遇巨额虚拟货币被盗事件，致使580亿日元（约合5.34亿美元）资产流失；同年9月，日本加密资产交易所 Zaif 的运营商 Tech Bureau 被黑客攻击，其"热钱包"中的比特币、Mona Coin 等资产被盗取，总价值约达70亿日元（约合6 000万美元）。这些恶性事件促使日本金融厅进一步强化监管法规。

2018年10月，在第六次"虚拟货币交易业者研讨会"上，日本金融厅首次认可虚拟货币的融资功能。

2019年3月，日本金融厅提出《为应对因信息通信技术发展而出现的金融交易多样化部分修订支付服务法等相关法案的议案》，并针对《支付服务法》《金融工具与交易法》以及《金融工具销售法》等相关法案，给出补充或修订意见。2019年5月31日，日本众议院通过该议案。

同年6月，《资金结算法》《日本金融商品交易法》等修正案获国会通过，并于2020年5月正式实施。自此，"虚拟货币"正式更名为"加密资产"，保证金交易等也被纳入其监管范畴。

2019年9月，日本加密资产交易商协会颁布《新币发售相关规则》及配套的《关于新币发售相关规则的指导方针》，允许通过公开发行和销售代币的方式进行融资。

2020年1月，日本金融厅发布《令和元年关于修改支付服务法等相关法案的内阁府令》，内容不仅涵盖《支付服务法》和《金融工具与交易法》等相关内容的修订条款，还包含《加密资产交易商内阁府令》等。

2021年，日本继续完善其监管框架，重点聚焦加强投资者保护、网络安全以及预防洗钱等方面。为此，日本金融厅设立数字和去中心化金融研究小组这一新监管组织，负责监督加密货币交易运营商，确保其严格遵守不断更新的法规要求。同时，日本金融厅要求日本加密资产交易商协会落实"加密货币旅行规则"这一自律规则，以实现交易期间信息共享。

2022年，日本金融厅针对交易所托管数字资产出台额外指导方针，强调实施强有力的内部控制和风险管理措施的必要性。日本加密资产交易商协会在其自律规则中引入"旅行规则"。内阁秘书处修订《犯罪收益转移防止法》，以保障"旅行规则"有效执行；日本税务委员会修改税法，免除代币发行者就未实现的加密货币收益缴纳企业税。日本探索发行CBDC的可能性，日本央行正在进行实验和研究。此外，日本上议院通过一项监管稳定币、打击洗钱活动的法案；日本自民党数字社会推进本部发布《NFT白皮书——日本Web 3.0时代的NFT战略》，为NFT发展与保护提供政策建议；日本经济产业省成立Web 3.0（第三代万维网）政策办公室，旨在为Web 3.0相关行业营造有利的商业环境；日本金融厅持续放宽对外国发行稳定币的禁令。

2023年6月修订的《资金结算法》经上议院投票通过后正式生效。该法案规定，以法定货币为支撑的稳定币被纳入数字货币范畴，可在日本合法发行。稳定币的发行机构将仅包括持牌银行、注册登记的转账业务代理机构以及特定信托公司等。这些发行机构必须持有等价的法定通货作为背书，即稳定币必须与日元或其他法定货币挂钩，并确保持有者有权按面值赎回。这意味着，在日本发行稳定币的机构均需接受日本金融厅监管，所有交易客户都必须进行实名登记。

3. 日本加密货币交易所 DMM Bitcoin 价值超 3 亿美元的比特币遗失

2024 年 5 月 31 日，DMM Bitcoin 表示，价值至少 482 亿日元（约合 3.07 亿美元）的 4 509.2 枚比特币不明原因消失。

2024 年，日本加密资产交易商协会计划简化数字货币上市流程，意在简化市场已有代币审批流程，预计将取消授权交易所对某些数字资产冗长的预筛选流程。内阁批准一项法案，该法案可能允许风险投资公司的投资工具直接持有数字资产。

五、英国

在英国，加密资产监管主要由金融行为监管局、英国央行负责。

（一）牌照与注册规定

现阶段，企业在英国开展加密资产业务前，需按照《2017 年洗钱、恐怖主义融资和资金转移（付款人信息）条例》，向金融行为监管局注册申请。

(二）监管框架构建

英国最新的监管框架源自 2023 年 6 月通过的《2023 年金融市场与服务法》。该法案与欧盟的 MiCA 不同，其监管范畴涵盖所有类型的加密货币，包括 NFT。所有涉足加密资产活动的金融实体，无论是否已在金融行为监管局完成注册，均受此法案约束。企业须履行合规责任，包括行为和审慎要求、信息报告义务、消费者权益保护等方面的政策规定。

（三）"旅行规则"

金融行为监管局宣布，自 2023 年 9 月 1 日起，"旅行规则"对英国境内所有加密资产服务企业正式生效。英国的加密资产企业需收集、验证并共享有关加密资产转让的信息。

（四）稳定币监管

稳定币监管框架由英国央行和金融行为监管局负责。CoinDesk 指出，2023 年 11 月 6 日，英国央行发布《使用稳定币和相关服务提供商的系统性支付系统的监管制度》，明确提出将监管那些范围足够广泛、可能扰乱金融稳定的"系统性稳定币"。英国金融行为监管局则负责监管更为广泛的加密货币领域（见表 2-7）。

表 2-7　英国央行：稳定币监管框架

稳定币发行机构	类型	监管机构
非银行机构	系统性支付稳定币	金融行为监管局（仅负责行为监管）、英国央行（审慎监管）、支付系统监管局（竞争方面监管）
	非系统性稳定币	金融行为监管局（负责行为及审慎监管）
银行	代币化储蓄	金融行为监管局（仅负责行为监管）、英国央行审慎监管局（负责审慎监管）

资料来源：英国央行；艾利艾咨询整理。

有知情人士称，欧盟的 MiCA 试图限制可能被广泛使用的稳定币。而英国央行的提案允许企业获批后，在英国发行以支付为重点、由英镑支持的稳定币。CoinDesk 认为，根据这些提案，现有的稳定币均不符合英国央行提出的"系统性"条件。

（五）拟公布更全面的监管框架

2024 年 4 月 15 日，时任英国财政部经济事务大臣比姆·阿福拉米宣布，计划出台新法律，规范英国稳定币和加密货币的发行与使用，全面监管框架原定于 2024 年 7 月公布。但同年 7 月 10 日，CoinDesk 发文表示，英国新首相基尔·斯塔默任命图利普·西迪克为财政部经济事务大臣，致使阿福拉米在换届选举前未能达成这一目标。同年 6 月 28 日，CoinDesk 发布消息称，为使监管机构能围绕规则展开磋商，下一届政府（即英国新任首相斯塔默领导的政府）[1]必须制定最终的立法文书，将稳定币纳入监管范畴。同年 11 月 21 日，在伦敦举行的城市与

---

[1] 当地时间 2024 年 7 月 5 日，英国工党领袖基尔·斯塔默就任英国首相。

金融全球代币化峰会上，图利普·西迪克宣布，英国将于2025年推出加密货币资产监管框架草案，该框架将覆盖加密市场的各个方面，包括稳定币、质押服务和更广泛的加密货币。她强调统一的监管方法，并指出分阶段处理所有环节是更直接有效的路径。

六、澳大利亚

（一）政府鼓励加密货币领域创新

2023年10月，澳大利亚工党金融服务部部长史蒂芬·琼斯在澳大利亚金融评论峰会上演讲时指出，澳大利亚政府在加密货币监管方面的关键立场之一，就是大力挖掘数字资产的潜力。他提道，加密资产可借"监管确定性"驱动创新。琼斯表示："虽然公众的注意力主要集中在加密货币上，但政府看到了底层技术创新蕴含的巨大机遇，其能催生新产品并解决现实世界中的诸多问题。尤其是现实世界资产与信息的代币化进程，推动着金融和产品市场掀起创新与生产力提升的浪潮。我们希望助力这一趋势发展。"

（二）澳大利亚存在大量不受监管的加密货币交易所

2024年5月9日，美国《福布斯》杂志发文指出，加密货币监管早已被提上澳大利亚政府的议程。然而，因监管机构在理解市场、构建"有效管控且不抑制创新"的机制方面存在困难,该议程推进缓慢。琼斯也表示,需要制定监管措施来保护澳大利亚民众。他提道:"银行转账是金融体系的核心环节。银行业监管意味着银行转账有额外的消费者保护措施,而加密货币转账却没有。监管的重点应聚焦于加密货币交易所制定更严格的规则,要求在澳大利亚开展业务的交易所,必须持有澳大利亚金融服务牌照。"

诺顿罗氏律师事务所数字化转型业务全球负责人尼克·亚伯拉罕对澳大利亚政府当前的优先事项表示认同,他称"澳大利亚存在大量不受监管的交易所,其中许多交易所规模较小。这些交易所给澳大利亚民众带来了重大风险,尤其是对于那些将加密货币存储在交易所的人。一旦交易所因欺诈、黑客攻击或流动性不足等遭遇冲击,许多澳大利亚民众都会面临资金损失"。

(三)澳大利亚出台更严格的加密货币交易所规则

2023年10月,澳大利亚财政部发布了"数字资产平台监管"提案,宣布为数字及加密资产平台构建全面监管框架。该框架旨在促进创新并应对潜在风险,保护消费者权益。

拟议的监管框架涵盖多方面内容,包括利用现有金融法规,对数字资产平台设定许可要求、明确具体义务,对关键数字资产活动实施集中监管等。其中提道:所有平台供应商(如加密货币交易所)均需取得澳大利亚证券和投资委员会颁发的澳大利亚金融服务牌照。但为鼓励"在新服务产品开发的早期阶段展开创新和实验",同时满足以下条件的交易所,可豁免牌照申请:平台提供商的任意单一客户,在任意时刻持有的平台权益总值低于1 500

澳元；且平台提供商持有的资产总额，在任意时刻均低于500万澳元。

七、亚洲三国

（一）阿拉伯联合酋长国：监管相对宽松，2024年6月新规明确禁止以加密货币作为支付手段

2022年，阿拉伯联合酋长国设立迪拜虚拟资产监管局，负责监管VASP及投资者在迪拜所有地区（含自由区与特殊开发区）内的活动。

2023年2月7日，迪拜虚拟资产监管局发布《2023年虚拟资产及相关活动条例》（以下简称《条例》）。《条例》旨在为虚拟资产监管构建全面框架，重点化解投资者和市场在参与虚拟资产平台活动时所面临的风险。

《条例》针对虚拟资产服务商和大型自营交易者，分别设定了许可证、注册两种机制：虚拟资产服务商在阿拉伯联合酋长国开展虚拟资产业务前须获得许可证；大型自营虚拟资产交易商（在任意连续的30日内，自营加密资产投资组合超2.5亿美元），则被强制要求在阿拉伯联合酋长国进行投资活动前，或已投资后的3日内，在虚拟资产监管局完成注册（完成注册不等同于获得许可）。

此外，《条例》针对在阿拉伯联合酋长国发行虚拟资产的主体及虚拟资产服务商，明确了反洗钱与反恐怖融资方面的合规义务，还对打击虚拟资产市场操纵、内幕交易、非法信息披露等违

法活动做出了规定。

2024年6月5日，Cointelegraph发布消息：阿拉伯联合酋长国中央银行董事会就该国金融基础设施计划项目展开讨论，批准发布《支付代币服务条例》。该条例提出，阿拉伯联合酋长国支付代币须由本国法定货币迪拉姆支撑，不得与其他货币挂钩。区块链专业律师伊琳娜·希弗分析认为，"新规禁止使用加密货币进行商品和服务支付，除非是获得许可的迪拉姆支付代币，或已注册的外国支付代币，而目前这两类代币均尚未出现。这与阿拉伯联合酋长国一贯秉持的亲商、亲投资立场相悖，可能会影响外国投资流入"。

（二）新加坡：反对加密货币投机行为，鼓励数字资产创新

新加坡金融管理局对加密货币的态度为：总体上鼓励数字资产领域的创新，同时反对加密货币的投机行为。2022年8月，在"绿芽研讨会"上，新加坡金融管理局局长孟文能指出："一方面，金融管理局正推动新加坡打造金融科技中心，携手行业探索分布式账本技术，并支持数字资产应用创新，希望吸引领先的加密货币参与者入驻新加坡；另一方面，针对有意开展加密相关服务的主体，金融管理局设置了严格且烦琐的许可流程机制。此外，金融管理局持续对加密货币的散户投资发出强烈警告，并采取越发有力的措施，限制散户对加密货币的参与度。"

2020年1月，新加坡颁布《支付服务法》，这一法案被视为该国加密资产监管的基石。该法案明确规定，任何从事加密货币传输、交易或存储的机构，都必须从金融管理局获得牌照。2024

年4月2日,新加坡金融管理局发布关于修订《支付服务法》及其附属立法的信息。修订内容主要包括:规范数字支付代币托管服务,推动数字支付代币之间传输及兑换的便利化,并实现跨国汇款服务的规范化;赋予金融管理局对数字支付代币服务提供商施加与反洗钱、反恐怖融资、用户保护和金融稳定性相关要求的权力;设置过渡安排,要求相关实体在规定时间内向金融管理局通报情况,并提交许可申请。此次修订扩大了金融管理局监管的支付服务范围,同时对数字支付代币服务提供商提出了用户保护和金融稳定性相关要求。这些修订内容自2024年4月4日起正式生效。

(三)韩国:反洗钱规则起步较早,逐步完善用户保护措施

韩国的加密资产监管主要由韩国金融服务委员会(FSC)负责。2018年1月,该委员会出台《限制加密货币交易的金融监管措施》,规定仅允许通过实名银行账户开展加密货币交易,以此确保银行切实履行反洗钱及"了解你的客户"义务。

韩国是最早针对加密资产服务商施行"旅行规则"的国家之一。2020年3月,韩国国会通过《关于特定金融交易信息的报告与利用等法律》修正案,于2021年3月正式实施。该修正案从法律层面将加密货币合法化,同时提出了一系列合规要求。

该修正案响应了FATF提出的"旅行规则"及相关实施标准:将加密货币相关企业定义为VASP,所有VASP在开展业务前,必须在FSC金融信息分析院进行注册,并获得韩国互联网安全局的信息安全管理系统认证。此外,VASP还需履行反洗钱

义务，包括提交可疑交易报告以及核实客户身份等。

该修正案强调 VASP 的反洗钱义务，但在防止不公平交易、保护用户方面，缺乏相应措施。2023 年 6 月，韩国国会通过了《虚拟资产用户保护法》，确定于 2024 年 7 月正式实施。该法案针对 VASP 提出更严格的合规标准，比如要求提供商将用户加密存款的至少 80% 存放在与自有资金分离的"冷存储库"中；加密资产交易所必须将用户的现金存款委托给当地持牌银行保管，并保持与客户存款规模、类型相匹配的加密货币储备；韩国的 VASP 需要购买充足的保险或设立储备基金，以应对黑客攻击或流动性危机。

除明确保护用户资金措施外，该法案还规定交易所要建立实时监控系统，报告可能涉及的违规交易活动。不遵守要求的企业将面临 FSC 的罚款，甚至被责令停业。此外，FSC 还与当地交易所搭建起 24 小时监控网络，以便在新法实施后，对加密货币市场中的任何可疑活动展开筛查。

八、俄罗斯

（一）监管历程：从谨慎到试探性放开

2017 年之前，俄罗斯政府和俄罗斯央行对加密货币秉持相当审慎的态度。它们认为加密货币具有极高风险，担心其被用于洗钱、恐怖融资等非法活动。俄罗斯央行多次向民众发出警告，告诫民众不要投资比特币等加密货币，强调其价格波动大，存在较高金融风险。

从 2019 年起，俄罗斯开始探索如何有效监管加密货币。在此问题上，俄罗斯财政部与俄罗斯央行存在意见分歧：前者主张实施较为宽松的监管政策，后者倾向于严格管控，甚至禁止私人加密货币。

2020 年 8 月，俄罗斯通过《数字金融资产法》，正式承认加密货币属于财产范畴，但禁止将其用于商品和服务的购买。此举被视作俄罗斯在承认加密货币法律地位方面迈出的重要一步，不过具体的监管细则仍有待完善。

《数字金融资产法》生效后，俄罗斯境内的加密货币交易所和钱包服务提供商均需在俄罗斯金融主管部门完成注册，并严格遵守反洗钱和反恐怖融资标准。然而，俄罗斯财政部与俄罗斯央行在如何进一步监管加密货币方面意见存在分歧，前者依然主张采用较为宽松的监管方法，而后者坚持全面禁止私人加密货币。2022 年，俄罗斯总统普京介入，强调俄罗斯在加密货币"挖矿"领域具备竞争优势，要求两个部门达成妥协方案。

据俄新社 2024 年 7 月 30 日报道，俄罗斯国家杜马在二读和三读中通过了一项法律，从 2024 年 9 月 1 日起，允许在实验性法律制度框架内开展数字货币的跨境结算与交易所交易。

该法案具有重要意义，它使得实验性法律制度机制能够在金融市场数字创新领域发挥作用。俄罗斯央行被赋予该领域实验性法律制度授权和监管机构的职能。同时，该法案规定，俄罗斯央行批准的实验性法律制度机制，须与俄罗斯联邦金融监测局、俄罗斯联邦安全局、俄罗斯联邦财政部进行协调。

据俄新社消息，俄罗斯央行自 2024 年 9 月 1 日起可开展的实验从 1 个增至 3 个，具体包括：一是使用加密货币进行外贸结算；二是开展加密货币的交易所交易；三是基于非银行支付系统搭建电子平台，进行加密货币操作。

2024年7月30日，俄罗斯卫星通讯社发布消息称，俄罗斯央行预计2024年底首次实施使用加密货币的跨境支付实验。俄罗斯央行行长纳比乌琳娜向俄罗斯联邦委员会表示，"目前国家杜马正在审议一项法律，该法律允许在实验机制下使用加密货币进行结算。我们已经在与各部委、机构和企业讨论实验条款，预计今年年底开展首批此类支付"。

同日，英国路透社评论，该法律是一揽子监管计划的一部分，该计划还包括对加密货币开采及其他数字资产流通的监管措施，但新法律不会解除俄罗斯境内现行的加密货币支付禁令。

此外，加密货币研究机构量子经济学CEO马蒂·格林斯潘接受CNBC（美国消费者新闻与商业频道）采访时称，俄罗斯接受加密货币的举动"从全球贸易角度来看完全合理"。他认为，"这将帮助俄罗斯民众打通与一些国家和企业的跨境支付通道，这些国家和企业的跨境支付原本因美国制裁而处于关闭状态"。

2024年8月8日，俄罗斯总统普京签署法案，使俄罗斯加密货币"挖矿"合法化。该法案规定，自2024年11月起，俄罗斯加密货币"挖矿"可依法有序开展：在俄罗斯数字部登记注册的俄罗斯法人和个体商户，可开展加密货币"挖矿"业务；俄罗斯公民（非个体商户）无须登记注册即可"挖矿"，但能源消耗不得超过俄罗斯政府规定限额。此外，根据该法案，外国数字金融资产可在俄罗斯区块链平台上交易，如果俄罗斯央行察觉金融稳定受到威胁，将有权禁止个别发行。

（二）市场现状：总体渗透率偏低，但处于持续发展阶段

根据艾盈数据，2024年俄罗斯加密货币持有者约为302万人，占其总人口的3.6%。在加密货币全球普及的大趋势下，俄罗斯的加密货币渗透率处于较低水平。俄罗斯最大的加密货币交易所之一Exmo数据显示，2023年该平台交易量达30亿美元，较2022年增长25%，这表明俄罗斯市场对加密货币交易的需求在持续攀升。2023年，俄罗斯成为全球第二大加密货币"挖矿"国家，比特币算力占全球总算力的13%，仅次于美国。俄罗斯加密货币"挖矿"产业的发展，得益于本国丰富的电能资源以及寒冷的气候条件，这些优势有助于降低"挖矿"成本并保障运行效率。

俄罗斯财政部预计，从2023年开始，加密货币交易和"挖矿"活动的税收年收入可达25亿卢布（约3.4亿美元），为俄罗斯提供了新的财政来源。在俄罗斯遭受国际金融制裁的背景下，这一财政新渠道尤显重要。

第三章

比特币：数字货币领航者

一、比特币的诞生

关于比特币的生成原因,目前已有诸多角度的分析。若要深入理解比特币等加密货币的概念、特征及市场表现,需重点关注运动、危机、技术等关键因素对其产生的影响。

20世纪90年代,"密码朋克"运动兴起,这被视为比特币诞生的重要渊源之一。2022年,专注于比特币等加密货币领域的《比特币杂志》发文指出,《密码朋克宣言》的核心主旨是开发保护隐私的工具。这一理念深植于密码朋克文化对货币体系安全漏洞的深刻认知——一旦购物等隐私信息泄露,个人很容易遭到攻击(毕竟购物信息属于高度私密数据)。《密码朋克宣言》明确提出:"我们正在利用密码学、匿名邮件转发系统、数字签名和电子货币来捍卫隐私。"

2008年,全球金融危机从美国爆发并迅速蔓延。为应对这场危机,诸多国家采取了量化宽松的货币政策。然而,该政策的"双刃剑"效应快速显现：在刺激经济的同时，也引发了全球性通货膨胀，促使各界重新审视世界货币金融体系。表面上，这一体系是各经济体法定货币的组合，但实际上美元还是"中心法币"，扮演"法币中的法币"角色。因此，政府对货币发行的垄断被视作法定货币的一大固有缺陷。有观点指出，国家通过央行掌控法币发行量这一行为本身就会滋生不稳定性，人们甚至对央行管理货币供应的能力产生了质疑。

计算机科技蓬勃发展，释放出巨大能量，也为人们开拓了更广阔的想象空间。在一场运动、一次危机、一项技术交汇的背景下，2008年，一位署名为"中本聪"的人士发表了论文《比特币：一种点对点的电子现金系统》。文中提出的比特币概念、原理及设计构想等，随后悄然走进现实：2009年1月，"中本聪挖出第一批比特币"，比特币宣告问世，这也标志着加密货币由此诞生。有人认为，从某种意义上说，这是"货币非国家化"设想变成现实的重要一步。

从2009年1月起，加密货币已走过15年。CoinMarketCap数据显示，截至2024年7月26日上午，全球流通的加密货币多达10 028种，总市值高达2.36万亿美元。其中，比特币市值为13 096.11亿美元，占全球加密货币总市值的55.5%；以太币市值为3 829.66亿美元，约占全球加密货币总市值的16.2%；泰达币市值为1 142.77亿美元，约占全球加密货币总市值的4.84%。这三种加密货币的市值合计占全球加密货币总市值的76.54%。

目前，仍有一个问题引人深思：中本聪究竟是一个人，还是一个团队或组织？迄今为止尚无令人信服的定论。

在比特币"出世"15年后的今天，世界又该如何定义比特币等加密货币呢？

（一）国际组织

1. 经济合作与发展组织

2024年7月25日，经济合作与发展组织在《为加密资产带来税收透明度——最新消息》中指出：加密资产，如加密货币和基于密码学的代币，是一种相对较新的财富存储与金融交易手段。加密资产使得在传统金融领域之外，以去中心化的方式开展这类活动成为可能。近年来，利用加密资产持有、转移价值的活动迅速增加，催生了商业运作新形态，推动了金融市场创新。

2. 世界银行

世界银行对加密资产的定义为：一种主要依托密码学、分布式账本或类似技术的私人数字资产。同时，数字资产被界定为一种通过使用分布式账本或类似技术发行、表示的数字工具，但不包括法定货币的数字表现形式（即CBDC）。

世界银行金融部门首席经济学家埃里克·费恩等人，在2022年3月发布的《全球加密资产活动：演变和宏观金融驱动因素》报告中提道，尽管尚无被普遍认同的统一术语，但加密资产可被宽泛地定义为私人数字价值的表示形式。其可用于支付、投资，或获取商品与服务，且依赖分布式账本或类似技术。

3. IMF

2021年10月，IMF在《全球金融稳定报告》中首次探讨

"加密化"概念,指出加密资产种类繁多,已逐步发展到满足投机投资、价值储存、货币兑换和支付等不同需求。去中心化金融通过向用户提供新服务而形成发展势头。IMF 经济学家托拜厄斯·阿德里安在 2024 年 2 月的一次演讲中称,加密资产与宏观经济和金融稳定是相互影响、相互促进的关系。

2023 年 9 月,IMF 发布《IMF-FSB 综合文件:加密资产政策》。该文件指出,加密资产被视作能带来广泛益处的金融工具,比如实现更廉价、更快捷的跨境支付,提高金融包容性,促进投资组合的多样化;同时,增强操作韧性,提升交易透明度与可追溯性,这些也常被视为加密资产的潜在好处。大多数加密资产在无许可的区块链上发行,这类区块链作为开源结算层,使开发者能够构建可编程、互操作的金融架构。

(二)各国(地区)政府与监管机构

1. 美国

(1) SEC

2014 年,SEC 将比特币界定为一种去中心化的点对点虚拟货币。比特币在使用场景上与法定货币类似,既可以兑换美元等传统货币,也可以用于在线购买商品或服务。与传统货币不同的是,比特币的运作不受中央机构或银行的管控,也没有任何政府给予支持。

2023 年 6 月,据 SEC 官网消息,在一份原告为 SEC、被告为 Coinbase, Inc. 和 Coinbase Global, Inc. 的起诉书中,所涉"加密资产""数字资产"或"代币"等术语,通常指的是使用区块链或分布式账本技术发行和/或转移的资产，包括"加密货币""虚拟货币""数字硬币"等类别。

（2）CFTC

CFTC认为，比特币是一种可兑换虚拟货币。这类虚拟货币作为价值的数字代表，主要具有交换媒介、记账单位、价值储存的功能。

（3）美国国家税务局

2014年，美国国家税务局在其发布的一份通知中明确：与真实货币等值或能够替代真实货币的虚拟货币，称为可兑换虚拟货币。比特币作为可兑换虚拟货币的典型代表，可在用户之间开展数字交易，还可以购买或兑换美元、欧元等真实货币及其他虚拟货币。

（4）美国财政部海外资产控制办公室（OFAC）

2018年6月，在特别指定国民（SDN）名单中，比特币被划定为数字货币。

2. 欧盟

2023年6月9日，欧洲理事会与欧洲议会发布了关于加密资产市场的2023/1114号法案，对加密资产定义如下：加密资产是分布式账本技术的主要应用之一，作为价值或权利的数字化表现形式，可为市场参与者（包括加密资产的散户持有者）带来重大利益。

加密资产的价值呈现形式，包括相关主体或市场参与者赋予它的外部、非内在价值，这表明其价值具有主观性，仅基于加密资产购买者的利益考量。加密资产的发行能够简化融资流程，促进市场竞争，从而构建创新、包容的融资体系，尤其有助于中小企业获得融资机会。

当作为支付手段使用时，加密资产可以通过限制中介机构的数量，为用户提供更廉价、快速且高效的支付选择，在跨境支付领域优势尤为明显。

3. 日本

日本的加密资产受《支付服务法》修正案监管。该修正案于2016年5月25日获批通过，并于2017年4月1日正式生效，主要目的在于改善日本对加密货币交易所的监管。2019年5月31日，日本议会通过了对《金融工具与交易法》修正案。此次《金融工具与交易法》修正案旨在确保具备类似证券功能的数字资产受《金融工具与交易法》的监管。在日本，加密资产被定义为：可用于购买商品或接受服务的支付手段；能够兑换成另一种货币；可以借助计算机网络进行传输。

4. 各国（地区）政府明面持有比特币现状

各国（地区）政府持有的比特币，来源主要为打击犯罪等行动中的没收及主动购买。截至2024年8月9日，由加拿大比特币企业Coinkite维护、专门用于统计并展示全球各大实体比特币持仓情况网站BitcoinTreasuries的数据显示：各国（地区）政府持有的比特币总量为247.720 6万枚，在2 100万枚的总供应量中占比约11.8%；按当前市值计算，约为1 508.13亿美元。

美国政府为全球最大的比特币持有者，持有数量为213 246枚，市值约129.82亿美元，占总供应量的1.02%；中国政府持有约190 000枚比特币，位居第二，市值约115.67亿美元，占总供应量的 0.91%；英国政府持有约 61 000 枚比特币，市值约 37.13 亿美元，占总供应量的 0.29%；乌克兰政府持有 46 351 枚比特币，市值约 28.22 亿美元，占总供应量的 0.22%；萨尔瓦多政府持有 5 800 枚比特币，市值约 3.531 亿美元，占总供应量的 0.03%。

另外，根据 CoinGecko 2024 年 7 月统计数据，德国此前没收的 46 359 个比特币，在同年 6 月 19 日至 7 月 12 日期间被全部清算，致使比特币价格下跌 15.7%，从 64 547.32 美元/枚降至 54 418.46 美元/枚。

（三）主要央行

1. 美联储

2022 年初，美联储在《货币与支付：数字转型时代的美元》文件中指出，技术创新催生了一批具备货币特性的数字资产。这些"加密货币"源于密码学和分布式账本技术的结合，共同为去中心化的点对点支付奠定了基础。2023 年 5 月，美联储发布的《2022 年美国家庭的经济福祉》报告表明，加密货币作为一种相对新兴的数字资产，既可以作为投资品持有，也能够应用于金融交易领域。

2. 欧洲央行

欧洲央行认为，从本质上讲，比特币是一种可通过电子途径交换的数字代币，无实物形态，由计算机网络借助数学公式创建和追踪，而非由单一机构或组织完成创建和追踪。

欧洲央行执行委员会成员、意大利央行行长法比奥·帕内塔，于2022年末在英国伦敦演讲时称，加密资产背后的理念在于，数字技术可以取代受监管的中介机构，规避国家层面的"干预"。换句话说，有望构建一个基于技术、无须信任却能保持稳定的金融体系。他将比特币归入加密资产范畴。

3. 英国央行

英国央行指出，比特币是一种加密资产，由网络中的计算机代码发行，不受任何特定个人或公司管控。像比特币这类加密资产，由于缺乏实物资产支撑，属于风险较高的投资选择。这也是比特币等加密资产未能在支付领域广泛应用的原因之一。

4. 日本央行

2018年10月，时任日本央行副行长雨宫正佳在题为《货币的未来》演讲中表示，随着科技的发展，无现金支付在全球范围内呈现增长态势，同时涌现出"虚拟货币""加密资产"这两类新媒介，比特币就是第一个加密资产。加密资产具有以下共同特征：运用区块链、分布式账本技术等"分布式"技术，不存在特定的发行人，不以日元、美元、欧元等主权货币计价。

5. 加拿大央行

加拿大央行明确表示，比特币属于加密资产，而非加密货币。该行将此类加密资产描述为："依托计算机网络存在并流通，网络直接连接用户；交易在匿名地址之间进行，并记录于'分布式账本'；没有可信的第三方来管理系统或收集用户信息。"

6. 俄罗斯央行

2022年，俄罗斯央行在《加密货币：趋势、风险和监管》咨询报告中提到，自2009年全球首款加密货币比特币诞生后，加密货币市场持续快速发展，目前已涵盖基于分布式账本技术的多种工具。"加密资产"是指代这类工具最常用的术语，指以数字形式存在或作为其他资产的数字表示，且通过分布式账本技术创建的资产。不同加密资产的功能各异：有些可用于支付，有些则无此用途；有些在技术层面类似于证券。

（四）金融界

1. 全球银行支持加密货币现况

CoinGecko针对截至2023年7月全球资产管理规模最大的50家银行，开展了加密货币友好程度评估。评估内容涵盖银行在本地或通过持牌加密货币交易所开展加密货币交易的情况，以及促进加密货币资金流入的能力。

在2023年全球资产管理规模排名前50的银行中（见表3-1），有37家银行（占比74%）可通过连接币安、Coinbase等受监管的加密货币交易所支持加密货币交易，实现银行账户资金无缝转移。

具体分布为：美国、法国各有6家银行（各占比12%）；英国、日本、加拿大各有5家银行（各占比10%）；意大利、澳大利亚、西班牙各有两家银行；荷兰、德国、瑞士、印度各有1家银行。上述银行均支持通过连接受监管的加密货币交易所开展加密货币交易。

中国的 13 家银行（占比 26%）均拒绝连接受监管的加密货币交易所，不支持加密货币交易。

表 3-1 2023 年全球 50 家最大银行对"连接受监管的加密货币交易所"的态度

排名	银行名称	总部	态度	排名	银行名称	总部	态度
1	中国工商银行	中国	否	26	高盛集团	美国	是
2	中国建设银行	中国	否	27	德意志银行	德国	是
3	中国农业银行	中国	否	28	中国兴业银行	中国	否
4	中国银行	中国	否	29	中国中信银行	中国	否
5	摩根大通	美国	是	30	上海浦东发展银行	中国	否
6	美国银行	美国	是	31	摩根士丹利	美国	是
7	三菱日联金融集团	日本	是	32	国民互助信贷银行	法国	是
8	汇丰控股有限公司	英国	是	33	劳埃德银行集团	英国	是
9	法国巴黎银行	法国	是	34	中国民生银行	中国	否
10	法国农业信贷银行集团	法国	是	35	联合圣保罗银行	意大利	是
11	花旗集团	美国	是	36	荷兰国际集团	荷兰	是
12	中国邮政储蓄银行	中国	否	37	加拿大丰业银行	加拿大	是
13	三井住友金融集团	日本	是	38	裕信银行	意大利	是
14	瑞穗金融集团	日本	是	39	中国光大银行	中国	否
15	中国交通银行	中国	否	40	国民西敏集团	英国	是
16	富国银行	美国	是	41	蒙特利尔银行	加拿大	是
17	桑坦德银行	西班牙	是	42	澳大利亚联邦银行	澳大利亚	是
18	巴克莱银行	英国	是	43	渣打银行	英国	是
19	邮贮银行	日本	是	44	邮政银行	法国	是
20	瑞银集团	瑞士	是	45	中国平安银行	中国	否
21	BPCE 集团	法国	是	46	西班牙外换银行	西班牙	是
22	法国兴业银行	法国	是	47	农林中央金库	日本	是
23	加拿大皇家银行	加拿大	是	48	印度国家银行	印度	是
24	多伦多道明银行	加拿大	是	49	加拿大帝国商业银行	加拿大	是
25	中国招商银行	中国	否	50	澳洲国民银行	澳大利亚	是

资料来源：CoinGecko；艾利艾咨询整理。

2. 摩根士丹利

2023年3月，摩根士丹利发文指出，数字资产（有时也被称作加密货币），是可作为交换媒介、记账单位或价值储存手段的数字表现形式，通常不具备法定货币地位。数字资产没有内在价值，且背后不存在投资实体，其价值由市场供求关系决定，因此相较传统货币，价值波动性更强。

投资数字资产存在诸多风险，开展数字资产交易也伴随着各种风险，涵盖但不限于欺诈、盗窃、市场波动、市场操纵，以及网络安全漏洞（如面临黑客攻击、资产被盗、编程错误和意外丢失等风险）。此外，目前接受数字资产作为支付手段的实体无法保证将来也会这样做。数字资产价格的高波动性和不可预测性，极有可能导致重大且即时的损失。而且，投资者可能无法及时以合理价格完成数字资产头寸的清算。

3. 高盛集团

2021年5月，美国高盛集团发布研报《加密货币：一种新的资产类别？》，在报告中深入分析了加密货币的相关概念。

（1）数字资产

数字资产是指以数字形式创建、交易和存储的无形资产。在加密生态系统中，数字资产包括加密货币和加密代币。

（2）加密货币

作为区块链网络的原生资产，加密货币通常被用作交换媒介或价值储存手段，由其运行的区块链协议直接发行。加密货币通常具有去中心化特征，构建在区块链之上，并借助密码学实现保护，典型代表有比特币、以太币等。

（3）加密代币

与特定网络的原生加密货币有所不同，加密代币由搭建于其他区块链之上的平台创建。例如，加密货币 Aave 的代币 AAVE 建立在以太坊网络。代币不仅可作为交换媒介或价值储存工具，还可用于治理决策（如对协议的更改、升级进行投票），或获取平台服务。

4. 英为财情

英为财情认为，比特币属于数字加密货币，是凭借对等交易、挖掘以及其他技术专业知识形成的现代资产。同时，它是一种分散型对等数字货币，依据特定算法发行，不依靠任何中央权力机构或中间商。

（五）专业书刊

在加密货币和区块链领域颇具知名度的安德烈亚斯·安东诺普洛斯，在其经典著作《精通比特币》（第二版）中，将比特币定义为构成数字货币生态系统根基的一系列概念和技术的集合。与传统货币不同，比特币完全是虚拟的。比特币代表了数十年密码学和分布式系统研究的巅峰成果，包括四大关键创新：去中心化的对等网络（比特币协议）、公共交易总账（区块链）、独立交易确认和货币发行的规则体系（共识规则），以及实现有效的区块链全球去中心化共识机制（工作量证明算法）。

2023 年初，聚焦比特币和加密货币领域的《比特币杂志》（*Bitcoin Magazine*）在其网站给出比特币的定义：比特币是一种开源、无须许可、点对点的可编程货币。其供应量的上限为 2 100

万枚且不可更改。该网络采用点对点模式，交易直接在用户之间进行，无须中央银行等中介机构介入；交易由网络节点借助加密技术进行验证，并记录在名为"区块链"的公共分布式账本中。

（六）比特币网站与加密货币交易所

1. 比特币教育资源网站 bitcoin.org

比特币构建起一个共识网络，催生出全新的支付系统与完全数字化的货币形态。它开创去中心化对等支付网络之先河，整个体系由用户自主掌控，无须中央管理机构或中间人介入。从用户的角度来看，比特币犹如互联网世界中的现金，堪称目前最杰出的三式簿记系统[①]。

2. 比特币资讯网站 Bitcoin.com

比特币作为去中心化数字资产，已成为新型资产，与现金、黄金、房地产等传统资产形成类别补充。其核心特性在于去中心化和"无须信任"的模式，这意味着比特币不需要银行这类第三方中介机构参与。

3. 全球性加密货币交易所币安

比特币作为全球首款加密货币，具备数字货币的功能。比特币备受追捧的原因在于具有抗审查性、解决了双花攻击问题[②]，

---

① 三式簿记是指对每项经济业务以相等金额记入相互对应三类账户的一种记账方法。
② 双花攻击（double spending），又称双重支付，即一币多付，指同一笔数字货币被重复使用两次及以上的情形，是对数字货币失效模式的一种构想。

并且支持随时随地进行交易。比特币采用SHA256[①]加密算法，总量固定为2 100万枚。平均每10分钟产出一个区块，每产出21万个区块，区块奖励便会减半。目前，大多数矿池除了提供区块奖励，还会将交易手续费分配给矿工。

二、比特币的现状

根据雅虎财经数据，比特币价格从2024年1月1日的44 167美元/枚，上涨至11月22日的98 961美元/枚（见图3-1）。Coinbase数据显示，同年11月22日，比特币价格波动区间为9.8万美元/枚至10万美元/枚。

2024年11月23日，韩国《东亚日报》刊文指出，同年11月22日，比特币价格史上首次突破9.9万美元/枚，距10万美元/枚仅一步之遥。此前一直强力限制虚拟货币的SEC主席加里·根斯勒，传出将在特朗普2025年1月就任时辞职的消息，受此影响，比特币价格随即大幅上涨。CoinMarketCap数据显示，2024年11月22日比特币一度飙升至99 314.95美元/枚，当日下午3时30分（北京时间）成交价为98 905.87美元/枚。前一日，比特币价格还在9.4万美元/枚左右波动，当日涨幅却超5%，已进入

---

① SHA256是比特币"挖矿"用于获取工作量证明的算法，属于SHA-2系列的哈希算法，由美国国家安全局设计、美国国家标准与技术研究院发布。该算法的主要功能是将任意长度的"消息"，映射为固定长度（256位，即32字节）的哈希值，即将输入数据经过一系列的计算和变换，生成一个固定长度的字符串，用来表示原始数据的状态或特征。整个过程具有不可逆性、唯一性、高效性、安全性等特征。SHA256被认为在保障数据完整性、实现数字签名、维护安全通信协议方面，具有至关重要的作用。

冲击 10 万美元 / 枚的"读秒"阶段。

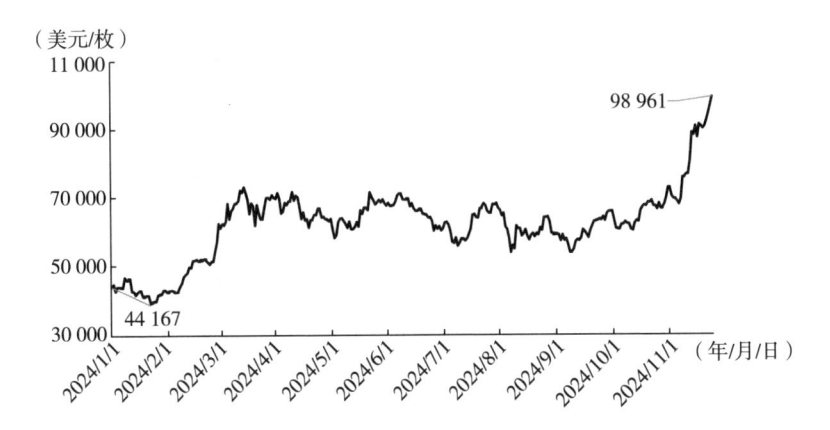

图 3-1　2024 年 1—11 月比特币价格走势

注：2024 年 11 月 22 日价格截至北京时间当日下午 1:57。
资料来源：雅虎财经；艾利艾咨询整理。

（一）比特币期货：2024 年 1—7 月月均交易 1.73 万亿美元，累计超 12 万亿美元，同比增长 74.35%

1. 全球态势

The Block 最新数据显示：2024 年 1—7 月，比特币期货交易量达 12.1 万亿美元，较上年同期的 6.94 万亿美元，增长约 74.35%（见图 3-2）。

2. 芝加哥商品交易所比特币交易情况

2024 年 1—7 月，该交易所比特币期货交易量达 9 612.9 亿美元，约占全球交易总量的 8%，是上年同期 3 071.1 亿美元的 3.13 倍，且各月交易量均高于上年同期水平。

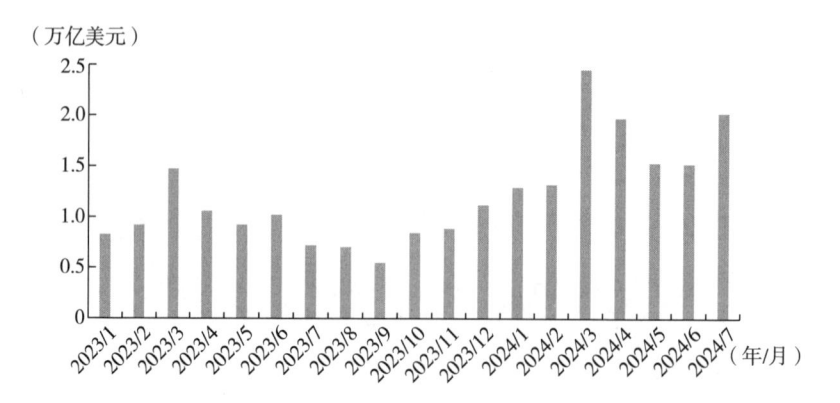

图 3-2　2023 年 1 月—2024 年 7 月比特币期货交易量

注：图中为月度数据。
资料来源：The Block；艾利艾咨询整理。

同期，期货交易未平仓合约规模为 606.4 亿美元，约是上年同期 138.9 亿美元的 4.37 倍，各月数值均显著高于上年同期（见图 3-3）。

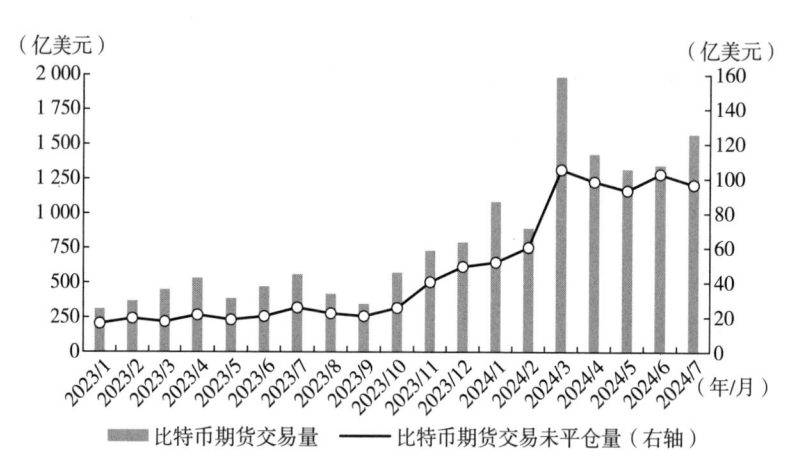

图 3-3　2023 年 1 月—2024 年 7 月芝加哥商品交易所比特币交易量

注：图中为月度数据。
资料来源：The Block；艾利艾咨询整理。

（二）现货比特币 ETF：主要集中在美国市场，2024 年 1—7 月累计交易量显著低于比特币期货交易量

1. 现货比特币 ETF：2024 年 1—7 月累计交易量不及同期期货累计交易量的 3%

根据 The Block 与雅虎财经截至 2024 年 7 月 26 日的统计数据，2024 年 1—7 月，现货比特币 ETF 的累计交易量达 3 440.2 亿美元。这一数值约为年初（1 月 12 日）交易量 76.9 亿美元的 44.7 倍，但仅占同期比特币期货交易量 11.92 万亿美元的 2.89%。

2. 美国在全球现货比特币 ETF 市场占比超八成

根据 CoinGecko 截至 2024 年 2 月 15 日的调查结果，全球范围内共有 32 只现货比特币 ETF，资产总额 417.39 亿美元。这些 ETF 共持有 839 323 枚比特币，占比特币最大供应量的 4%。其中，美国是全球最大的现货比特币 ETF 市场，拥有 10 只现货比特币 ETF，资产规模达 347.79 亿美元，占全球现货比特币 ETF 总资产的 83.3%。[①] 加拿大拥有 6 只现货比特币 ETF，资产规模为 30.94 亿美元，在全球市场中的占比为 7.4%。欧洲现货比特币 ETF 资产规模为 36.68 亿美元，全球占比约 8.8%，共计 13 只，分布情况为泽西岛 5 只、根西岛 3 只、德国 2 只、瑞士 2 只、列支敦士登 1 只（见表 3-2）。

---

① 2024 年 1 月 10 日，SEC 首次批准 11 只现货比特币 ETF。截至 2024 年 2 月 15 日，美国加密货币投资公司 Hashdex 虽获得 SEC 授权，推出现货比特币 ETF，但未实际运作，于 2024 年 3 月 27 日后才开始上市交易。

表 3-2　全球现货比特币 ETF 数量、分布及资产规模

国家/地区	现货比特币 ETF 数量（只）	现货比特币 ETF 资产规模（亿美元）
美国	10	347.79
加拿大	6	30.94
泽西岛	5	12.84
德国	2	12.64
瑞士	2	6.48
列支敦士登	1	3.59
根西岛	3	1.13
百慕大	1	1.03
巴西	1	0.62
澳大利亚	1	0.33
合计	32	417.39

资料来源：CoinGecko；艾利艾咨询整理。

（三）比特币链上交易：2024 年 1—7 月累计交易量超 10 万亿美元，约为同期现货比特币 ETF 累计交易量的 30 倍

2024 年 1—7 月，全球现货比特币链上累计交易量达 10.35 万亿美元。这一数字约为同期现货比特币 ETF 累计交易量 3 440.2 亿美元的 30 倍；较上年同期的 8.7 万亿美元，增长约 18.97%。从月度数据来看，各月链上交易量均高于上年同期（见图 3-4），其间月均交易额为 1.48 万亿美元。

链上交易量是基于区块链账本记录的钱包地址间交易总价值计算得出的交易量，计算过程中可部分剔除"左手倒右手"这类欺诈性交易。加密货币行业常出现数据操纵、伪造现象，据美国旧金山加密资产管理公司 Bitwise 的研究，现货市场 95% 的比特

币交易量存在不准确问题，属于虚假数据。因此，链上交易量分析尤为关键——所有用户交易数据记录于区块链网络，能为投资者提供更准确的数据参考。

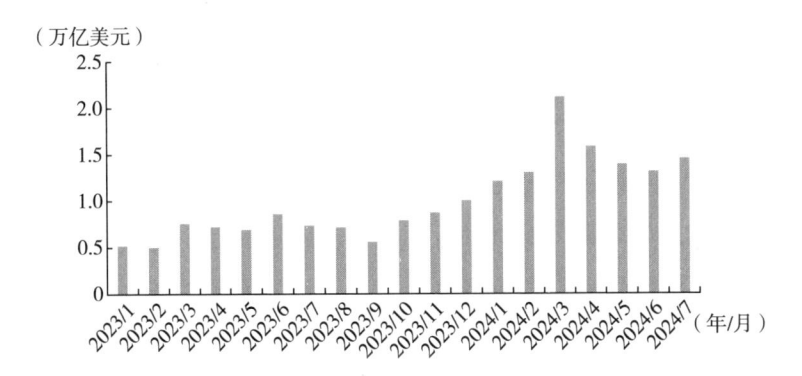

（万亿美元）

图3-4　2023年1月—2024年7月现货比特币链上交易量

注：图中为月度数据。

资料来源：The Block；艾利艾咨询整理。

三、比特币的价格变化与定价机制

（一）价格：剧烈波动衍生投资（投机）机遇与交易风险

比特币作为一种投资资产或交易媒介，其持有者必然面临币值波动所带来的风险。目前，主流观点认为，由于比特币缺乏调控主体，价格几乎是不可控的，极易受各种因素影响。同时，比特币缺乏价值锚定，进一步加大价值判定难度。这种不确定性导致比特币价格常常在短时间内大幅涨跌。新冠疫情暴发以来，比特币价格呈现出大起大落的特征，暴涨暴跌近乎成为常态。

根据英为财情的数据，比特币诞生后的价格变化如图3-5所示。

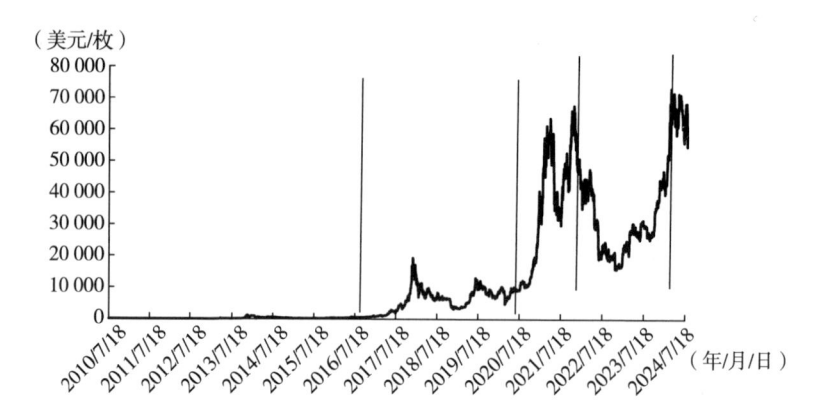

图 3-5　2010 年 7 月—2024 年 7 月比特币价格（收盘价）走势
资料来源：英为财情；艾利艾咨询整理。

1. 起步攀升期（2010—2016 年）

此阶段，比特币价格绝大部分时间处于 1 000 美元 / 枚以内。2010 年 7 月 18 日，比特币收盘价为 0.1 美元 / 枚，随后逐步攀升：2012 年 12 月 31 日涨至 13.5 美元 / 枚，2013 年 12 月 31 日进一步涨至 805.9 美元 / 枚。不过，2014 年 12 月 31 日价格回落至 318.2 美元 / 枚；2015 年 12 月 31 日回升至 430 美元 / 枚，2016 年 12 月 31 日回升至 963.4 美元 / 枚。相较于 2010 年 7 月 18 日，涨幅高达 9 633 倍，呈现几何式上升态势。

2. 首次破万期（2017—2019 年）

这一时期，比特币价格成功突破 1 万美元 / 枚，升降波动显著。2017 年 1 月 1 日，比特币收盘价为 995.4 美元 / 枚，2017 年 12 月 31 日涨至 13 850.4 美元 / 枚，涨幅达 12.91 倍。但在 2018 年 12 月 31 日，价格回落至 3 709.4 美元 / 枚，降幅约为 73.2%；2019 年 12 月 31 日大幅反弹至 7 196.4 美元 / 枚，涨幅约 94%。

相较于 2017 年 1 月 1 日，涨幅达 6.23 倍。

3. 首轮暴涨期（2020—2021 年）

新冠疫情的暴发与蔓延，引发全球资产避险情绪高涨。2020 年 1 月 1 日，比特币收盘价为 7 199.8 美元/枚，2020 年 12 月 31 日涨至 28 949.4 美元/枚，涨幅 3.02 倍。2021 年 12 月 31 日，价格进一步升至 46 219.5 美元/枚，涨幅约 60%，其中 2021 年 11 月 8 日，价格更是高达 67 527.9 美元/枚，相较于 2020 年 1 月 1 日，涨幅约 8.38 倍。新冠疫情暴发后的头两年，比特币价格进入暴涨期，币值绝对额不断累积增大，使得单位涨幅所蕴含的价值大幅提升。

4. 剧烈振荡期（2022 年至今）

在此阶段，比特币价格创下 7.3 万美元/枚的历史峰值。2022 年 1 月 1 日，比特币收盘价为 47 738 美元/枚，2022 年 12 月 31 日降至 16 537.4 美元/枚。2023 年 12 月 31 日，价格回升至 42 272.5 美元/枚，是 2022 年末收盘价的 2.56 倍。2024 年 1 月 1 日，比特币收盘价为 44 183.4 美元/枚。2024 年 1 月 10 日，SEC 首次批准 11 只现货比特币 ETF，受此影响，2024 年 3 月 13 日，比特币价格飙升至 73 066.3 美元/枚的历史新高，这一价格超 2020 年初收盘价的 9 倍，是 2010 年 7 月 18 日 0.1 美元/枚的 73 万余倍。2024 年 8 月 4 日，比特币价格回落至 58 141.8 美元/枚，较年内高点降幅达 20.4%。

(二)价格形成机制:由供需关系主导

比特币不由央行发行,因此,通常影响法定货币价值的因素(如央行货币政策,以及经济增长、通胀率等关键经济指标),并不适用于比特币的定价体系。从理论层面来看,比特币价格由供给与需求共同决定,与普通商品类似。当市场对比特币的需求旺盛时,价格上涨,此时会有更多持有者愿意出售;反之,当市场需求低迷时,价格下跌,愿意出售比特币的人也随之减少。在供需达到均衡状态时,比特币价格便得以确定(见图3-6)。

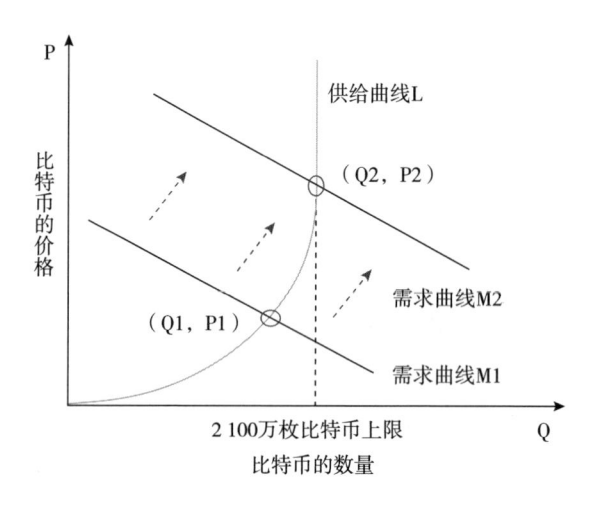

图3-6 比特币价格形成机制

资料来源:艾利艾咨询根据公开资料整理。

在比特币总量达到2 100万枚上限前,价格由市场需求和供给共同决定;达到上限后,理论上(假定2 100万枚比特币全部参与市场流通),价格仅由市场需求这单一因素决定(需求越高,价格越高)。但实际中,因部分比特币并不参与市场流通,价格仍由供给与需求共同决定。

（三）比特币供给："挖矿"受两大因素影响

比特币通过电子计算机的"哈希（Hash）计算"产生，业内称这一过程为"挖矿"。根据比特币协议，其供应总量上限被设定为2 100万枚。因此，比特币供给能力主要取决于两大因素：一是开采成本，二是各国（地区）政府对"挖矿"所持态度。

1. 已挖出的比特币数量

CoinMarketCap数据显示，截至2024年8月13日上午，比特币供给量已达19 739 137枚，约占2 100万枚上限的94%。这意味着，尚有约6%（即1 260 863枚）比特币有待挖出。

2. 当前挖出1枚比特币的成本

"挖矿"成本受矿机设备、电力供应、场地使用、人工投入等多项费用的综合影响。一般情况下，"挖矿"成本越低，比特币供给量越大；成本越高，供给量越小。

英国剑桥大学新金融研究中心（CCAF）对不同电价场景下的"挖矿"成本进行了估算。由于该估算未公布矿机型号、矿机运维、散热消耗等设定条件，其结果仅具参考价值。2024年8月10日，在0.08美元/千瓦时的电价场景中，按照设定条件，挖出1枚比特币的成本为55 159美元。若要开采剩余的1 260 863枚比特币，总成本将达到695.48亿美元。在0.1美元/千瓦时的电价场景中，成本则上涨至61 794美元/枚（见图3-7），开采剩余比特币的总成本为 779.14 亿美元。

（美元/枚）
电价：0.08 美元/千瓦时

（美元/枚）
电价：0.1 美元/千瓦时

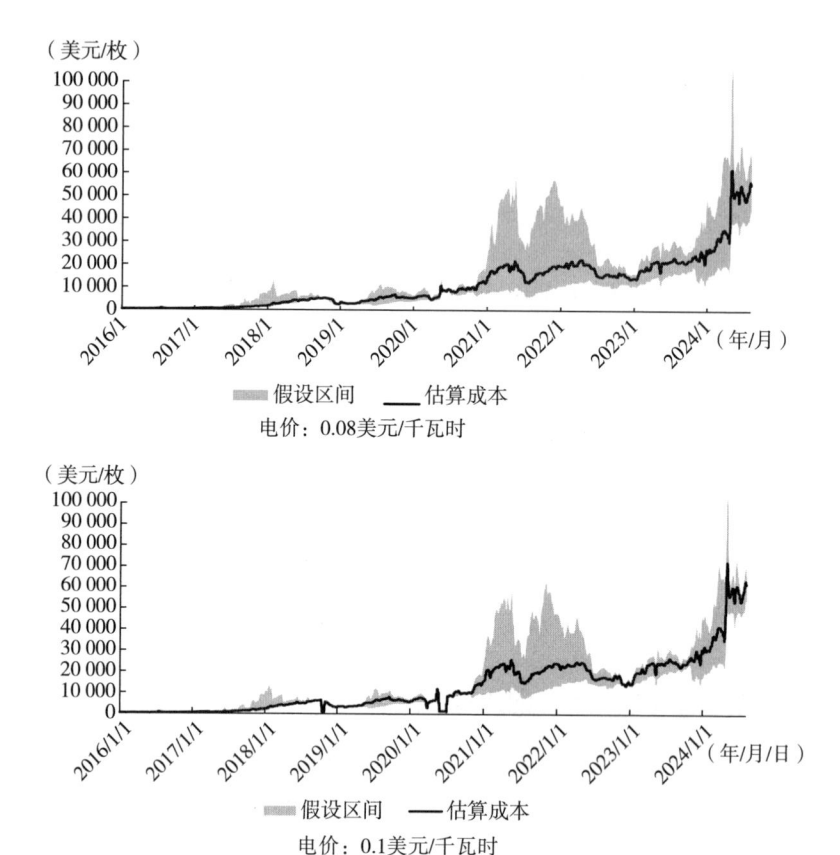

图 3-7　2024 年 8 月 10 日在不同电价场景中挖出 1 枚比特币的成本
资料来源：CCAF；艾利艾咨询整理。

如今的"挖矿"成本与之前天差地远。以 0.1 美元/千瓦时的电价场景为例，2016 年 1 月，挖出 1 枚比特币仅需 261 美元，当时比特币价格区间为 380~430 美元/枚。2020 年 9 月，"挖矿"成本突破 1 万美元/枚。此后，成本绝对值上涨加速，2023 年 2 月末突破 2 万美元/枚，2024 年 1 月突破 3 万美元/枚。

2024年4月，比特币迎来第四轮"减半"，促使"挖矿"成本攀升至5万美元/枚。2024年5月2日，"挖矿"成本更是飙升至72 508.58美元/枚的历史峰值，随后在2024年8月10日回落至61 794美元/枚。英为财情数据显示，2024年8月10日比特币收盘价为60 931.7美元/枚。由此可见，若将当日开采出的比特币立即售出，收益可能无法覆盖开采成本。比特币开采成本持续上升，主要缘于"挖矿"难度不断加大。

3. 各国（地区）政府对"挖矿"所持态度

一般情况下，允许并支持"挖矿"活动的国家（地区）数量越多，比特币供给量会越大；反之，禁止"挖矿"活动的国家（地区）越多，比特币供给量则会越小。

在加密货币领域，"哈希率"（Hashrate）这一概念十分重要。它被用于衡量采用工作量证明机制的区块链（如比特币区块链）中，挖掘和处理交易的总计算能力，即每秒可执行的计算次数。将全球哈希率视为整体，一个国家（地区）在其中的占比，既可体现其"挖矿"实力，也可反映其政府对"挖矿"活动所持态度。CCAF数据显示，截至2022年1月，美国的比特币"挖矿"活动在全球哈希率中占比约为37.8%，居全球首位；中国占比约为21.1%，位列第二；其后依次为哈萨克斯坦（占比13.2%）、加拿大（占比6.5%）、俄罗斯（占比4.7%）、德国（占比3.1%）、马来西亚（占比2.5%）、爱尔兰（占比2.0%）、新加坡（占比2.0%）、泰国（占比1.0%）；其他国家（地区）总计占比约为6.1%。

（四）比特币价格：受至少6种因素影响

在不考虑开采成本的情况下，以下6种因素会对比特币价格产生影响。

一是参与人数：参与比特币的人数越多，需求越大，价格走高；反之，参与人数越少，需求越小，价格难以上涨。二是适用范围：比特币的用途越广，需求越大，价格易攀升；用途越窄，需求越小，价格受抑制。三是法币信用：当法定货币信用受损时，市场将比特币作为避险资产的需求大幅增长，推动价格上升；而法定货币信用稳固时，比特币需求和价格则会降低。四是官方态度：若政府允许比特币交易，需求往往会增加，价格上涨；若政府禁止比特币交易，需求则会下降，价格走低。五是地缘政治：当地缘政治风险上升，比特币需求随之上升，从而推高比特币价格；当地缘政治风险降低，比特币需求和价格也会相应下降。六是媒体舆论：媒体对比特币持"友好"态度、报道正面消息时，往往会推高比特币价格；负面消息则会导致其价格下跌（见表3-3）。

上述6种影响因素会直观反映在比特币价格变动中。此外，还有其他因素影响比特币价格，如参与者对加密货币的整体兴趣、加密货币之间的竞争态势、科技发展带来的变革等。

表3-3 比特币价格的影响因素

影响因子	因子变化	比特币价格变化	因子反向变化	比特币价格变化
开采成本	增加	上升	减少	下降
参与人数	增加	上升	减少	下降
适用范围	增加	上升	减少	下降

续表

影响因子	因子变化	比特币价格变化	因子反向变化	比特币价格变化
法币信用	受损	上升	稳固	下降
官方态度	政策允许	上升	政策禁止	下降
地缘政治	风险上升	上升	风险下降	下降
媒体舆论	正面消息	上升	负面消息	下降

资料来源：艾利艾咨询根据公开资料整理。

四、比特币的七大特征

传统货币一般由央行决定发行数额，价值由政府信用支撑。比特币供应不受中央权威机构管控，价值取决于人们对它的主观信心。提供金融投资服务和跟单交易服务的交易经纪公司 eToro 通过研究分析，界定了比特币的七大特征。

（一）四个基本特征

1. 辨识度：加密货币领域的领先者，总市值占比长期过半

比特币作为全球最早的加密货币，在加密货币领域长期保持领先地位。CoinMarketCap 数据显示，比特币市值占全球加密货币总市值的比重常年超 50%，越来越多的人认可并使用比特币作为支付工具。

2. 便携性：结算可绕过传统支付体系

包括比特币在内的加密货币可借助互联网实现便捷传输。比特币的比较优势在于可跨国界进行全球支付，且效率高于目前的

法定货币跨国转账。

3. 可分割性：更小面额，适用于更多交易场景

比特币的总供应量上限为 2 100 万枚，而单枚比特币可无限分割，最小单位为 0.000 000 01 枚比特币，即 1 聪（Satoshi）。更小的面额能满足更多人的交易使用需求。

4. 可互换性：比特币间可等价交换

无论比特币的历史权属、流转路径如何，每一枚比特币的价值完全相等。基于这一特性，比特币被公认为是一种可互换资产及价值储存手段。

（二）三个核心特征

1. 稀缺性（总量有限）：通过总量上限受控，实现控制通胀

法定货币发行可由政府根据政策意愿灵活调整，而比特币发行总量被严格限定为 2 100 万枚。比特币"总量有限"的特性，主要缘于"挖矿激励"设计。

根据比特币协议设定，比特币网络每 10 分钟会生成一个新的区块。在初始阶段，每个新生成的区块会发行 50 枚比特币作为对矿工的奖励。同时，每形成 21 万个区块，每个区块所发行的比特币奖励便会减半一次，周期约为 4 年。依此规则，当每个区块的奖励降至 1 聪（比特币最小分割单位）以下时，由于无法继续分割减半，比特币网络将停止产生新币，此时比特币的总数量为 209 999 99.976 900 00 枚（约等于 2 100 万）。自 2009 年诞

生以来，比特币已历经 4 次减半（最近一次为 2024 年 4 月 20 日上午 8 时 9 分）。正是这种设定构建起比特币的稀缺性，通过比特币总量上限受控，实现控制通胀目标。

然而，需要留意的是，当前比特币"总量有限"特性基于现有规则。倘若出现以下两种情况，"有限""稀缺"的含义或发生改变：其一，目前规定比特币最小分割单位为 0.000 000 01 枚，即 1 聪，若未来规则调整允许更小单位分割，理论上会增加比特币的潜在供应量；其二，若比特币规则被修改，或基于比特币衍生的加密货币供应量大幅变动，其"稀缺性"是否存续，尚难下断言。

Bitcoin.com 援引《比特币白皮书》，将比特币"挖矿"过程概括为：①新交易向所有节点进行广播；②每个节点将新交易归集到一个区块中；③每个节点为其所在区块求解工作量证明难题；④当一个节点找到工作量证明时，便将区块广播给所有节点；⑤如果区块内所有交易都有效且未被使用，节点接受该区块；⑥节点通过在链中创建下一个区块来表示接受，并将已接受区块的哈希值作为前一区块的哈希值。

2. 去中心化：摆脱央行依赖，具有"双刃性"

比特币围绕去中心化理念设计，旨在成为传统法定货币的替代品，消除对第三方中介机构的需求。比特币无须依靠中央集权机构验证交易或管理网络，且用户数量越多，安全性越高，这对投资者而言极具吸引力。可将比特币系统理解为一种"游戏"，参与人数越多，游戏生态就越完善，各种安全机制就越健全。对民众而言，以比特币为代表的加密货币所具备的"去中心化"特征，最大的价值在于提供对抗政府"无节制印钞"的可选工具。例如，美国推行"财政货币化"政策后，政府债务规模已超35万亿美元，但全球目前尚无任何有效手段应对这一风险。

比特币所追求的"去中心化"，引发了学界深度探讨。2022年，IMF发布美国康奈尔大学教授、布鲁金斯学会高级研究员埃斯瓦尔·S.普拉萨德的文章，指出"去中心化的必然结果是碎片化"，这一特性存在正反两方面的影响：正面影响是可通过减少中心化的故障点、进一步精简流程来增强韧性，从而提升金融稳定性；负面影响是碎片化系统在市场形势较好时能够正常运转，但在困难时期，公众对它们的信心可能会变得极为脆弱。如果主导金融体系的去中心化机制未获央行或其他政府机构（如银行）直接支持，市场对该金融体系的信心将迅速消散。文章得出结论："去中心化"可能在经济繁荣时期带来高效率，却会在经济困难时期迅速引发动荡。

3. 透明度（信息公开）：所有交易皆有记录，并可供访问

"所有比特币交易均在区块链上保有记录，并可供访问"，这一特性被认为提升了去中心化程度和网络可信度。在比特币系统中，每个区块的记录都清晰可追溯，伪造比特币绝无可能。区块链会不停延展，交易一旦被全网确认并载入历史区块，便不可撤销、无法逆转。比特币所采用的工作量证明、共识算法和时间戳机制，能有效防范双重支付（即"双花攻击"）。

但需留意，比特币现有特征并非一成不变。随着人们对比特币认知加深、应用场景拓展，以及科学技术持续迭代，其独有特征也会发生变化。一个极具启示性的例子是，曾被广为流传的

"比特币高附加值光环——匿名性"已不复存在。美国《华尔街日报》在 2023 年 4 月的报道中披露，在加密货币交易所和区块链研究公司的配合下，执法部门整合了过往调查数据，绘制出全球犯罪网络中加密货币的交易流动图。

五、比特币运行的三个关键机制

（一）发币机制："挖矿"

前文提到的"挖矿"，可视为比特币的发币过程，本质上是通过执行工作量证明或其他类似计算机算法，使用高性能计算机求解加密方程等复杂数学问题，以获得加密货币。以太币、莱特币等加密货币的发行，也采用了类似机制。

1. 全球知名比特币"挖矿"公司：近八成集中于美国、加拿大两国

CoinGecko 的研究数据显示，截至 2023 年 11 月 1 日，全球排名前 14 的比特币"挖矿"公司，共持有 38 903 枚比特币，占比特币 2 100 万枚总供应量的 0.185%。

其中，美国马拉松数字控股公司持有量最多，达 13 726 枚，占比 35.3%；加拿大 Hut 8 Mining Corp 持有 9 366 枚，占比 24.1%；美国 Riot Platforms, Inc 持有 7 309 枚，占比 18.8%。前三家公司合计持有 30 401 枚比特币，占前 14 家公司总持有量的 78.2%。

其余 11 家公司同样集中在美国、加拿大两国：美国有 6 家，占比 42.9%；加拿大有 5 家，占比 35.7%。此外，新加坡、中国、

英国各有 1 家公司位列其中。

2. 再析"挖矿"发币

《比特币杂志》2023 年发布的一篇文章指出，比特币发行被定义为"挖矿"。这一称呼虽不涉及深入地下或洞穴挖掘，却因与开采黄金及其他矿物的过程相似而得名。比特币的发行，本质上是将新产出的比特币投入流通，并在区块链上追加新交易的过程。"挖矿"作为维持比特币网络正常运转的核心环节，推动了网络的繁荣，承担交易验证、区块链安全防护和新比特币产出职能。简言之，比特币"挖矿"需要矿工贡献计算能力，以换取解锁比特币奖励的机会。从根本上来说，比特币矿工参与"挖矿"的主要动机，就是赢得获利机会。

CoinGecko 将比特币"挖矿"描述为，矿工使用其计算机设备来验证交易，并将其添加到分布式账本。为避免交易被随意篡改，矿工需要解决一个复杂的难题。只有当矿工成功解决该难题（此过程被称为工作量证明，且成功解决具有随机性），才能够将交易添加到账本中，且该记录是最终的。由于设备购置、电力消耗等构成"挖矿"成本，矿工会因此获得新的比特币作为奖励。

3. "挖矿"原理

比特币"挖矿"的原理在于，在单位时间内尽可能多地完成 SHA256 哈希值运算，直至找到产生特定哈希值字符串。从这个意义上讲，算力越强，获得比特币奖励的概率越大。"挖矿"时，矿工需不断进行 SHA256 计算，让计算结果与目标值相匹配。一旦匹配成功，矿工便能广播一个新区块，其他人只需进行验证操作，结果若无问题就可同步至自身的区块链账本中。

参与比特币发币的计算机被称作"矿工节点",整个"挖矿"的过程依托区块链技术运行,每个矿工节点都会收集网络上发生但尚未得到确认的交易信息,并将这些交易归集到一个新区块中。该区块与此前所有区块联结,最终形成区块链。每个"矿工节点"会附加新的随机调整数,并计算前面区块链的哈希值。若计算得出的哈希值低于某个预先设定的特定目标值,则视为"挖矿"成功;反之,若未达到目标,节点则会更换一个随机调整数,重新计算。这种反复试错的"挖矿"方式被称作"暴力计算",会消耗大量算力。

4."挖矿"核心机制:工作量证明

工作量证明算法构成了"挖矿"核心机制。比特币网络的每个区块都包含一定的交易数据以及前一个区块的哈希值。所谓"挖矿",就是要寻找一个特定的哈希值,使得当前区块的哈希值满足特定条件。为此,矿工需要不断进行尝试,直至找到符合要求的哈希值。

工作量证明,是指在不断尝试计算区块哈希值过程中所得到的特定哈希值。作为比特币"挖矿"工作量证明所采用的SHA256算法,它不仅是一种用于验证交易的手段,更是防范"双花攻击"的共识机制。在实物货币场景下,"双花攻击"不会出现,但在诸如比特币这类数字现金体系中,却存在"双花攻击"的潜在风险。工作量证明有着严格要求,其获取过程需历经若干关键步骤,而防范"双花攻击"同样需要付出努力。所有矿工会在同一时间计算下一个区块的哈希值,试图找到符合特定标准的哈希值，这场无声"竞争"的激烈程度可见一斑。作为单个"挖矿"主体，其竞争力由自身算力在全网总算力中的占比决定。假设某主体拥有全网总算力的 1%，那么其挖到下一个区块的概率就是 1%。

5. "挖矿"的成本与收益

"挖矿"的成本受多种因素影响，包括矿机效率（单位为 W/TH，即瓦特/兆哈希值）、"挖矿"操作哈希率（单位为 TH/S，即兆哈希值/秒）、挖出一枚比特币耗费的时间及能耗、用电价格、房租以及散热成本等。

欧洲加密资产管理公司 Coinshares 在 2024 年 4 月发布的研究报告中指出，矿工的主要目标是实现最低用电成本与最佳效率（即最低功耗）。

（1）挖出一枚比特币所需的资金投入

Coinshares 根据其发布的《2024"挖矿"报告》估算，2024 年 4 月比特币"减半"后，平均"挖矿"成本达 37 856 美元/枚。参考比特币"挖矿"相关上市公司 2023 年第四季度财报，上市公司"挖矿"成本约为 53 000 美元/枚。摩根大通同年 5 月 16 日发布的研究报告显示，根据比特币网络当前哈希率和功耗估算，"挖矿"成本已从 50 000 美元/枚降至约 45 000 美元/枚。

（2）不同电价"挖矿"的赢亏点

专注研究比特币"挖矿"的数据公司 Hashrate Index，结合当日哈希价格（即"挖矿"收益），在给定电价的情况下，推算出执行"挖矿"活动实现盈亏平衡时，矿机效率不能超过的最高值。以 2024 年 8 月 11 日的哈希价格为例，假设电价为 0.02 美元/千瓦时，矿机功耗只需低于88.6W/TH即可产生收益；若电价升至0.08美元/千瓦时，矿机功耗则需低于22.1W/TH才能产生收益。2017年以来，这一数值持续下降，表明只有矿机功耗越来越低，"挖矿"才可能产生收益（见图3-8、图3-9、表3-4）。

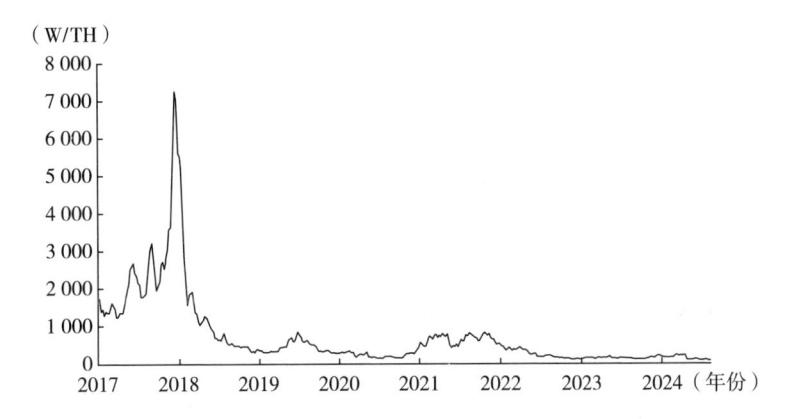

图3-8　0.02美元/千瓦时电价："挖矿"收益盈亏平衡点最高矿机功耗
资料来源：Hashrate Index；艾利艾咨询整理。

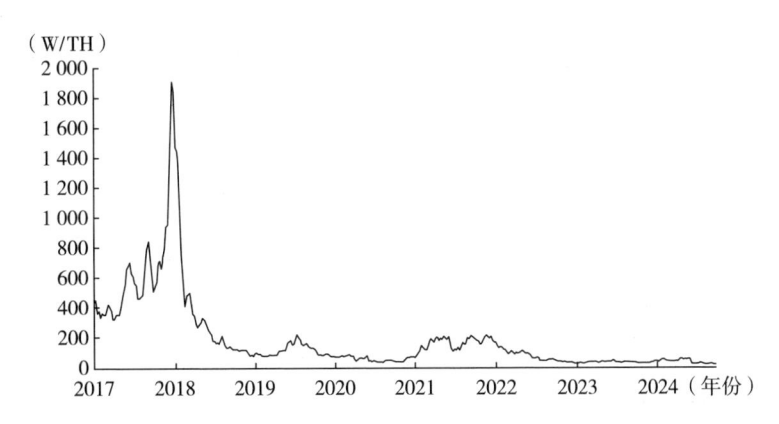

图3-9　0.08美元/千瓦时电价："挖矿"收益盈亏平衡点最高矿机功耗
资料来源：Hashrate Index；艾利艾咨询整理。

表 3-4 不同电价假设下：比特币"挖矿"盈亏平衡矿机最高功耗

情景	最高功耗		
电价（美元/千瓦时）	2019年1月7日（W/TH）	2024年1月1日（W/TH）	2024年8月11日（W/TH）
0.02	359.5	206.2	88.6
0.04	179.7	103.1	44.3
0.06	119.8	68.7	29.5
0.08	89.9	51.5	22.1
0.1	71.9	41.2	17.7

资料来源：Hashrate Index；艾利艾咨询整理。

（3）新型号矿机盈利能力增强

美国能源信息署的数据显示，2024年5月，美国终端用户的工业用电均价为 0.079 5 美元/千瓦时，家庭平均电价为 0.164 3 美元/千瓦时。若按照工业电价计算，"挖矿"要实现盈利，需采用功耗低于 22.1W/TH 的矿机。矿机在线销售网站 Crypto Miner Bros 的数据显示，Microbt 老型号矿机的功耗为 27.1W/TH，高于盈利要求 22.1W/TH 的上限；而新型号矿机功耗为 18.5W/TH，低于该上限（见表3-5）。

表 3-5 主流在售矿机数据

制造商	型号	发售日期	价格（美元）	哈希率（TH/S）	运行功率（W）	功耗（W/TH）
Microbt	M50	2022年7月	1 789	122	3 306	27.1
Microbt	M30s++	2020年10月	1 029	110	3 472	31.56
Microbt	M30s+	2020年	929	100	3 400	34
Microbt	M31s	2020年	4 299	70	3 220	46
Microbt	M60S	2023年10月	4 079	186	3 441	18.5

续表

制造商	型号	发售日期	价格（美元）	哈希率（TH/S）	运行功率（W）	功耗（W/TH）
Bitmain	S19 Pro	2020 年	1 849	110	3 250	29.5
Bitmain	S19j Pro	2021 年 6 月	1 299	100	3 050	30.5
Bitmain	S21 Pro	2024 年 7 月	4 759	234	3 510	15

资料来源：Crypto Miner Bros；艾利艾咨询整理。

Hashdex Index 在 2024 年第二季度报告中，根据 2024 年 7 月 10 日的 47 美元/（PH·日）哈希价格[①]进行了测算。结果表明，若使用老型号矿机，只有电价不超过 0.05 美元/千瓦时时可实现盈利；而使用最新型号矿机，电价只要处于 0.1~0.11 美元/千瓦时即可获利。由此可见，美国的平均工业电价仅支持最新型号矿机盈利，而至于家庭电价，全美各州均无法满足新型号矿机盈利的用电成本要求。

（二）核心机制：大致分为六层

比特币的核心机制是其生态持续运行的关键。比特币架构采用分层设计模式，每层承担不同的功能和职责。通过梳理相关文献可知，比特币核心架构设计大致可分为存储、数据、网络、共识、RPC（远程过程调用）、应用六层（见图 3-10）。

---

① 矿工使用一台哈希率为 1PH/秒的矿机运行一天，可产生 47 美元的收益。

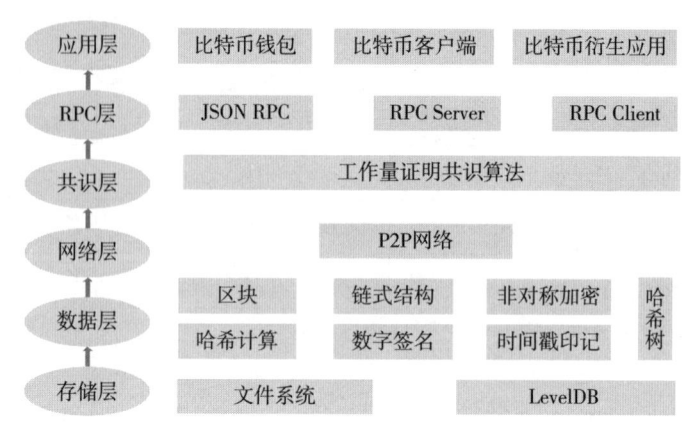

图 3-10　比特币六层核心架构设计

注：P2P 为个人对个人。LevelDB 为一种数据库。
资料来源：艾利艾咨询根据公开资料整理。

（三）交易机制：加密货币交易所＋比特币 ATM＋加密货币热钱包

1. 加密货币交易所：将比特币从"比特币钱包"中取出并兑换成现金的最流行方式

（1）全球 252 家加密货币交易所排名

CoinMarketCap 追踪全球 252 家加密货币交易所的信息资料，根据流通量、流动性、交易量、对所报告交易量合法性的信心，以及寿命、声誉、公开审计（如储备证明）、许可证和用户反馈等定性因素，对这些交易所进行排名，并按照 0 到 10 的标准打分。其中，得分处于 0~4 区间的，评级为"差"；4~6（不含 4）区间代表"平均水平"；6~10 区间（不含 6）评级代表"好"。一般情况下，排名靠前的交易所，在流动性、交易量、流通量方面的评分较高，信心评分同样较高。

CoinMarketCap 的数据显示，截至 2024 年 7 月 26 日：得分≤4 分（评级为"差"）的交易所有 52 家，占比 20.6%；4 分<得分≤6 分（评级为"平均水平"）的有 175 家，占比 69.4%；得分>6 分（评级为"好"）的有 25 家，占比 9.92%，尚未达到 10%。在这 25 家评级为"好"的交易所中，有 6 家得分在 7 分以上，从高到低依次为币安（9.9 分）、Coinbase（8.2 分）、欧易（7.8 分）、Bybit（7.6 分）、Upbit（7.4 分）、Kraken（7.3 分）。这 6 家交易所占全球 252 家加密货币交易所的比重不到 2.4%（见表 3-6）。

表 3-6 全球评级前 60 的加密货币交易所

排名	交易所	得分	排名	交易所	得分	排名	交易所	得分
1	币安	9.9	18	BitMart	6.5	35	Hibt	5.8
2	Coinbase	8.2	19	Bithumb	6.5	36	Toobit	5.7
3	欧易	7.8	20	Gemini	6.5	37	Pionex	5.7
4	Bybit	7.6	21	Tokocrypto	6.2	38	Biconomy	5.7
5	Upbit	7.4	22	bitFlyer	6.2	39	WhiteBIT	5.7
6	Kraken	7.3	23	Binance.US	6.2	40	Bitrue	5.7
7	Gate.io	6.9	24	XT.COM	6.1	41	Tapbit	5.6
8	HTX	6.9	25	Deepcoin	6.1	42	AscendEX（BitMax）	5.6
9	Bitfinex	6.9	26	DigiFinex	5.9	43	Bitvavo	5.6
10	KuCoin	6.8	27	ProBit Global	5.9	44	WEEX	5.6
11	MEXC	6.7	28	UZX	5.9	45	FameEX	5.6
12	Bitget	6.7	29	P2B	5.9	46	CITEX	5.5
13	Crypto.com	6.7	30	OrangeX	5.9	47	Hotcoin	5.5
14	Binance TR	6.6	31	CoinW	5.8	48	HashKey Global	5.5
15	BingX	6.5	32	BVOX	5.8	49	BitMEX	5.5
16	Bitstamp	6.5	33	KCEX	5.8	50	Coincheck	5.5
17	LBank	6.5	34	LATOKEN	5.8	51	Coinone	5.4

续表

排名	交易所	得分	排名	交易所	得分	排名	交易所	得分
52	Azbit	5.4	55	Fastex	5.4	58	PointPay	5.3
53	Zaif	5.4	56	Dex-Trade	5.3	59	BigONE	5.3
54	Phemex	5.4	57	BTSE	5.3	60	Coinstore	5.3

资料来源：CoinMarketCap；艾利艾咨询整理。

（2）全球6家知名加密货币交易所

1）币安

币安由赵长鹏（现拥有阿拉伯联合酋长国和加拿大国籍）于2017年7月在中国上海创立。创立当年，总部迁至日本东京，随后又迁至马耳他。币安宣称，目前公司无固定总部，并拒绝透露服务器所在位置。在创立6个月后，币安成为全球最大的加密货币交易所。目前，币安的业务广泛，涵盖加密货币交易所、币安研究所、币安学院、币安慈善、币安NFT交易平台，以及币安Sqaure社交平台等多个领域。

2023年11月，美国司法部指控币安未能有效落实反洗钱计划，并故意违反美国经济制裁规定，涉及洗钱、银行欺诈、违反制裁等多项罪名。同月，币安及赵长鹏与美国司法部、美国财政部金融犯罪执法网络、OFAC及CFTC达成法庭和解协议。CFTC宣布，对币安及其前CEO赵长鹏处以28.5亿美元（约合204亿元人民币）的罚款。叠加与美国司法部达成和解的43.66亿美元（约合312亿元人民币）和解金额，币安和赵长鹏总计需支付72.16亿美元。

根据法庭文件规定，在指定监督方后，赵长鹏三年内不得参与币安的任何活动。理查德·邓被任命为币安CEO，接替创始人赵长鹏执掌公司。

根据币安与美国财政部金融犯罪执法网络达成的和解协议，币安将设立一个为期五年的独立合规监督小组。该小组有权要求币安提供所有信息、文件、记录和相关系统数据。

2）Coinbase

Coinbase 由布莱恩·阿姆斯特朗和弗雷德·埃尔萨姆于2012年创立，总部原位于美国旧金山市。目前，Coinbase 为全球超过 100 个国家（地区）的个人及机构投资者提供全天 24 小时的加密资产交易服务，可交易的加密资产种类超万种。平台推出了包括比特币、以太币、狗狗币、莱特币在内的多种加密货币期货合约，同时开展加密资产托管业务——在美国市场的 11 只现货比特币 ETF 中，Coinbase 承担着其中 8 只的托管商角色。此外，其旗下业务还涵盖加密货币投资研究、加密资产质押以及加密货币转账等领域。

2021 年 3 月，CFTC 采取执法行动，指控 Coinbase 存在"虚假、误导或不准确信息报告和洗盘交易"行为，Coinbase 为此缴纳了 650 万美元的民事罚金。同年 5 月，Coinbase 宣布关闭位于旧金山的实体总部，全面推行全员远程办公模式。2023 年 6 月，SEC 起诉 Coinbase，指控其上市的 13 种代币被认定为证券，违反联邦《证券法》。2023 年 7 月，多家美国媒体消息透露，Coinbase 在加州硅谷租赁了约 4 万平方英尺①的办公室。

3）欧易

2017 年，徐明星（中国国籍）创立了欧易。目前，总部位于塞舌尔，并在中国香港、阿拉伯联合酋长国、新加坡、澳大利

---

① 1 平方英尺约等于 0.093 平方米。——编者注

亚等地设有办公机构。作为全球知名的数字资产交易平台之一，欧易业务范畴广泛，涵盖加密货币交易、NFT 交易、数字钱包服务、加密货币投资研究服务等，为全球用户提供比特币、莱特币、以太币等数字资产及衍生品交易服务。

4）Bybit

Bybit 由新加坡人 Ben Zhou 于 2018 年创立，总部位于阿拉伯联合酋长国迪拜，主要面向个人与机构投资者提供加密货币交易服务。目前，Bybit 在全球拥有超过 3 000 万用户，业务覆盖 200 多个国家（地区），日均交易量高达 250 亿美元。

5）Upbit

Upbit 是总部位于韩国首尔的加密货币交易所，同时也是韩国规模最大的加密货币交易所，由韩国金融科技与区块链公司杜纳穆于 2017 年 10 月推出。目前，Upbit 为韩国、印度尼西亚、新加坡和泰国等国家（地区）的投资者提供超 200 种数字资产交易服务。

6）Kraken

Kraken 由杰西·鲍威尔于 2011 年 7 月创立，总部位于美国旧金山，现任 CEO 为大卫·里普利。该平台主要在全球范围内为投资者提供超过 200 种数字资产交易服务，投资者可使用英镑、欧元、美元、加元、日元、瑞士法郎、阿拉伯联合酋长国迪拉姆、澳元 8 种法定货币进行交易。

2023 年 2 月，SEC 发布公告，Kraken 同意停止通过加密资产质押服务或质押计划提供、销售证券，并缴纳 3 000 万美元的民事罚款。同年 11 月，SEC 指控 Payward Inc. 和 Payward Ventures Inc.（二者合称 Kraken），称其在未注册证券交易所、经纪人、交易商和清算机构的情况下，运营加密货币交易平台 Kraken。

2. 比特币 ATM：全球超 3.85 万台，覆盖 70 余个国家（地区），超八成在美国

比特币 ATM 的操作方式与传统 ATM 类似，用户不仅可以使用现金、借记卡、信用卡购买比特币等加密货币，还能在部分设备上出售比特币。与传统 ATM 不同之处在于，比特币 ATM 允许用户购买比特币后，将其发送至"比特币钱包"（如 Bitcoin.com 钱包应用），或者在特定的比特币 ATM 上，通过出售比特币提取现金。

比特币 ATM 统计网站 Coin ATM Radar 最新数据表明，截至 2024 年 7 月末，全球比特币 ATM 数量为 38 528 台，分布在 72 个国家（地区）（见表 3-7）。其中，美国拥有 32 229 台，占全球比特币 ATM 总量的 83.7%；加拿大拥有 3 046 台，占比 7.9%；澳大利亚拥有 1 145 台，占比 3.0%。值得关注的是，中国香港有 171 台，中国台湾有 21 台。

表 3-7　72 个国家（地区）比特币 ATM 数量分布

排名	国家（地区）	数量（台）	排名	国家（地区）	数量（台）	排名	国家（地区）	数量（台）
1	美国	32 229	8	波多黎各	141	15	意大利	105
2	加拿大	3 046	9	罗马尼亚	140	16	斯洛伐克	92
3	澳大利亚	1 145	10	瑞士	138	17	墨西哥	84
4	西班牙	291	11	新西兰	122	18	捷克	75
5	波兰	277	12	格鲁吉亚	121	19	俄罗斯	74
6	德国	175	13	奥地利	107	20	匈牙利	64
7	中国香港	171	14	萨尔瓦多	105	21	菲律宾	44

续表

排名	国家（地区）	数量（台）	排名	国家（地区）	数量（台）	排名	国家（地区）	数量（台）
22	巴拿马	39	39	智利	8	56	尼日利亚	2
23	保加利亚	36	40	黎巴嫩	7	57	比利时	1
24	荷兰	35	41	法国	6	58	博茨瓦纳	1
25	克罗地亚	32	42	科索沃	6	59	塞浦路斯	1
26	哥伦比亚	31	43	秘鲁	6	60	吉布提	1
27	希腊	25	44	斯洛文尼亚	6	61	关岛	1
28	南非	22	45	越南	6	62	印度	1
29	中国台湾	21	46	巴拉圭	5	63	肯尼亚	1
30	亚美尼亚	19	47	波黑	4	64	黑山	1
31	土耳其	19	48	哥斯达黎加	4	65	北马其顿	1
32	危地马拉	18	49	厄瓜多尔	3	66	圣基茨和尼维斯	1
33	多米尼加	17	50	日本	3	67	圣马力诺	1
34	芬兰	15	51	塞尔维亚	3	68	圣马丁	1
35	乌克兰	13	52	安圭拉	2	69	泰国	1
36	葡萄牙	11	53	安提瓜和巴布达	2	70	乌干达	1
37	以色列	10	54	阿根廷	2	71	英国	1
38	巴西	9	55	洪都拉斯	2	72	乌拉圭	1

注：由于比特币 ATM 每日存在安装和取消情况，该数据为动态更新内容。

资料来源：Coin ATM Radar；艾利艾咨询整理。

3. 全球加密货币热钱包：总安装量超 8 000 万

加密货币热钱包属于在线加密货币钱包，能够连接互联网，用于管理、存储、发送及接收加密资产。CoinGecko 的研究表明，截至 2023 年 8 月 1 日，市面上至少有 55 个加密货币热钱包。经跟踪统计，这些热钱包的总安装量累计达 8 116 万个。2023 年全球最受欢迎的 26 个加密货币热钱包如表 3-8 所示。

表3-8　2023年全球最受欢迎的26个加密货币热钱包

排名	名称	总安装量（百万个）	排名	名称	总安装量（百万个）
1	MetaMask	22.66	14	Ledger Live	1
2	Coinbase Wallet	11	15	Krystal	1
3	Trust Wallet	10.4	16	imToken	1
4	Blockchain.com Wallet	10	17	Coinomi	1
5	Bitcoin.com Wallet	5	18	BitPay	1
6	Phantom	2.54	19	Atomic Wallet	1
7	Bitget Wallet	1.1	20	Sui Wallet	0.9
8	Crypto.com DeFi Wallet	1.07	21	Terra Station	0.6
9	Exodus	1.07	22	Coin98	0.58
10	SafePal	1.06	23	MyEtherWallet	0.53
11	TokenPocket	1.02	24	ZenGo	0.5
12	Keplr Wallet	1.01	25	Valora	0.5
13	Mycelium Wallet	1	26	Airbitz Bitcoin Wallet	0.5

注：1.调查数据日期截至2023年8月1日（公开可获取数据）。
2.调查内容包括浏览器和移动设备端的加密货币热钱包安装情况。数据仅适用于Android（安卓系统）、Chrome、Brave、Edge、Firefox和Opera，暂不适用于Web、iOS、Safari、MacOS、Linux和Windows等平台。
资料来源：CoinGecko；艾利艾咨询整理。

　　MetaMask（小狐狸），是可与以太坊区块链交互的加密货币热钱包软件，也是目前最受欢迎的加密货币热钱包，其应用安装量超2 266万个。2016年，总部位于美国纽约、专注以太坊的区块链公司ConsenSys推出了MetaMask。此后，MetaMask的使用场景越发广泛，在很多情况下，人们甚至将它与加密货币热钱包这一概念等同使用。

加密货币热钱包的受欢迎程度，主要由排名前 10 的热钱包主导。这些热钱包的累计安装量达 6 590 万个，占加密货币热钱包总安装量 8 116 万个的 81.2%，覆盖多数浏览器和 Android 移动设备。尤其值得关注的是，仅 4 个最受欢迎的加密货币热钱包，安装量就已达到 5 406 万个，占比约 66.6%。在 MetaMask 之后，常用钱包还有 Coinbase Wallet、Trust Wallet 和 Blockchain.com Wallet，这三个钱包的安装量都在 1 000 万个及以上。排名前 10 以外的加密货币热钱包，安装量总计为 1 525 万个，占比约 18.8%。

50% 的顶级加密货币热钱包与加密货币交易所存在关联。在 10 个最受欢迎的加密货币热钱包中，有 5 个由加密货币交易所支持或收购。例如，Coinbase Wallet 由美国加密货币交易所 Coinbase 创建；Crypto.com DeFi Wallet 由新加坡加密货币交易所 Crypto.com 创建；Bitget Wallet 由新加坡加密货币交易所 Bitget 收购并更名；Trust Wallet 于 2018 年被币安收购，SafePal 则是币安投资的首个硬件钱包项目。

六、比特币性质界定的三种概念学说

比特币究竟应如何定性？学术界、实务界尚未形成统一认知。从目前看，除了上述围绕"比特币是否属于货币"这一焦点讨论，还形成了以下三种主要的概念学说。

(一) 期货商品说——美国认定比特币为商品

依据《美国商品交易法》的相关定义，CFTC 将比特币等加密货币界定为商品。

2022 年 6 月，时任 SEC 主席加里·根斯勒公开表示，"许多加密货币……投资群体希望从中获得回报，就像投资其他被界定为证券的金融资产一样。其中，大量加密货币具有证券的关键属性，因此处于 SEC 的监管范围内。然而，有些人喜欢比特币，这是我唯一要特别提及的……我的前任及其他人士都曾指出，比特币是一种商品"。他还特别强调，"准备将比特币明确标记为商品，而非证券"。

加密货币作为一种商品，已在期货市场有所体现。期货市场本身具备高波动特性，加密货币在此市场的"爆仓"现象也成常态。这种"爆仓"本质上是交易双方的博弈，一方的亏损意味着另一方的获利。全球性加密货币数据分析平台 CoinGlass 的研究数据显示，加密货币"爆仓"呈现出三个特点。

第一，多数时段内，单日"爆仓"金额低于 10 亿美元。例如，2023 年 3 月 31 日"爆仓"金额为 2.66 亿美元；2023 年 6 月 30 日为 2.53 亿美元；2023 年 9 月 30 日为 0.75 亿美元；2023 年 12 月 31 日为 0.21 亿美元；2024 年 3 月 31 日为 1.05 亿美元；2024 年 6 月 30 日为 0.98 亿美元；2024 年 8 月 4 日为 3.43 亿美元。

第二，多头"爆仓"规模高于空头"爆仓"。在多数情况下，多头"爆仓"规模显著大于空头"爆仓"。比如，2024 年 1 月 3 日，加密货币市场"爆仓"金额达 6.86 亿美元，多单"爆仓"5.92 亿美元、空单"爆仓"0.94 亿美元；2024 年 3 月 5 日，加密货币市场"爆仓"金额为11.7亿美元,多单"爆仓"8.8亿美元、空单"爆仓"2.9亿美元。

第三,特定少数日期会出现大规模"爆仓"现象。比如,2021年9月7日,加密货币市场"爆仓"金额高达33.94亿美元;2021年12月4日为14.1亿美元;2022年11月8日为6.8亿美元;2023年8月17日为7.77亿美元;2024年3月5日为11.7亿美元;2024年4月12日为8.82亿美元;2024年4月13日为9.486亿美元。

2024年8月,一起加密货币市场"爆仓"事件引发舆论高度关注:8月4日15:30至8月5日15:30的24小时内,市场"爆仓"人数多达27.83万,"爆仓"金额达10.57亿美元,多单"爆仓"9.02亿美元、空单"爆仓"1.55亿美元,最大单笔"爆仓"发生在Huobi-BTC,价值约2 700万美元。

(二)财产说——比特币渐被更多国家(地区)认定为财产

美国国家税务局在2014年发布的一则通知中,将比特币界定为可兑换虚拟货币,并明确指出,虚拟货币在美国联邦税收体系中被视作财产,遵循财产交易的一般税收原则,涵盖所有使用虚拟货币的交易场景。

2023年3月31日,在具有里程碑意义的"Gatecoin案"[1]审判中,中国香港原讼法庭首次裁定:加密货币在中国香港法律框架下属于"财产"范畴。这一裁决推动中国香港的司法立场与其他

---

[1] Re Gatecoin Limited(In Liquidation)[2023]HKCFI 914.

主要普通法管辖区在此问题上趋于一致。

（三）证券说——美国证监机构对比特币与以太币的不同态度

SEC 前主席加里·根斯勒曾明确表示，比特币被公开认定为商品，而非证券。比特币是唯一依据《美国商品交易法》被明确归类为商品的加密货币。至于第二大加密货币以太币是否属于证券，SEC 未做明确表态。

2024 年 5 月 1 日，美国《财富》杂志发文指出，市场长期猜测 SEC 拟将以太币认定为证券。但随着现货以太坊 ETF 审批的最后期限临近，时任 SEC 主席加里·根斯勒始终拒绝就以太币的证券属性表态。尽管态度不明朗，2023 年 10 月，SEC 还是批准推出期货以太坊 ETF，这侧面说明以太币并非未注册的证券。自 2023 年 4 月以来，SEC 针对加密货币公司发起了一系列诉讼，但从未在投诉中将以太币列为证券。该做法引发了加密货币行业内外的强烈不满，美国众议院金融服务委员会主席麦克亨利在推特上批评道："加里·根斯勒蓄意误导了国会。"

截至 2024 年 8 月 8 日，美国现货比特币 ETF 资产管理规模数据显示，贝莱德（Blackrock）的现货比特币 ETF 资产管理总规模为 205.9 亿美元，在美国市场全部现货比特币 ETF 中占比 39.50%；灰度以 140.7 亿美元位列第二，占比 26.99%（见表 3-9）。

表3-9 美国现货比特币ETF资产管理规模

基金管理人名称	股票代码	资产管理规模（亿美元）	占比（%）
贝莱德	IBIT	205.9	39.50
灰度	GBTC	140.7	26.99
富达	FBTC	105	20.14
方舟投资 21Shares	ARKB	27.12	5.20
Bitwise Asset Management	BITB	22.74	4.36
范达投资（VanEck）	HODL	5.965	1.14
Valkyrie Invest	BRRR	4.875 7	0.94
Invesco Galaxy	BTCO	4.360 4	0.84
富兰克林邓普顿（Franklin Templeton）	EZBC	3.842 2	0.74
Wisdom Tree	BTCW	0.723 3	0.14
总计	—	521.226 6	—

注：数据统计截至2024年8月8日。
资料来源：YCharts；艾利艾咨询整理。

七、比特币带来的四大挑战

（一）监管：不受特定国家（地区）政府直接监管，监管标准难以统一

第一，"去中心化"的设计属性，导致比特币等加密货币不受特定国家（地区）政府直接监管。尽管如此，仍需关注美国谋求比特币等加密货币全球监管主导权的意图。

第二，各国（地区）对比特币等加密货币的态度不同，监管立场差异显著，达成全球共识难度极大。CoinGecko数据显示，

截至 2023 年 12 月，加密货币已在 119 个国家（地区）以及 4 个英国海外领地获得合法地位。其中，萨尔瓦多是唯一将比特币认定为法定货币的国家；22 个国家（地区）认定加密货币非法，如 2021 年 9 月 24 日，中国人民银行明确将比特币等加密货币相关业务活动界定为非法金融活动，但不禁止民众持有加密货币；另有 25 个国家（地区）持"中立"态度，尚未赋予加密货币明确的法律地位。这些数据表明，世界各国（地区）政府及监管机构在比特币及其交易监管方面，难以达成共识并形成统一标准，全球监管环境充满不确定性。

第三，在承认加密货币合法的 119 个国家（地区），监管实施依据的性质也难以统一。即便在比特币大国美国，截至目前，相关监管部门对比特币性质的认定也仍未形成统一定论。2013 年，FinCEN 发布虚拟货币个人管理条例，将比特币视为"货币"；2014 年，美国国家税务局发布通知，把比特币等加密货币视作"财产"而非"货币"；2017 年，CFTC 在对比特币 ETF 申请的决定中，判定比特币既不是"财产"也不是"货币"，而是一种"商品期货"；2024 年，在比特币 ETF 批准上市交易后，时任 SEC 主席加里·根斯勒强调，即便批准部分现货比特币 ETF 上市，也不代表批准或认可比特币本身。显然，对于一个经济体而言，加密货币性质认定决定监管方式，而目前比特币性质认定难以统一。

第四，国家（地区）间缺乏统一的加密资产与区块链行业标准术语，凸显出认知与监管差异。CCAF 于 2019 年发布的《全球加密资产监管格局研究》报告指出，不同司法管辖区的加密资产和区块链行业，由于缺乏统一的标准术语，阻碍了协调监管响应政策的制定。

该报告针对包含中国香港在内的23个司法管辖区展开研究，得出以下三个结论。

一是对加密货币而言，完善的监管框架多存在于对金融监管持宽松态度，且辖区内加密资产活动水平较低的国家（地区）。与之形成对比的是，在辖区内加密资产活动水平较高的司法管辖区中，47%采取了"改造"的监管方式，即修改现有法律法规，将加密资产活动纳入现有法律规制范围。

二是在82%接受调查的司法管辖区，监管机构会将具有证券特征的加密资产与其他类型加密资产区分开。对于符合证券条件的加密资产活动，监管机构会将其自动纳入《证券法》监管范畴。

三是监管机构主要关注ICO和交易所交易，原因在于这些活动与传统金融市场活动类似。然而，加密资产领域一些特有的其他关键活动，如替代代币分配机制，以及通过"挖矿"来创建加密资产等却被监管机构忽视。这些被忽视的活动可能会产生重大影响，具体影响程度则取决于加密资产市场未来的走向。

（二）流动：约1974万枚比特币已被开采，占硬性上限的94%；大部分置于数字钱包，较少被动用

1. 超九成的比特币已被开采，大部分很少被动用

2024年3月8日，美国《华尔街日报》发文指出，支撑比特币运行的计算机代码设定了2100万枚的硬性上限。当前，超90%的比特币已被成功开采，而从持有大量比特币的投资者处

获得比特币，难度正持续加大。公开的区块链数据显示，全球已开采约1 974万枚比特币，其中大部分被存储于数字钱包里，很少被动用。这背后存在两种可能：一是持有者拒绝出售比特币；二是持有者丢失了密码，导致比特币资产无法取用。瑞士私人银行瑞士宝盛分析师曼努埃尔·比列加斯的研究表明，在2024年3月至9月期间，约80%的比特币未发生转手交易。同时，比特币ETF资金的流入，叠加数据显示交易所可售库存有限，共同加剧了比特币市场的供应紧张态势。

根据CoinMarketCap数据，截至2024年8月13日上午，比特币的供给量为19 739 137枚，已接近2 100万枚上限的94%，剩余待开采数量仅为1 260 863枚。理论上，尽管比特币开采难度不断增大，但最终所有比特币仍将开采完毕。

2. 剩余126万枚待开采比特币开采难度持续增大

网络难度用于衡量矿工找到一个区块时"需解决问题"的难度，可体现矿工平均计算多少哈希函数才能找到一个加密货币区块。全球领先的比特币数据服务商及矿池、钱包解决方案提供商BTC.com数据显示：截至2024年8月13日下午，比特币开采网络难度已升至约90.67万亿（90 666 502 495 565），创历史新高（见图3-11），较2016年末约0.32万亿（2016年12月28日为317 688 400 354），增加了282.3倍。从年均复合增速看，比特币开采网络难度从2016年末的0.32万亿，以年均116.7%的复合增速增至2023年末的72万亿（2023年12月23日为72 006 146 478 567），即平均每年实现翻倍以上增长，呈现几何式上升趋势。

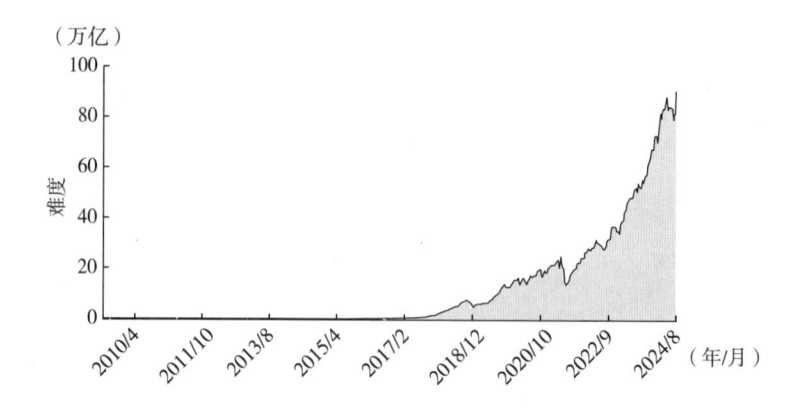

图 3-11　比特币开采网络难度变化

注：统计时间截至 2024 年 8 月 13 日 13:00。
资料来源：BTC.com；艾利艾咨询整理。

（三）安全：加密货币交易平台、数字钱包等屡遭黑客攻击

尽管区块链技术具备较高安全性，但比特币的交易平台以及数字钱包，仍频繁面临黑客攻击的威胁。2024 年 6 月 1 日，《华尔街日报》发文指出，DMM Bitcoin 价值超过 3 亿美元的 4 509.2 枚比特币被盗，这一事件成为数字货币行业一系列劫案中的最新一例。据区块链分析公司 Elliptic 的统计，这是有史以来第八大加密货币被盗事件。2014 年，当时全球规模最大的加密货币交易所——日本比特币交易所 Mt.Gox，因 85 万枚比特币被盗，最终宣布破产；2016 年 8 月，注册于英属维尔京群岛、总部位于中国香港的交易所 Bitfinex 遭黑客攻击，近 12 万枚比特币被盗，按当时价值计算约 7 200 万美元。其他加密货币也面临同类风险，2018 年，Coincheck 遭遇史上规模最大的加密货币被盗事件。黑客利用该交易所安全系统的漏洞，获取了热钱包

（在线）访问权限，盗走约 5.23 亿枚 NEM（XEM）代币，涉案金额在当时接近 5.34 亿美元。

（四）耗能：比特币开采等网络运行能耗惊人，甚至超过部分国家总能耗

2021 年 6 月，联合国发布的报告指出，据估算，比特币交易网络的能源消耗已超过荷兰、哈萨克斯坦等国家的整体能源消耗水平。由于化石燃料发电厂在全球能源结构中仍居主导地位，耗电量极高的比特币"挖矿"，在一定程度上加剧了温室气体排放，进一步影响气候变化。"德国之声"在 2021 年的报道中称，比特币运行所需的能源，甚至超过了新西兰与比利时两国的用电总和。

英国剑桥大学于 2023 年 8 月发布的《比特币电力消耗：改进的评估》报告显示，比特币年度电力消耗量约占全球电力总消耗量的 0.38%。CCAF 的数据显示，2023 年比特币网络电力消耗量为 121.134TWh（太瓦时）；英国气候及能源智库机构恩伯的数据显示，2023 年全球电力总消耗量为 29 536.18TWh；据此推算，2023 年比特币网络电力消耗量占全球电力总消耗量的 0.41%。

截至 2024 年 8 月 11 日，比特币电力总消耗量累计达 595.13TWh（见图 3-12）。恩伯的数据显示，2023 年德国的电力消耗量为 515.55TWh，这意味着比特币累计电力消耗量已超过 2023 年德国的电力总消耗量。

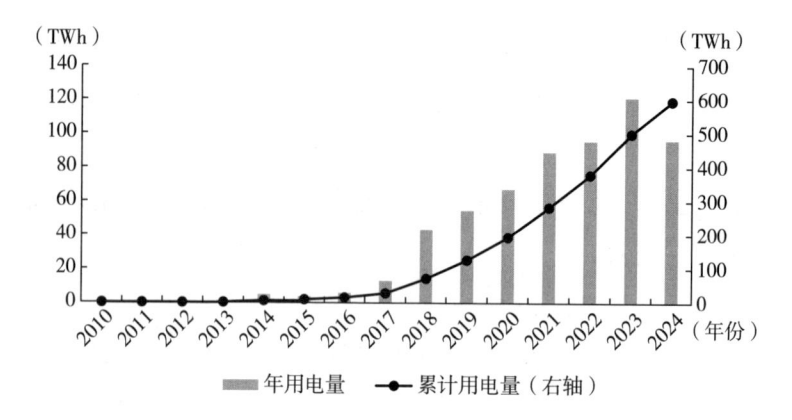

图 3-12　比特币网络电力消耗量

注：2024 年的数据统计时间为 2024 年 1 月 1 日至 8 月 11 日。
资料来源：CCAF；艾利艾咨询整理。

第四章

稳定币:世界金融秩序的下一场巨变

当前，在全球新一轮金融科技浪潮中，稳定币作为联结数字经济与现实金融的关键枢纽，正以前所未有的速度与广度，深度嵌入全球货币体系的运行框架。

起初，稳定币仅是加密世界的"实用性补丁"——旨在解决比特币等数字资产价格剧烈波动引发的交易障碍，其使命不过是充当"数字美元"的等价物，满足链上交易、套利、避险等基本需求。然而，随着泰达币、美元币等美元锚定型稳定币的发行规模持续膨胀并突破千亿美元大关，它们不再是边缘化的"工具币"，而是逐步演变为具备广泛可替代性的"准货币"形态。特别是在 DeFi、全球跨境支付、Web 3.0 商业结算等新兴场景中，稳定币已成为不可或缺的存在，职能覆盖支付、储值、清算等多个环节，不仅扮演数字经济"血液循环系统"的核心角色，也被视为加密货币世界的"数字美元"。

从战略维度看，稳定币正逐渐演变为大国金融博弈的新型"战略工具"。以美元稳定币为例，其在全球的流通实质上是美元国际影响力的延伸——推动"数字美元"渗透至本币资本市场相对薄弱的新兴经济体,无须传统资本账户开放,即可实现对境外金融结构的"链式穿透"。这既增强了美国在新型数字支付生态中的主导权,也悄然改变了原有国际货币体系的博弈格局。可以说,稳定币不仅是"技术话语权"的输出,更是"制度软实力"的投射。

展望未来,稳定币发展不只是数字金融治理的前沿议题,更是关乎货币主权、金融安全、制度竞争的深层命题。未来的货币博弈将不仅在纸币、金库与利率工具层面展开,更会在代码、协议与网络节点的维度交锋。稳定币之争,本质上是围绕货币形态演进、金融主权博弈与全球秩序重构的"深水之战",更是对各国制度竞争力与创新能力的全面检验。在这场数字金融格局重塑中,谁能把握先机,谁就能在未来货币体系中占据战略制高点;谁主导协议层的技术标准,谁就掌握价值流动的调度权;谁构建可信链上治理范式,谁就能在下一代全球储备货币体系中赢得制度性话语权。这不仅是金融竞争力的较量,更是大国在数字文明时代对制度现代化水平的全新检验。

一、这次货币革命为何是稳定币

全球知名会计师事务所德勤于 2025 年 3 月 18 日发布的《2025——支付稳定币元年》研究报告中指出,2025 年以来,多重因素推动传统金融机构向稳定币发行方转型,2025 年将成为"支付稳定币元年",为广大市场参与者创造新的机遇。

（一）稳定币使用量增加

1. 2024 年的总转账量达 27.6 万亿美元

近年来，稳定币的使用量有所增加。世界经济论坛于 2025 年 3 月 26 日发布的报告显示，2024 年全球稳定币流通供应量同比增长约 28%，年度总转账量达 27.6 万亿美元，超过维萨与万事达卡交易量的总和。世界经济论坛指出，越来越多的金融机构正进入稳定币市场。2025 年 2 月，渣打银行宣布将与加密货币公司合作推出与港元挂钩的稳定币；贝宝、美国银行及金融科技公司 Stripe 等也已推出稳定币或表示有意进入这一市场。支持者认为，稳定币能够实现更快捷、低成本的国际支付，还能为全球超 10 亿无法获得传统银行服务的人群提供金融支持。

英国《经济学人》杂志于 2025 年 2 月 23 日发文《稳定币：真正的加密货币热潮》指出，根据美国区块链分析公司 Chainalysis 的数据，2024 年稳定币的链上交易规模达 27.6 万亿美元，占公共区块链结算总量的 40%，较 2020 年（20%）翻了一番。这在一定程度上反映出在此期间加密货币价格的普遍上涨，也体现出稳定币在现实场景的应用越发广泛。在通货膨胀侵蚀储蓄、美元稀缺的国家，稳定币正逐步成为一种价值储存的手段。

2. 未来 10 年内可能有数万亿美元的金融交易实现代币化

布雷顿森林委员会未来金融工作组（FFWG）的数字金融项目团队（DFPT）于 2025 年 3 月 13 日发布的研究简报《释放稳定币潜力：探索机遇与风险》指出，世界各国政府、银行、资产管理公司、传统支付提供商及其他利益相关者正在采取具体行动,探索若更多金融交易通过区块链结算,未来金融生态将呈现何种面貌。围绕代币化(即在区块链上映射传统金融资产的过程)的全球探讨正在迅速推进,原因在于代币化具有降低成本、加速结算、增强透明度,以及借由自动化和可编程性提高效率的潜力。

该研究指出,正是这些潜在优势促使世界经济论坛、花旗集团、波士顿咨询集团等机构预估未来 10 年内可能有数万亿美元的金融交易实现代币化。稳定币作为代币化的货币形式,旨在于区块链上履行传统法定货币的职能,充当传统法币与区块链应用间的"出入通道",助力二者间的过渡。未偿付稳定币的价值在过去 4 年中快速增长,从 2020 年初 40 亿美元的总流通量,增长到 2024 年的超 2 000 亿美元。

(二)稳定币跨境支付具有"支付快、成本低、效率高"的优势

1. 跨境支付的时代重构:从代理银行到多种举措的历史探索

美国 Axios 新闻网于 2025 年 4 月 29 日发文《稳定币的万亿美元"权力的游戏"正在上演》指出,从传统金融到金融科技,越来越多的行业押注与现实世界货币挂钩的加密货币,其有望快速成长为万亿美元规模市场。全球支付体系建立在缓慢而不稳定的代理银行系统之上,该系统已有数百年历史,但直到稳定币出现,才真正拥有足够动力推动实质性革新。稳定币对传统支付方式构成了竞争压力,结算只需几分钟而非几天,且能全天候运营,费用通常可忽略不计,因为唯一的"中间人"是底层

区块链。

布雷顿森林委员会未来金融工作组的数字金融项目团队于2025年3月13日发布的研究简报《释放稳定币潜力：探索机遇与风险》指出，传统跨境汇款因严重依赖多个中介机构和结算系统，且缺乏统一的全球结算基础设施，存在流程缓慢、信息不透明、成本高昂等问题。目前，代理银行网络承担此职能，但交易的每个环节都会增加成本、拖慢结算，对银行服务覆盖不足人群和依赖汇款维持基本开支的家庭而言，负担尤为沉重。目前正推进三项举措为加速目标达成。第一，通过中央枢纽联通国家即时支付系统（IPS）。第二，构建"金融互联网"（finternet）——一个实现金融资产债权代币化与结算的统一账本。第三，稳定币或为有效路径，其通过直连发送方和接收方，可消除摩擦、重构关系驱动模式。尽管相关服务仍处于起步阶段，但可预见银行将借助稳定币基础设施升级支付服务，以更好地服务客户。前两项举措虽在设计与落地中面临阻碍，但仍具推行价值（见表4-1）。

表4-1 三种跨境支付举措

名称	概述	障碍
国家IPS整合	巴西、印度等国家已成功开发IPS，可作为其他国家的实践参照。通过双边连接或中心辐射型模型整合这些IPS连接，有望成为推动跨境支付发展的有效路径	·国家（地区）间标准不统一，可能导致IPS难以整合 ·包括美国、欧洲和中国在内的主要市场，现有IPS未被广泛使用 ·各国（地区）对IPS授权的支持力度存在差异 ·一些IPS需要政府补贴

续表

名称	概述	障碍
金融互联网	国际清算银行提议搭建全新"统一账本",利用代币化的优势,形成"相互联通的金融生态系统——如同互联网架构"	·监管架构缺失 ·运营、治理、弹性等标准尚未明确 ·基础设施尚未建立
稳定币	作为法币的区块链原生形态,在全球分布式账本上流通——近乎即时到账且零成本。稳定币流通量已超2 000亿美元	·要实现大规模应用,必须应对诸多风险 ·一些主要市场的监管共识正在形成,但美国尚未出台相关规则(多数稳定币以美元计价)

资料来源:布雷顿森林委员会;艾利艾咨询整理。

2. 迈向代币化时代:稳定币重塑全球金融效率与包容性

区块链与数字资产领域新闻研究机构 Foresight News 于 2025 年 6 月 3 日的报告中指出,传统跨境支付场景因涉及发卡行、收单行、卡组织等多方主体,存在流程复杂、成本高昂等问题[整体交易费用达 1.8%~2.5%,因国家(地区)、卡组织不同而存在显著差异],且结算周期通常长达 5~7 个工作日。相比之下,稳定币可深度融入各类支付场景,通过提供高效、低成本的支付方案获取服务费或增值收益,既强化了稳定币相对传统支付方式的优势,也推动了其在多领域释放变革力量。

Foresight News 进一步指出,基于区块链的稳定币(如美元币)支付,可实现用户钱包与商户钱包点对点即时清算结算。若使用索拉纳币、SUI 等高速公链,则单笔交易费用可低至美分级别。当稳定币形成网络效应后,应用场景将拓展至支付上下游货款乃至生活/商业的基本开销——商户可选择持续持有稳定币而无须兑换为法币,这将大幅降低整体出入金的成本。这种效率和成本优势，凸显了稳定币在零售支付、B2B 支付、跨境汇款等领域的变革潜力。

3. 推动加密货币落地：稳定币或将成为普及"助推器"

美国世纪投资公司于 2025 年 5 月 5 日在官网发文《稳定币或将助力推动加密货币的普及》称，比特币作为当前头部加密货币，许多投资者对其并不陌生。然而，另一种加密资产正在不断提升市值和普及度。稳定币之所以备受关注，是因为它们在特定情况下可实现快速、低成本交易。与其他加密货币不同，稳定币的价值往往相对稳定，因为它们与美元、欧元等其他资产挂钩。这种稳定性使用户在享受加密货币的优势时，规避了令消费者望而却步的价格波动风险。

稳定币还降低了公众使用"加密驱动的去中心化金融服务"和区块链应用的门槛。稳定币的使用率正在上升。据近期行业研究统计，2024 年 2 月至 2025 年 2 月，全球稳定币供应量增长了 63%。在此期间，稳定币促成超 35 万亿美元的转账，月转账量翻了一番。

（三）稳定币的发展映射区块链技术迭代与应用深化

Foresight News 于 2025 年 6 月 3 日发文指出，稳定币的概念最早可追溯到 2014 年前后，初衷旨在解决早期加密货币价格剧烈波动的问题。此后，稳定币市场经历了显著的增长与演变。

1. 早期探索与法币抵押模式的兴起

泰达公司[①]发行的与美元挂钩的稳定币泰达币，是最早且目前市值最大的稳定币之一。其于 2014 年推出，开创了法币抵押稳定币的模式。

2. 透明度与合规性的提升

随着市场对储备资产透明度、合规性标准要求日益提升，美国最大稳定币发行商 Circle 推出了美元币等项目，而这类稳定币的发行方更注重审计和监管合规。德国咨询公司罗兰贝格于 2025 年 3 月 4 日发文指出，稳定币代表传统金融世界的一次革命性进步，它将传统货币的稳定性与区块链技术的效率和透明度融为一体。

3. DeFi 的催化作用

DeFi 的爆发式增长大幅提升了稳定币的需求，并拓宽了其应用场景，使其成为 DeFi 协议中借贷、交易和流动性供给的核心工具。罗兰贝格于 2025 年 3 月 4 日发文指出，随着时间的推移，稳定币已成为 DeFi 的支柱。DeFi 作为建立在智能合约之上的金融生态系统，最初由以太坊实现，现已在许多其他区块链上可用；DeFi 使用户能够在无需银行等中介的情况下，完成借贷、交易和赚取利息等操作。

---

① 泰达公司为香港 iFinex 公司旗下主体，后者同时拥有加密货币交易所 Bitfinex。

二、稳定币如何运作

世界经济论坛于 2025 年 3 月 26 日发布文章《稳定币激增：这就是储备支持的加密货币崛起的原因》，文中指出，随着数字货币不断重塑金融格局，稳定币正日益弥合传统银行系统与加密货币生态之间的鸿沟。

（一）稳定币的定义、重要性与核心目标

1. 稳定币的定义

IMF、BIS、世界经济论坛及美联储、SEC、中国香港金融管理局、欧洲议会、英国央行等国际组织与各地监管机构，对稳定币的定义可概括为：稳定币是一种具有锚定属性的特殊加密货币，通过与法定货币（如美元）、大宗商品（如黄金）或其他稳定资产（如美国国债）等挂钩，或借助算法调节机制，实现价值相对稳定。

2. 稳定币的重要性

CoinGecko 于 2025 年 2 月 19 日发文指出，2016 年 1 月，稳定币市值约为 150 万美元；截至 2025 年 2 月，稳定币市值已增长至超 2 330 亿美元。这一数据凸显了稳定币在加密货币等领域的重要地位。CoinGecko 指出，稳定币的重要性主要体现在如下四个方面。

第一，链上（On-Chain）价值保值。通常，加密资产价格会在短时间内剧烈波动，因为比特币等加密货币本质上缺乏锚定

物。但稳定币不同，其因锚定美元等法币或资产，价值稳定，能够在链上实现价值保值，用户无须担忧持有的稳定币因市场波动而贬值。

第二，保留链上流动性。稳定币有助于维持链上流动性，因为用户可在平仓的同时保留盈利并继续留在链上。用户在平仓盈利后，无须将资金兑换为法币，而是通过兑换成稳定币，将流动性保留在链上，维持交易闭环。

第三，替代交换媒介。以现金或现金等价物为支撑的稳定币（如泰达币、美元币），可作为交换媒介或法定货币的替代品。在拉丁美洲、撒哈拉以南非洲等货币体系不稳定的地区，稳定币可成为更可靠的金融保障工具。稳定币还能帮助海外公民规避传统汇款服务低效、高成本的问题。

第四，DeFi中的流动性供给。DeFi项目以多种方式运用稳定币。在去中心化交易平台、借贷协议中，稳定币持有者将其注入流动性池，为平台的整体流动性做出了显著贡献。作为回报，持有者从交易手续费、流动性挖矿计划，以及加密货币借贷平台借款人的利息中获得被动收入。由于需求旺盛，稳定币在借贷协议中有较高的年化利率。

3. 稳定币的核心目标

全球性加密货币数据分析平台CoinGlass的研究数据显示，稳定币聚焦资本效率、价格稳定性及去中心化三重核心目标。

一是资本效率。发行稳定币时，无须为每单位的稳定币提供等量储备资产。这意味着可通过少量资金发行较多的稳定币，从而提高资本利用率。它体现了稳定币利用支持资产（即抵押品）

保持价值稳定的充分程度。

二是价格稳定性。稳定币的核心目标在于维持与美元等锚定资产的价格稳定性，规避大幅波动。例如，如果某种稳定币与美元挂钩，在排除其他影响因素后，1枚该稳定币价值应始终为1美元。也就是说，一杯可乐以该稳定币计价，今天、明天、下周乃至下个月的价格都是一样的。

三是去中心化。指稳定币的发行、管理和流通过程，应尽可能降低对中心化机构的依赖，确保整个系统更加透明，实现抗审查和抗操控。

（二）稳定币的三大类型

当前，稳定币类型的划分标准较多。其中，加密货币交易所币安、香港金融科技公司OSL、CoinGecko、美国《商业内幕》，以及英国牛津大学出版社《国际经济法杂志》等机构提出的分类获得较多认可，普遍将稳定币分为三类（见表4-2）。

表4-2 三类稳定币

类型	锚定物/调节机制	是否去中心化
与法币挂钩的稳定币	主要储备货币（美元、欧元、英镑等）、其他加密资产、黄金或此类资产的组合	遵循中心化治理
由资产支持的稳定币		
算法稳定币	区块链协议和应用（即智能合约）	倾向于去中心化治理

资料来源：《国际经济法杂志》等；艾利艾咨询整理。

1. 与法币挂钩的稳定币

与法币挂钩的稳定币，是指由法币作为支撑的数字资产。目前此类稳定币应用最广泛，且受监管程度最高。不同司法管辖区采用不同术语称呼这些稳定币，监管框架也存在差异。一般而言，这类稳定币的监管要求包括：发行方需获得适当的牌照许可，维持特定水平和构成的储备金，确保高透明度，并遵守现有的反洗钱与身份认证法规。

2. 由资产支持的稳定币

按照支持资产的类型，由资产支持的稳定币可划分为以下三类。

一是加密货币抵押型稳定币。通过超额抵押数字资产（如比特币、以太币等）生成，用户将价值高于目标稳定币的加密资产存入智能合约，以确保抵押物能应对市场波动。例如，DAI币是一种以抵押债务为主的去中心化稳定币，无中央机构创造DAI币；个人可通过以太坊网络上的去中心化借贷平台MakerDAO铸造DAI币。人们在MakerDAO平台存入抵押品，便能铸造对应数量的DAI币。

二是商品支持型稳定币。与法币支持型稳定币相似，由传统公司发行，依赖黄金、白银等实物资产担保，维持价格稳定。但典型如Tether Gold（XAUT）、Paxos Gold（PAXG），其价格锚定商品（如黄金），而非法定货币。

三是现实资产抵押型稳定币。泛指以土地、房地产等现实世界资产为抵押发行的稳定币。

3. 算法稳定币

算法稳定币通过特定发行和销毁机制，调整代币的流通供应量，以此维持与锚定物的挂钩关系。这类稳定币依靠程序算法自动调节市场中的币量，实现价格稳定，无须储备法定货币或抵押加密资产，而是通过动态调整市场供需来锚定目标价格。例如，当市场需求增加导致价格升高时，系统会增发稳定币；反之，则减少供应。尽管这一模式设计灵活，但对市场条件依赖度较高。若机制不完善，可能难以抵御极端波动，此前就出现过 UST 等项目崩盘的案例。

自 2022 年 Terra 的 UST 崩盘以来，这一类别的稳定币几近消失。当前，监管机构对此类稳定币采取了严厉措施，比如欧盟的 MiCA 和美国拟议的《鲁米斯–吉利布兰德支付型稳定币法案》，均明确禁止其发行与流通。

（三）稳定币的市场现状

1. 稳定币的整体情况

CoinMarketCap 数据显示，截至 2025 年 5 月 30 日，全球有 71 种稳定币（约占 9 478 种加密货币的 0.75%）流通，总市值达 2 353.5 亿美元（约占加密货币总市值 3.32 万亿美元的 0.71%）。

从结构上看，市值超 1 000 亿美元的稳定币仅 1 种，即泰达币，其以 1 531.3 亿美元占全球稳定币总市值的 65.1%，长期居全球稳定币首位，处绝对领先地位，在全部加密货币中位列第 3，仅次于比特币、以太币；100 亿~1 000 亿美元市值的稳定币有 1 种，即美元币，市值约为 611.1 亿美元，占全球加密货币总市值的 26.0%，在全球加密货币中位列第 7；10 亿~100 亿美元市值的稳定币有 4 种，分别为 DAI 币（53.6 亿美元）、USDe

（52.8亿美元）、USD1（21.6亿美元）、FDUSD（16.8亿美元），合计144.8亿美元；市值1亿~10亿美元的稳定币有16种，总市值达55.6亿美元（见表4-3）。

表4-3 市值超1亿美元的稳定币

排名	名称	价格 （美元/枚）	市值 （美元）	流通供应量 （万枚）
3	泰达币	1.00	153 130 366 150	15 308 000.0
7	美元币	1.00	61 105 437 360	6 111 000.0
26	DAI 币	1.00	5 364 231 513	536 000.0
27	USDe	1.00	5 280 556 862	528 000.0
44	USD1	1.00	2 157 218 370	215 000.0
54	FDUSD	1.00	1 676 238 826	167 000.0
81	PYUSD	1.00	870 306 668	87 050.0
114	TUSD	1.00	494 751 037	49 551.0
142	USDD	1.00	392 792 459	39 271.0
206	USD0	1.00	629 642 083	63 111.0
209	USDY	1.09	584 292 642	53 546.0
212	USDf	1.00	386 616 080	38 672.0
216	FRAX	1.00	314 745 427	31 494.0
218	USDG	1.00	311 310 512	31 139.0
219	RLUSD	1.00	308 988 664	30 904.0
223	GHO	1.00	247 863 120	24 811.0
224	USDO	1.00	238 536 184	23 682.0
231	EURC	1.13	202 000 211	17 818.0
252	DEUSD	1.00	178 800 884	17 889.0
284	EURS	1.13	140 465 628	12 412.0
291	USDL	1.00	137 312 185	13 774.0
306	AUSD	1.00	128 950 650	12 890.0

注：1. 剔除 CoinMarketCap 中不存在价格、市值的数据。
2. 不含 CoinMarketCap 未验证的稳定币。
3. 流通数量因数据获取限制，无法精确到个位数，部分与实际值或略有偏差。
资料来源：CoinMarketCap；艾利艾咨询整理。

2. 稳定币的流通规模

稳定币供应量，指的是当前流通中的稳定币单位总数。其设计初衷是通过与支撑它们的储备资产直接挂钩，维持价格稳定。美国区块链数据分析平台 Visa Onchain Analytics 的最新数据显示：截至 2025 年 3 月末，所有稳定币的平均流通供应量达 2 255.7 亿美元，已连续 3 个月超 2 000 亿美元。[①] 从历史来看，稳定币流通量的快速增长，主要集中在以下两个阶段。

一是 2020 年 7 月，稳定币流通量首次突破 100 亿美元，随后持续攀升；2021 年 9 月，首次突破 1 000 亿美元。2021 年 10 月—2024 年 12 月，稳定币流通量基本保持在 1 000 亿~2 000 美元。

二是 2025 年以来，美国政府对加密货币重新"定义"后，稳定币流通量迎来新的增长期，较 2024 年 12 月末新增 282.4 亿美元（见图 4-1）。

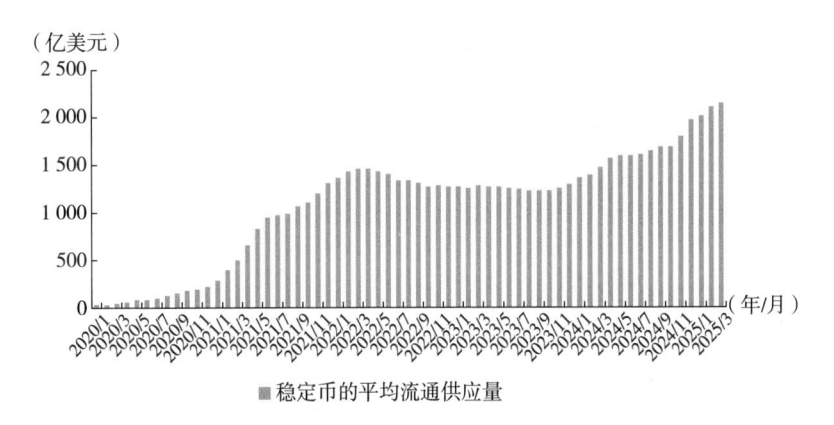

图 4-1　2020 年 1 月—2025 年 3 月，稳定币的平均流通供应量

资料来源：Visa Onchain Analytics；艾利艾咨询整理。

[①] 由于九成以上的稳定币与美元 1∶1 直接挂钩，因此市值与流通供应量相当。

3. 稳定币的优势与风险

美国《商业内幕》于2024年底发布的一份指南，较为详细地分析了稳定币的定义、类型、优势及面临的风险；布雷顿森林委员会于2025年3月13日发布的研究简报《释放稳定币潜力：探索机遇与风险》，也进行了类似分析。稳定币能为持有者带来诸多好处，与其他加密货币相比，具体体现在价格稳定性、法定货币与加密货币之间的桥梁、可访问性三个方面（见表4-4）。该报告还称，尽管稳定币具备前述若干优势，但也存在一些风险，主要包括交易对手风险/抵押品风险、脱钩风险、监管不确定性、安全风险四个方面（见表4-5）。

表4-4　稳定币的优势

类型	内容
价格稳定性	稳定币的波动性通常远低于其他加密货币。例如，众多法币抵押型稳定币具备与美元相似的价格稳定性，因此常被用于日常在线交易与支付
法定货币与加密货币之间的桥梁	稳定币可充当法币系统与加密货币系统间的桥梁货币。例如，将美元兑换为比特币等加密货币时，一些经纪商会先将美元转换为稳定币，再使用稳定币交易比特币
可访问性	稳定币通常比其他加密货币更易获取。它们可以为代币持有者提供进入新生态系统的途径。人们使用稳定币最常见的方式，可能是参与DeFi项目（如加密货币借贷平台）。这能为用户最小化波动风险，还可让用户更易理解交易的潜在成本（或利润）

资料来源：美国《商业内幕》；艾利艾咨询整理。

表4-5　稳定币的风险

类型	内容
交易对手风险/抵押品风险	若考虑购买稳定币，需留意"缺乏充足储备金"这一潜在风险。稳定币可能因发行方的问题或托管方的失误，而未持有稳定性所需的应有抵押品

续表

类型	内容
脱钩风险	稳定币的波动性虽远低于其他加密货币，但仍易受脱钩或锚定失效的影响，引发价格波动。例如，算法稳定币使用算法来尽可能接近其期望的锚定价值，并根据市场需要进行调整。但模型中的错误或意外的、突发的经济事件可能会破坏其锚定汇率的调整能力
监管不确定性	政府机构已探讨监管稳定币的方法，且对那些可能错误陈述其储备金状况的组织采取了行动。然而，该领域较新，从监管角度来看仍需要时间来厘清规则。最终，美国等国家的新法规可能会影响稳定币的价值和可用性
安全风险	稳定币作为数字货币存在安全风险。例如，部分稳定币的智能合约可能容易受到黑客攻击或存在被利用的漏洞

资料来源：美国《商业内幕》；艾利艾咨询整理。

三、全球博弈加剧：各经济体监管态度与博弈焦点

英国牛津大学出版社《国际经济法杂志》于2025年5月21日发布《稳定币及其监管：哈耶克的视角》一文指出，新兴的全球稳定币监管格局呈现出显著的多样性：在监管的一端，部分经济体认为稳定币有害并禁止其使用，计划推出CBDC作为低风险选项，借区块链提升效率；另一端则致力与行业合作，将自身打造为区块链"避风港"和"沙盒"，接纳稳定币。在两端之间，其他一些司法管辖区则通过现有法律框架或专门的加密资产法规，对加密资产实施监管。

（一）趋同与共识：全球稳定币监管的核心原则

Foresight News 于2025年6月3日发文称，当前，全球对于

稳定币的监管行动已显著加速。美国、欧盟、日本、新加坡及中国香港等主要经济体，均已着手制定或实施针对稳定币的监管框架，监管方向趋于清晰化、规范化和严格化。Foresight News 总结出五条稳定币监管的核心原则。

1. 强调 1∶1 储备与高流动性

　　各主要司法管辖区均强调，稳定币发行方需持有充足、高质量、高流动性的储备资产，以保障价值稳定和赎回能力。美国国债、现金及现金等价物成为被普遍认可的核心储备资产。

2. 加强发行人审慎监管

　　对稳定币发行主体施加更严格的许可、资本、治理和风险管理要求，倾向于将发行人纳入类银行或支付机构的监管框架。

3. 提升透明度与审计要求

　　强制要求定期披露储备资产构成、接受独立审计，且需向公众和监管机构报告，以增强市场信心。

4. 关注消费者保护与反洗钱／打击恐怖融资

　　将保护用户资产安全、明确用户权利，以及履行反洗钱／打击恐怖融资义务，置于监管的核心位置。

5. 对特定类型稳定币的审慎态度

　　针对算法稳定币、内生抵押稳定币等风险较高的类型，监管方普遍持谨慎乃至禁止的态度。

(二)各施所长:主要经济体稳定币监管的特色

Foresight News 在 2025 年 6 月 3 日发布的文章里,对美国、欧盟、中国香港、新加坡、日本的稳定币监管模式进行了详细分析。

1. 美国"全国+地方/州"双轨模式

(1)全国层面:"锚定美元霸权"模式

美国对稳定币的监管路径,其关键不在于技术细节的精巧设计或对特定发行模式的偏好,而在于将稳定币作为巩固美元霸权、服务国家财政战略的工具。通过强制性美元资产储备(尤其是美国国债)和对稳定币金融属性的严格限制,美国试图在拥抱数字资产创新的同时,确保这一创新最终服务于国家利益核心。这种以国家战略为导向的监管思路,使国家在全球稳定币监管竞赛中,展现出独特的"美国特色"(见表 4-6)。

表 4-6 美国稳定币立法的重要历程

时间	重要历程和主要内容
2021 年 11 月	美国总统金融市场工作组发布《关于稳定币的报告》,首次建议对稳定币发行实施监管
2023 年	多个版本的稳定币法案提交至众议院,首次进入全院表决环节
2024 年 2 月	美国财政部发布声明,支持为稳定币构建统一联邦监管框架
2024 年 8 月	曾担任众议院金融服务委员会主席(2023—2025 年)的帕特里克·麦克亨利推动《稳定币法案》草案,因选举年未推进至全院审议
2025 年 2 月	美国共和党参议员比尔·哈格蒂正式提出《指导和建立美国稳定币国家创新法案》(又称"天才法案")
2025 年 3 月	美国参议院银行委员会通过《指导和建立美国稳定币国家创新法案》
2025 年 4 月	美国众议院金融服务委员会以 32∶17 票通过《稳定币法案》草案

续表

时间	重要历程和主要内容
2025年5月19日	美国参议院通过《指导和建立美国稳定币国家创新法案》的"程序性协议",进入全院辩论及立法程序
2025年6月（预计）	《指导和建立美国稳定币国家创新法案》进入美国参议院最终表决；若通过将与美国众议院版本协调文本
2025年7—8月（预计）	两院协商一致并投票通过最终法案版本,提交总统签署；有望2025年底前正式落地

资料来源：美国政府官网、OKG Research 等；艾利艾咨询整理。

《稳定币法案》《指导和建立美国稳定币国家创新法案》均明确要求以100%高流动美元资产作为储备,短期美债被视为主选方向。基于此,随着合规稳定币市场扩张,其发行方对短期美债的配置需求有望持续增长,甚至可能在未来超过中国、日本等传统海外主权美债买家,使稳定币发行实体群体演变为美国财政体系中一股不容忽视的"最大隐形债权人"。这不仅为美国政府的持续融资提供了新的支撑,也间接将稳定币的命运与美元及美国国债的信用紧密捆绑。

此外,法案明确规定稳定币不得附加任何形式的利息或收益支付,并反复强调"非证券"属性。核心意图在于防范稳定币演变为具有投资属性的金融产品,从而避免其与传统的银行存款或受SEC监管的证券产品产生直接竞争和监管混淆。

（2）地方层面：独立于国家层面,监管态势积极

国际评级机构标普于2025年2月10日发表《稳定币监管在全球范围内获得发展势头》一文指出,美国各州在具体监管规定上存在显著差异,多数州缺乏独立于联邦层面的单独框架。

纽约州：2022年,纽约州金融服务部发布指导意见,包括

要求在该州发行的稳定币，必须100%以现金或高流动性投资为支撑，并存放于独立账户。

怀俄明州：《怀俄明州稳定代币法案》于2023年授权该州稳定代币委员会发行怀俄明州稳定代币（WYST）。要求独立信托须持有100%~102%的高流动性储备，为该稳定代币提供支撑，预计其将于2025年中期发行。

内布拉斯加州：《内布拉斯加州金融创新法案》，构建起覆盖数字资产领域的综合性法规体系，不仅明确了稳定币发行和管理的主体范畴，也对风险管控做出了规范。

2. 欧盟打造全球领先的稳定币法案

欧盟的MiCA建立了全球首个专门针对稳定币的全面监管框架，自2024年6月30日起实施，由欧盟层级机构与欧盟成员国级机构自上而下共同推动。但各成员国在监管执行力度、审批效率和市场态度上存在差异，比如奥地利等国家的监管机构更具灵活性，更易得到加密货币交易所的青睐。

MiCA明确将稳定币分为资产参考型代币和电子货币代币，要求发行人须在欧盟设立法人实体并获得授权，严格履行兑付义务，满足资本与储备金要求，完成外部审计，遵循反洗钱合规等责任；同时禁止向持有人支付利息。算法稳定币若未锚定真实资产，将被禁止发行；所有稳定币的储备资产，须由独立托管机构持有，且储备资产相关信息需定期披露。

该法案兼顾了金融稳定与创新，特别是对算法稳定币并未采取"一刀切"的管控措施，展现出对新事物极大的包容性，是全球加密政策制定者值得参考的标杆范例。

3. 中国香港"先原则立法、后细化执法"的稳定币监管框架

中国香港稳定币监管政策的第一阶段,聚焦于锚定法定货币的稳定币。只要稳定币锚定单一或一篮子法定货币,即可纳入监管,这为锚定离岸人民币的稳定币产品预留了合规空间,有助于香港发挥其在人民币国际化进程中的桥梁作用。监管框架以金融管理专员为主导,借助强制发牌制度确立法定准入门槛,同时预留空间,由金融管理局通过指引和附属规例进行动态调整。例如,政府在公众咨询总结中明确指出:稳定币不得向用户支付利息,防止其演变为具备证券属性的工具,从而落入证监会的监管范畴。在不涉及收益分派或集体投资安排的情形下,稳定币本身不构成证券。这体现出香港在制度设计上对金融管理局与证监会监管边界的清晰划分,为市场主体提供了稳定、明确的合规预期。

2025年5月21日,政府支持立法会通过《稳定币条例草案》(见表4-7)。该草案旨在在香港建立法币稳定币发行人的发牌制度,完善香港虚拟资产活动监管框架,以维护金融稳定、推动金融创新。《稳定币条例》实施后,任何人在业务开展过程中,若在香港发行法币稳定币,或在香港及其他地区发行宣称锚定港元价值的法币稳定币,均须向金融管理专员申领牌照。相关主体须符合储备资产管理及赎回等方面的规定,包括妥善分隔客户资产、维持健全稳定机制,以及须在合理条件下,按面额处理稳定币持有人的赎回要求。相关主体还须满足一系列打击洗钱及恐怖融资、风险管理、信息披露、审计和适当人选等要求。金融管理专员会适时就制度的详细监管要求展开进一步咨询。

表 4-7　近年中国香港稳定币立法的重要历程

时间	重要历程和主要内容
2022 年 1 月 12 日	香港金融管理局发布加密资产和稳定币讨论文件
2022 年 10 月 31 日	发布香港虚拟资产发展宣言
2023 年 1 月 31 日	香港金融管理局发布加密资产和稳定币讨论文件总结
2023 年 6 月	香港虚拟资产交易平台发牌制度实施
2023 年 12 月至 2024 年 2 月	发布公众咨询文件,就监管稳定币发行人立法建议收集意见,共获 108 份反馈
2024 年 3 月 12 日	香港金融管理局推出稳定币发行人"沙盒"机制
2024 年 7 月 17 日	香港财经事务及库务局与香港金融管理局联合发布公众咨询总结,确认推进强制发牌制度
2024 年 7 月 18 日	香港金融管理局公布稳定币沙盒参与者,包括京东币链科技(香港)有限公司、圆币创新科技有限公司、渣打银行(香港)有限公司、安拟集团有限公司、香港电讯
2024 年 12 月 3 日	香港特区行政长官指令向立法会提交《稳定币条例草案》
2024 年 12 月 6 日	《稳定币条例草案》刊宪,进入正式立法流程
2024 年 12 月 18 日	《稳定币条例草案》提交香港立法会首读,交由内务委员会审议
2025 年 1 月 3 日	立法会内务委员会决定成立专责法案委员会,跟进草案审议
2025 年 1 月 21 日	法案委员会举行首轮会议,提出修订建议
2025 年 5 月 21 日	立法会二读并恢复辩论,最终完成三读程序,正式通过《稳定币条例草案》
2025 年 5 月 30 日	香港特别行政区政府在宪报刊登《稳定币条例草案》,《稳定币条例草案》正式成为法例

资料来源:香港金融管理局、美国英为财情、OKG Research 等;艾利艾咨询整理。

4. 新加坡的务实与枢纽定位

新加坡稳定币监管框架的核心特色体现为"标签化"监管机制——对符合高标准的单币种稳定币(SCS),强制要求使用"MAS-regulated stablecoin"("MAS 监管的稳定币")标签,以清晰区分于其他数字支付代币,旨在打造负责任的稳定币枢纽。

其分层监管理念也十分突出，对发行流通量低于500万新元的小型发行人，设有明确的豁免机制。

在风险控制方面，新加坡强制所有"MAS监管的稳定币"，将储备资产以信托形式持有，且储备构成规定严格清晰，操作性更强。同时，MAS对发行人的业务范围也设严格限制。初期对"MAS监管的稳定币"仅限新加坡本地发行的审慎态度，也反映其在实践初期确保监管有效性的务实策略。

5. 日本的审慎创新模式

日本在稳定币（法案中称"电子支付手段"）监管方面，展现出审慎创新与本土适配并重的模式。最独特之处在于，为信托公司发行稳定币创设"特定信托受益权"这一专属通道，并辅以相对简化的"申报制"准入。

与之对应，其储备资产管理从最初极端严格的100%活期储蓄要求，逐步向允许部分投资短期国债等低风险资产演进式放宽。这种"摸着石头过河"的调整凸显了其监管的动态性和保护本土投资者的优先考量。另一显著特点是，日本严格限制稳定币交易中介机构直接持有用户用于交易的法定货币（稳定币本身除外），与许多允许交易所管理用户法币余额的国际实践形成对比。

同时，在普遍要求资金转移遵守"旅行规则"的背景下，日本特别豁免"特定信托受益权"形式稳定币的旅行规则义务，体现对该特定模式的独特考量。最后，日本稳定币监管高度依赖后续"内阁府令"等下位法规，细化落实具体执行标准，使整体框架具有较强的灵活性以适应市场变化，思路上更多的是对现有法律架构的延展和补充。

6. 英国遵循"相同风险，相同监管结果"的原则

2023年10月，英格兰银行发布《使用稳定币和相关服务提供商的系统性支付系统的监管制度》。拟议的监管制度以国际标准（即《金融市场基础设施原则》）及金融政策委员会对稳定币"类货币工具"的定位为指导，遵循"相同风险，相同监管结果"的原则：若某使用稳定币的系统性支付系统所产生的风险与其他系统性支付系统的风险特征相似，则须适用同等的监管标准。同时，作为私人部门发行的新型货币，稳定币发行方若涉及系统性支付系统，需满足至少与商业银行同等的监管标准。

此外，全球各国（地区）正陆续推进稳定币的监管。2025年特朗普政府上任以来，这种趋势似有加速之意。2024年6月7日，阿拉伯联合酋长国中央银行发布《支付代币服务条例》，同年8月21日生效，将稳定币作为"支付代币服务"纳入监管；2024年10月20日，巴林央行发布《稳定币发行商许可与监管框架》咨询文件；2025年3月21日，澳大利亚财政部发布声明将联合证券与投资委员会一同发展创新型澳洲数字资产行业，内容涉及数字资产和支付型稳定币；2025年5月28日，英国金融行为监管局发布针对稳定币发行、加密资产托管等的监管提案；2024年7月，萨尔瓦多国家数字资产委员会宣布发行萨尔瓦多首款注册、受监管和监督的稳定币。该稳定币名为Alloy by Tether（aUSDT），由注册发行商推出与美元挂钩，并以黄金价值为支撑。

四、美国加速推动稳定币的三大主要缘由

美国《哈佛商业评论》于 2024 年发文《争夺稳定币主导地位的竞赛》指出：稳定币有可能重塑全球金融体系，可让软件"吞噬"银行和金融服务。这类长期受互联网影响较弱的领域，或将取代 SWIFT（国际资金清算系统）、维萨和万事达等传统支付及信用卡网络，加速金融机构的业务拆分，并拓宽美元在美元获取受严格限制（包括因制裁受限情况）国家的流通渠道。

（一）稳固美元的全球地位：利用稳定币与美元挂钩的天然优势，推动"美元霸权"新一轮全球扩张

美国智库卡托研究所于 2025 年 5 月 21 日发文《利用稳定币维护美元的储备货币地位》指出，金融业仍是美国经济中规模最大、最核心的产业之一，而美国是金融服务的净出口国。面对全球贸易摩擦带来的不确定性及经济冲击，美国必须巩固其在技术和金融服务领域的全球领导者地位。

1. 九成以上稳定币与美元挂钩

美国《福布斯》杂志于 2025 年 3 月 27 日发文《特朗普的稳定币战略将巩固美元的主导地位》指出，特朗普政府正将稳定币打造为美国战略的核心支柱，旨在巩固美元的主导地位，并为联邦政府提供资金支持。目前，在规模达 2 345 亿美元的稳定币市场中，超 99.8% 以美元计价。白宫认为，这不仅是顺应趋势的机遇，更是将稳定币价值推向新高度的关键契机。正如美联储理

事克里斯托弗·沃勒在 2025 年 2 月的演讲中所解释的那样，稳定币使全球用户能够在公共区块链上持有和使用美元，而无需银行账户。这一变革打开了通往更宏大目标的大门——进入庞大的全球存款市场。

咨询公司麦肯锡研究显示，当前全球金融体系持有 117 万亿美元的银行存款，其中包括 65 万亿美元的个人存款。稳定币提供了一种重塑资金存储和跨境流动模式的途径。通过支持由美国许可、管控、以美元计价的稳定币，在传统银行体系外运营，美国正强化一种全球资本替代渠道——该渠道有望对传统银行存款形成实质性补充，甚至实现部分取代。

美国战略与国际问题研究中心于 2025 年 4 月 30 日发文《稳定美国金融领导地位：国会为何必须正确制定稳定币监管》指出，稳定币作为与美元等法定货币挂钩的数字资产，在不断变化的金融格局中占据核心地位。由于 98% 的稳定币与美元挂钩，这种增长将美元深层嵌入数字经济生态，即便竞争对手正在努力寻找替代方案。

2. 稳定币可巩固美元的全球主导地位

美国彭博社于 2025 年 2 月 12 日发文指出，下一轮全球货币秩序重构中，美元有望发挥更关键作用，这在某种程度上类似于黄金在 19 世纪所扮演的角色。稳定币将成为重要抓手，承担初期过渡衔接功能。其能否长期存续，取决于美国政府能否降低外国主体参与以美元为基础的货币秩序的门槛。目前，这仍是一个悬而未决的问题。新加坡《联合早报》同年 1 月 25 日刊文称，特朗普欲借稳定币巩固美元全球霸主地位，围绕稳定币的不安情绪正让位于对稳定币的支持。白宫人工智能和加密货币总管大卫·萨克斯表示，稳定币提供了"巩固美元国际主导地位的机会"，并称美国"本质上可打造一种全世界通用的数字美元"。

（二）全球支付体系的竞争：在与盟友和竞争对手的博弈中，持续主导构建新一代支付体系的"美国标准"

美国大西洋理事会于 2025 年 2 月 12 日发文指出，CBDC 与稳定币的关系将成为 2025 年全球金融焦点。美国新政策支持锚定美元的稳定币，并反对 CBDC；欧洲政策则持相反立场，认为 CBDC（包括数字欧元、数字英镑）能够提供金融稳定，而加密货币和稳定币则会造成金融稳定风险。不过，政策制定者一致认同一点：CBDC 和稳定币均将对美元的全球地位产生重大影响。

1. CBDC 带来的竞争压力

（1）美欧在 CBDC 和稳定币政策上存在巨大分歧

日经中文网于 2025 年 5 月 30 日发文《欧洲数字货币挑战美元》指出，同年 4 月 17 日欧洲央行理事会声明，为了引入数字欧元，"将加速完善法律制度"，核心目标是强化欧元对于美元的竞争力，并发起战略反击。截至 2024 年底，美元在全球外汇储备中的占比仍接近 60%。虽然与 21 世纪前半叶的超 70% 相比，呈现出"去美元化"趋势，但欧元占比却仅约 20%。正因如此，欧洲才把"赌注"押在数字货币上。欧洲央行设想，如果能在这一领域领先美国，便可重塑货币势力格局。

欧洲央行认为，若贸易交易采用数字欧元，将释放欧元区超3亿人口（与美国人口规模相当）的经济潜力。欧洲央行副行长德金多斯充满信心地表示："如果欧洲进一步推进一体化，那么几年后欧元有望成为美元的替代货币。"可见，欧洲聚焦CBDC布局，而以"加密资产超级大国"为目标的美国，则倾向于支持稳定币。

（2）数字人民币、多边央行数字货币桥等对美元形成的潜在冲击

美国战略与国际问题研究中心于2025年4月30日发文指出，在不断变化的技术格局中，美元面临着多方压力。在外部，美国的竞争对手正推行替代支付系统，旨在削弱美元的影响力和美国在国际金融体系中的核心地位。目前，美元仍是全球金融流动的支柱。然而，中国正试图通过将数字人民币融入境内外交易场景，弱化美元主导权；而多边央行数字货币桥（mBridge）[①]等项目，更旨在搭建突破西方银行基础设施的金融通道。同样，金砖国家以及伊朗、委内瑞拉等受制裁国家也在探索数字资产，以规避美国的金融管制。

美国战略与国际问题研究中心还称，全球竞争对手中，中国在数字人民币推进上尤为迅速，正将"主权控制"的货币推向国际舞台。与此同时，美国选择不开发政府发行的数字美元。这一决定实际上使得私人发行、与美元挂钩的稳定币，成为美国在数

---

① 多边央行数字货币桥是由中国人民银行数字货币研究所、香港金融管理局、泰国央行、阿拉伯联合酋长国央行等联合发起，并得到国际清算银行支持的跨境支付项目。其核心基于区块链技术构建分布式账本系统，实现CBDC的直接点对点交易，从而替代传统代理行模式。

字时代展现金融影响力的主要工具。因此，迫切需要建立清晰的监管框架，以确保美元在新的格局中实现有效竞争。

2. 美国盟友和对手正竞相构建可为世界其他经济体树立标准的新支付制度

捷克世界报业辛迪加于 2025 年 3 月 24 日发文指出，美国盟友和对手正竞相构建可为世界其他经济体树立标准的新支付制度。若非美元稳定币在全球贸易和金融体系中日益壮大，而美国缺乏应对措施，美元主导地位恐遭冲击。美国在稳定币监管方面的领导作用，是确保美元稳定和强势的关键手段。美国国会和特朗普政府需迅速采取行动，为美国私人部门在这些关键技术领域的领先地位奠定基础，并以保障稳定、建立信任且符合美国国家与经济安全利益的方式实现这一目标。

该报强调，数字资产有望全面升级 20 世纪的金融体系。将稳定币纳入传统金融市场，或引发新一轮支付创新浪潮。特朗普政府和本届国会认识到货币金融的数字化转型是大势所趋。如今，它们必须负责塑造稳定币的未来发展路径，保障其安全可控，以免将其中收益拱手送人，错失发展红利。

（三）化解美国巨额国家债务：稳定币需求增长驱动美国债务尤其是短期债务扩容

1. "每新增一个美元稳定币海外用户，都会推升全球对美国短期债务的需求"

美国财政部长斯科特·贝森特在 2025 年 3 月 7 日的白宫加

密峰会上称，美国将利用稳定币巩固美元全球储备货币地位，并刺激美国国债的净新增需求。美国《福布斯》杂志于2025年3月27日发文《特朗普的稳定币战略将巩固美元的主导地位》指出，每新增一个美元稳定币海外用户，都会推升全球对美国短期债务的需求。这不仅支撑了美国的预算，也扩大了全球对美元的依赖。美国参议员比尔·哈格蒂称，"稳定币创新释放的强劲动能，其好处是巨大的——从提升交易效率，到拉动美国国债需求"。

美国英为财情于2025年6月5日发文《美国财政部的算盘：用稳定币拯救美债市场》指出，稳定币催生的需求，有助于降低美债收益率，减少对外国买家的依赖，进一步支持美国财政稳定，巩固美元霸权。

2. 稳定币已成为美国国债的第七大买家，未来持债规模或超中、日、英三国总和

（1）当前，区块链稳定币持有的美国国债已超德国、澳大利亚等国家

美国《纽约客》于2025年4月26日发文《加密货币如何解决美国股票和债券问题》指出，自2025年初以来，美元兑几乎所有主要货币走弱，引发紧迫而真实的担忧——若传统投资者像抛售其他美国资产一样减持美国国债，美国政府债券的买家可能会枯竭。值得关注的是，美国国债的新买家正在出现，这得益于比特币等加密货币依托的底层技术。目前，基于区块链的稳定币已成为美国国债的第七大买家，持有规模超过了德国、澳大利亚等国家。由于稳定币完全由美元储备以1∶1的比例支持，因此

持续成为新发行国债的增量买家。

Foresight News 于 2025 年 6 月 3 日发文指出，截至 2025 年 3 月末，泰达公司的稳定币储备直接和间接持有美债规模达 1 200 亿美元，已超德国（1 114 亿美元）、阿拉伯联合酋长国（1 044 亿美元）等国家，仅次于韩国（1 258 亿美元）。泰达公司官网数据表明，截至 2025 年第一季度末，其稳定币对应储备资产高达 1 492.7 亿美元。其中，现金和现金等价物及其他短期存款（包括美国国库券、隔夜逆回购协议、货币市场基金等）占 81.49%，抵押贷款（不涉及关联实体）占 5.91%，比特币占 5.13%，贵金属占 4.46%，公司债券占 0.01%，其他投资占 2.99%（见图 4-2）。

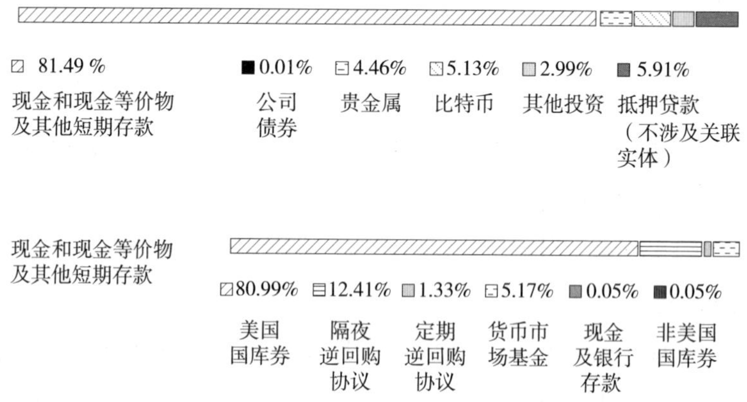

81.49% 现金和现金等价物及其他短期存款	0.01% 公司债券	4.46% 贵金属	5.13% 比特币	2.99% 其他投资	5.91% 抵押贷款（不涉及关联实体）

现金和现金等价物及其他短期存款	80.99% 美国国库券	12.41% 隔夜逆回购协议	1.33% 定期逆回购协议	5.17% 货币市场基金	0.05% 现金及银行存款	0.05% 非美国国库券

图 4-2　截至 2025 年 3 月末，泰达公司持有的稳定币对应储备资产分布

资料来源：泰达公司官网；艾利艾咨询整理。

（2）2024 年稳定币市场购入 400 亿美元美国国债，2030 年或超中、日、英持有总和

BIS 于 2025 年 5 月 28 日发布《稳定币和安全资产价格》工作论文指出，市场以美元挂钩的稳定币为主导，其支持资产以美

元计价的短期工具（如美国国债）为主。截至 2025 年 3 月，这些稳定币管理的资产总额超 2 000 亿美元，超主要外国投资者持有的短期美国证券总额。2024 年，稳定币市场购入 400 亿美元美国国债，规模与美国政府最大的货币市场基金相当，且超过多数外国投资者同期购买量。

美国《纽约客》于 2025 年 4 月 26 日发文指出，虽然稳定币在庞大的国债市场中只占很小一部分，但增长趋势显著。未来 10 年，稳定币或占据全球货币供应量的 5%~10%（对应 5 万亿~10 万亿美元）。美国最大美元稳定币发行商 Circle 的首席执行官杰里米·阿莱尔称，到 2030 年，稳定币市场规模或达 3 万亿美元，届时其吸纳的美国债务将超过目前持有美国政府债务最多的三个国家（中国、日本和英国）的总和。[①]

3. 新增 1 万亿美元的美债需求，或驱动美国财政部调整债务发行方式

美国英为财情于 2025 年 6 月 5 日发文《美国财政部的算盘：用稳定币拯救美债市场》指出，美国国债咨询委员会认为，需求增加将有利于美国财政部的融资活动。它们认为，新增的买家群体可能有助于降低美债收益率。此外，减少对外国买家的依赖，既能更好地支持美国财政稳定，又能巩固美元的全球主导地位。新增 1 万亿美元的美债需求，很可能促使美国财政部调整债务发行方式。为满足新增需求而增发美债，意味着长期债券的发行量

---

① 据美国财政部数据，截至 2025 年，中国、日本和英国持有的美国国债规模分别为 11 308 亿美元、7 654 亿美元、7 793 亿美元。

将相应减少。在其他条件不变的情况下，这种调整会导致长期利率下降。不过，从长期债券转向更多短期发行也存在风险。例如，当收益率曲线倒挂（短期利率超过长期利率）时，可能推高融资成本。①

五、稳定币对全球金融经济的影响及未来值得关注的发展方向

美国战略与国际问题研究中心于 2025 年 4 月 30 日发文《稳定美国金融领导地位：国会为何必须正确制定稳定币监管》指出，全球金融正在进入一个新时代。数字货币和新兴金融科技正在绕过传统金融体系，重塑资金跨境流动的方式。这种变革引发了一系列根本性的问题：技术将如何冲击金融稳定、反洗钱与国家安全管控的有效性，以及美元的持续主导地位。

（一）美国链上"布雷顿森林体系3.0"的战略构想

比特币政策研究所于 2024 年底发文《"全球经济重组"：中美竞争与比特币作为美国治国工具》指出，为在日趋激烈的竞争环境中保持领导地位，美国必须采取前瞻性战略，重新定义全球经济参与的内涵。该战略须整合货币、技术、产业和地缘政治政策，以解决结构性脆弱难题，增强美国经济韧性，遏制敌对势力

---

① 稳定币发行方通过将其储备资产（主要为短期美国国债和现金等价物）进行管理，以维持币值稳定。

扩张的野心。

这一潜在地缘经济战略的核心在于一个全新的货币体系"布雷顿森林体系3.0"。它将黄金、美国国债等传统储备资产的稳定性，与比特币、美元支持的稳定币等新兴金融工具相结合。通过利用这些资产，美国可实现其金融架构的现代化，稳定其财政状况，并增强对美元体系的信任。长期债券、战略性黄金重估和扩大互换额度等举措，将深化盟国与美国主导的金融网络的绑定，同时为防范体系分裂预留缓冲空间。

1. 借助稳定币，美国正致力于引领数字金融的新时代

美国《福布斯》杂志于2025年3月27日发文《特朗普的稳定币战略将巩固美元的主导地位》指出，1944年，布雷顿森林协定将美元置于全球金融的中心。如今，一场新的变革正在发生——并非诞生于闭门会议，而是在GitHub代码库和智能合约的创新实践中。借助稳定币，美国正致力于引领数字金融的新时代——美元的主导地位既依托历史传承，还通过前瞻性公共政策、市场竞争驱动下私人部门的大胆商业与技术创新实现。

该杂志进一步阐释，《指导和建立美国稳定币国家创新法案》不仅是一项法规，更是构建基于区块链驱动的全新美元体系的基石。若该法案获得通过[①]，美元将进一步拓展影响力边界——不仅依托银行体系和跨境渠道，更将通过加密钱包和代码。

---

① 2025年5月已获通过。

2. 稳定币提供了重塑资金存储和跨境流动方式的可能性

美国《福布斯》杂志于 2025 年 3 月 27 日发文称，咨询公司麦肯锡的研究显示，全球金融体系持有 117 万亿美元的银行存款，其中包括 65 万亿美元的个人存款。稳定币提供了重塑资金存储和跨境流动方式的可能性。通过支持由美国许可和监管、以美元计价的稳定币在传统银行体系独立运作，美国正在赋能一条替代性全球资本流动渠道——该渠道有望补充甚至部分取代传统的银行存款。

3. 美元稳定币的崛起，或在未来几十年甚至更长时间巩固美元主导地位

美国彭博社于 2025 年 2 月 12 日发文指出，每半个世纪左右，世界货币秩序就会发生深刻变革，当前或正见证新一轮货币革命。美元稳定币的崛起，或在未来几十年甚至更长时间巩固美元主导地位。最直接的场景是，发达国家以外的人越来越多地使用稳定币。这些经济体的经济将部分"美元化/稳定币化"。这些经济体的人将更加习惯于以美元进行思考和计算，即使是在内部交易中也是如此。双币经济可能会变得更加普遍——既有本币，也有美元支撑的稳定币。随着时间的推移，由于担心稳定币带来的赎回风险，许多经济体将全面拥抱美元体系。在某些情况下，美元最终可能会占据主导地位。

韩国每日经济新闻网于 2025 年 5 月 30 日发文指出，随着以美元为基础的稳定币主导市场，在用户端美元结算日常化可能会成为潜在的问题。在全世界虚拟货币交易所，美元已经以泰达币、美元币为中心成为基准价。如果稳定币扩散到普通结算网，

在国内普通零售店也可以美元为基准价进行结算。对于运用本土货币的经济体来说，这很有可能对货币主权造成严重威胁。

（二）稳定币对宏观经济产生的影响

世界经济论坛 2022 年发布的《加密货币和稳定币的宏观经济影响》的白皮书指出，稳定币的宏观经济影响取决于其底层支持机制。例如，以银行存款为支持的稳定币只会将一种形式的货币转换为另一种；而以证券为支持的稳定币，除具备"价值储存"功能外，还可能成为"交易媒介"，从而在某种意义上实现"货币创造"。

该白皮书聚焦于法币支持型稳定币，分析了经济体在法币稳定币监管方面可选择的三种高级别路径。

1. 情形一：任由当前趋势继续发展

该策略意味着不立即采取监管措施，而是待获取更充分信息后再做出决策。这可能导致在正式监管出台前发生不利事件。一些经济学家认为，这一选择在经济上最不利，因为它未能满足以下几项核心标准（见表 4-8）。

表 4-8 "任由当前趋势继续发展"情形的影响

层面	影响
货币稳定性	·汇率影响：如果稳定币以外币计价，其对本币的替代可能引发类似"美元化"的问题。但若稳定币以本币计价，则只是用另一种形式表达本币（如从现金转为稳定币），对宏观经济的实质影响较小 ·流动性影响：若稳定币在本地金融系统中留存大量资金，可能会产生扩张性货币效应

续表

层面	影响
货币稳定性	・货币政策操作影响：本币稳定币对货币政策敏感度与其他本币资产相近；但全球稳定币（如以美元计价者）可能削弱本地货币政策工具效能 ・资本管制挑战：数字货币可能绕过资本流动限制，引发未来出现扰动性资金流
金融稳定性	若缺乏监管，稳定币可能削弱银行吸收存款的能力，降低信贷生成和资金中介效能。虽然目前使用规模尚小，但随着稳定币的普及，金融脱媒及稳定风险会持续上升
公平与安全	无监管环境下，用户可能面临如下风险：储备资产不透明；缺乏兑付机制；一旦发生损失，用户无追索权；项目治理无问责机制
创新	不加干预虽能鼓励创新，但可能引发无序扩张或项目失败。适度监管可为创新建立可持续环境
可持续性	高能耗系统未受限制；项目模型若不可持续，或引发"系统性失败"

资料来源：世界经济论坛；艾利艾咨询整理。

2. 情形二：允许法币支持型稳定币在经济中扮演受监管的角色

该策略建议建立规则，让稳定币在受监管框架下运行，如应用于支付、汇款等领域（见表4-9）。

表4-9 "允许法币支持型稳定币在经济中扮演受监管的角色"情形的要求与建议

层面	要求与建议
货币稳定性	可借鉴如欧元体系支付工具监管框架；要求银行建立针对稳定币的风险管理机制；稳定币可提高支付效率并激励创新
金融稳定性	稳定币必须通过联邦存款保险公司（FDIC）保障的银行发行；可将《巴塞尔协议Ⅲ》应用于稳定币储备管理；储备金应以1:1比例持有，优选形式为央行准备金或国债；集中储备会影响利率、流动性市场和银行中介职能；应确保即使在市场压力下也能按时兑付
公平与安全	应设立透明的审计制度、资本要求；有必要引入存款保险机制（如类似FDIC）；可提高公众对稳定币的信任
创新	稳定币可与CBDC共存；有助于推动公私部门竞争与创新

资料来源：世界经济论坛；艾利艾咨询整理。

3. 情形三：通过征税或禁令将私人法币稳定币逐出市场

该策略旨在保护国家货币主权与央行职能，对稳定币采取强力限制措施（见表4-10）。

表4-10 "通过征税或禁令将私人法币稳定币逐出市场"情形的要求与建议

层面	要求与建议
货币稳定性	稳定币可能影响安全资产的可获得性，从而影响真实利率的水平与波动性；研究显示，如果全球稳定币或CBDC被区域集团广泛采用，将出现"单一货币区"风险；不同货币集团之间的汇率波动将削弱政策工具效果；稳定币对主权构成挑战，特别是在新兴市场与发展中经济体（EMDEs）；若被美元稳定币取代，本币政策将变得无效
金融稳定性	稳定币可能取代央行的主权货币职能；民间发行缺乏政府保障，公共利益有限；倘若出现"运行"现象，储备资产清算将扰乱短期金融市场

资料来源：世界经济论坛；艾利艾咨询整理。

（三）稳定币对金融体系产生的影响

1. 关联性：与更广义金融体系的关联更加紧密

（1）稳定币市场成为传统金融与加密货币金融的衔接纽带

美国《华尔街日报》于2025年5月23日发文指出，华尔街的传统巨头或联手发行稳定币，成为传统金融向加密货币金融靠拢的最新信号。鉴于稳定币被作为一种高效的资金转移方式，长期以来充当二者间的衔接纽带。

IMF在2022年曾发文指出，稳定币潜藏风险。其由金融资产担保意味着，与无担保的加密货币相比，与更广义金融体系关联更加紧密。如果面临流动性压力，持有储备金融资产的稳定币发行人可能被迫大量出售这些资产，进而冲击金融体系。虽然目前这种向金融体系的风险传导影响较小，但监管方已着手制定重大风险应对工具。

（2）继比特币ETF推出后，稳定币领域迎来上市第一股

2025年6月5日，美国稳定币发行商Circle在纽约证券交易所成功上市，股票代码"CRCL"。首日股价从发行价31美元飙升至83.23美元，涨幅高达168%，公司市值突破183亿美元，成为继Coinbase之后第二大上市加密公司。此次IPO共募资约11亿美元，承销商包括摩根大通、高盛和花旗等华尔街巨头，凸显传统金融对稳定币领域的高度关注。

Circle的成功上市，不仅是其自身发展的里程碑，也代表着稳定币市场进入主流金融体系，还是继2024年1月推出比特币ETF后，加密货币金融与主流金融市场融合的又一标志性事件。美元币作为Circle发行的稳定币，目前市值约615亿美元，已成为仅次于泰达币的全球第二大稳定币。自2018年推出以来，美元币已支持超过25万亿美元的链上交易，2025年第一季度交易量达6万亿美元，显示出其在全球支付和金融服务中的广泛应用。①

2. 稳定性：稳定币并非都是稳定的

全球评级公司穆迪在2023年底发布的《稳定币一直不稳定，为什么？》研究报告指出，近年来，稳定币脱钩的驱动因素有很

---

① 2024年1月10日，SEC投票决定，通过加急模式批准现货比特币ETF上市交易，并授权11只ETF于当地时间1月11日开始上市交易。比特币ETF发行商Hashdex的首席投资官柯巴至当日称："今天是数字资产史上具有纪念意义的一天。"

多。主要因素包括大型加密货币交易所缺乏监管、治理和风险管理问题、传统金融内部的压力，以及为去中心化交易所提供流动性的数字资产池的不平衡。

（1）挤兑和破产风险：稳定币发行人面临不稳定性的根源，可能导致挤兑和破产

EBA 于 2024 年 8 月发文《挤兑风险、透明度与监管：论稳定币框架的最优设计》指出，稳定币发行人面临着不稳定性的根源，这些根源类似于传统银行体系，可能导致挤兑和破产。首先，稳定币持有者（就像银行的存款人）可能在意想不到的时间点赎回其稳定币，这意味着如果发生挤兑且其储备资产中没有足够高的比例投资于流动性工具，发行人很容易变得缺乏流动性。其次，破产可能由挤兑或影响储备资产组合价值的外生冲击导致。虽然超额抵押可以降低此类风险，但如果储备资产遭受负面冲击，则破产的隐患无法完全消除。

美国布鲁金斯学会于 2025 年 5 月 8 日发文指出，从金融稳定的角度来看，如果稳定币价值缺乏真正的稳定性，或引发挤兑风险；若其运营体系无法抵御多种操作性风险或网络安全威胁，支付体系的安全性将被侵蚀。此外，由于网络效应带来的迅速扩张潜力，稳定币可能对信贷中介功能、货币政策传导机制构成形成多重冲击——尤其在受保存款机构的大量存款流向稳定币的情况下；若稳定币由商业公司发行，也可能导致市场力量过度集中。

（2）市场的波动性：尽管名为稳定币，但其波动性极高

美国《财富》杂志于 2025 年 5 月 15 日发文直言，尽管名为稳定币，但其波动性极高。它们的交易价值波动剧烈，极端情况

下甚至出现"断崖式贬值"。尤为值得警惕的是，如果美国国会批准当前拟议立法中规定的弱政府监管制度，这将赋予稳定币一种"欺骗性的合法性"。随着消费者提取银行存款和货币市场基金资产以购买稳定币，银行和基金用于资助美国企业和家庭的资金减少，整个金融稳定可能会受到威胁。

IMF 于 2022 年 9 月发文《稳定币与加密资产开创者的革命性理念相去甚远，而且并非没有风险》指出，事实上，大多数稳定币会在预期价值上下波动，而不是始终保持预期价值。一些稳定币可能会显著偏离其预期价值。算法稳定币尤其如此。这类代币旨在通过某种算法来稳定其价值，该算法会根据需求和供应调整发行量，有时还通过无担保加密资产提供担保。但是，这类代币存在极大的风险。算法稳定币 TerraUSD 的过往经历表明，如果发生巨大冲击，算法稳定币很容易与预期价值脱钩，且该过程一旦开始便会持续。

3. 支付创新：稳定币融入传统支付体系，有望释放下一波支付创新浪潮

捷克世界报业辛迪加于 2025 年 3 月 24 日发文指出，数字资产有望全面升级 20 世纪的金融体系。将稳定币融入传统金融市场，有望释放下一波支付创新浪潮。特朗普政府和本届国会似乎认识到货币与金融的数字化转型是大势所趋。当前，它们必须负责塑造稳定币的未来并保障其安全，以免将其中收益拱手送人。

美国亚特兰大联邦储备银行于 2025 年 1 月 13 日发文指出，稳定币作为一种支付方式的未来仍在探索中，但随着数字资产获

得更广泛的认可，其应用范围或进一步扩大，甚至可能比肩信用卡、借记卡。然而，风险依然存在，包括对其支撑资产稳定性的担忧、监管的不确定性，以及网络攻击等安全漏洞。尽管存在这些挑战，但持续的发展和监管将塑造稳定币在支付领域的未来。虽然很难预测稳定币能否成为一种通用的支付方式，但其基础正在形成。稳定币曾被视为对冲加密货币波动的工具，如今正逐渐成为一种创新的支付方式。

（四）稳定币进一步落地需要解决的三个关键问题

英国《金融时报》于 2025 年 5 月 7 日发文《稳定币应该被视为一种货币》指出，当前稳定币正面临与 18 世纪英格兰纸币类似的挑战。稳定币已被证明具备货币的主要特征：记账单位、价值储藏手段和交换媒介，流通中的稳定币总价值已达到 2 400 亿美元。然而，美国近期的《指导和建立美国稳定币国家创新法案》和《稳定币法案》均未在私商法、税法和会计规则下明确将稳定币界定为货币使用。

1. 先前所有者的潜在财产主张可能阻碍稳定币的使用

18 世纪英格兰纸币被盗案是美国支付法律体系的重要基石。曼斯菲尔德勋爵的裁决原则，被纳入规范商业交易的《统一商法典》，并成为其中的"无瑕疵取得规则"。2022 年，该法典新增第 12 条（Article 12）以适配数字资产。如果稳定币被视为"可控电子记录"，则第 12 条的"无瑕疵取得规则"即适用——这意味着上游债权人的权益会被切断。但迄今为止，美国仅有 27 个州采纳了第 12 条。对于其余各州，稳定币可能被视为"一般无形资产"，先前财产主张或继续附着其上，使其沦为一种糟糕的交换媒介。

2. 稳定币在税收规则下的待遇同样重要

全球知名会计师事务所德勤于 2025 年 3 月 18 日发文指出，虽然稳定币可用作支付手段、具有类似法币的价值，但出于美国所得税目的，它们可能不被视为货币。相反，根据稳定币结构，以及对区块链、数字资产出现前制定的美国财政部现有法规的解释，稳定币可能被视为一般财产，甚至债务义务。此外，使用稳定币支付，可能与其他数字资产一样，受到相同的信息报告要求。

英国《金融时报》指出，如果稳定币继续如比特币、以太币等数字资产一般，被归类为"财产"，其收益和损失必须向美国国税局申报。随着稳定币支付应用越发广泛，数百万份个人和商业支付报告可能被提交至政府。此外，如果使用稳定币购买商品，可能被视为需缴纳资本利得税的"处置事件"，给消费者和企业带来烦琐且令人困惑的税务处理问题。

解决问题的一种方法是确保稳定币始终以完全等同于货币的价值进行交易——这意味着没有收益或损失。为此，稳定币立法必须要求发行人遵循严格的准备金要求以确保币值稳定，同时落实资产隔离要求，抵御发行人破产时债权人的追索。另一种方法是国会降低税务报告要求，如个人外汇交易收益低于 200 美元可豁免申报。

3. 在会计规则下，稳定币应被归类为现金等价物还是金融工具，目前仍不明确

英国《金融时报》称，随着稳定币在传统商业场景中的使用日益普遍，会计规则也将变得重要。在会计规则下，稳定币应被归类为现金等价物还是金融工具，目前仍不明确。其分类方式将对企业如何报告其持有的稳定币及其使用产生重大影响。最终，如果稳定币没有被明确定义为一种货币形式，那么无论是作为现金等价物，还是可流通票据，这都可能使其交换媒介功能失去实用性，并可能使潜在的重要立法失去意义。

全球知名会计师事务所德勤 2025 年 3 月 18 日发文指出，从会计角度看，稳定币持有者需要评估条款以确定这些稳定币代表的是金融资产还是无形资产，这将影响分类、后续计量以及转移的会计处理。对于被认定为无形资产的稳定币，实体还需考量此类资产是否符合美国通用会计准则（US GAAP）关于加密资产的新会计指南范围，包括新的强制性披露要求。最后，对于作为稳定币发行方的实体而言，需要确定这些稳定币是否代表金融负债。

（五）稳定币的未来构想与发展前景

1. 全球／系统性稳定币的构想：可能对现有监管和监督机制的全面性与有效性构成挑战

金融稳定理事会（FSB）于 2024 年 11 月底发文指出，目前尚无对稳定币普遍认可的法律或监管定义。稳定币通常通过交易平台创建和发行，以兑换法定货币。稳定币的发行人可以使用法

定货币的收益投资于储备或其他资产。FSB 在 2020 年《"全球稳定币"安排的监管、监督和审查》报告中，描述了全球稳定币（GSC）区别于其他加密资产和稳定币的三个特征（见表 4-11）。

FSB 称，GSC 的出现可能对现有监管和监督机制的全面性与有效性构成挑战。FSB 已商定 10 项高层建议，并于 2023 年 7 月进行了修订，旨在推动对 GSC 以及可能成为 GSC 的稳定币进行跨司法管辖区、一致有效的监管、监督和审查，以应对其给国内和国际层面带来的金融稳定风险。

表 4-11　GSC 区别于其他加密资产和稳定币的三个特征

特征	区别
存在稳定机制	这两个特征及带来的独特风险，使稳定币有别于其他加密资产
作为支付手段和/或价值储存手段的可用性	
跨多个司法管辖区的潜在影响力和采用率	使 GSC 有别于其他稳定币

资料来源：FSB；艾利艾咨询整理。

英国牛津大学出版社《国际经济法杂志》于 2025 年 5 月 21 日发文《稳定币及其监管：哈耶克的视角》指出，正如新兴的监管方法所反映的那样，监管机构对所谓系统性或全球稳定币尤为谨慎。这类稳定币交易量巨大，且与现实世界的链下市场有着重要联系。除了挑战银行体系的地位，稳定币作为法定货币替代品的大规模使用，将显著限制国家通过利率实施货币政策的能力。人们普遍认为，正是脸书的 Libra 项目——"首个由企业团体支持、'旨在应用于零售支付的全球稳定币'提案"——促使监管机构将稳定币置于监管优先事项的首位。鉴于脸书庞大的社交媒体网络及其现有的支付基础设施（包括 Facebook Pay、WhatsApp Pay 和 Instagram Pay），Libra 原本相对容易实现监管机构所担忧的全球稳定币地位。尽管 Libra 项目目前似乎已被放弃，但其他拥有支付基础设施的组织（如贝宝）提供的稳定币，在监管机构看来可能同样具有风险。

系统性稳定币还可能危及国家的货币主权。如果大量公民使用锚定他国货币的稳定币，那么该锚定货币的货币政策将对使用该稳定币的国家经济产生过度影响。这对于经济不稳定的发展中国家来说尤其如此，但发行主要储备资产的发达国家同样担忧货币主权问题，因为对系统性稳定币的潜在挤兑，可能会危及其锚定储备资产的稳定性和价值。稳定币的其他潜在风险还包括市场集中度问题，特别是当稳定币提供商进行垂直整合、同时提供托管或其他加密相关服务时。贝宝就是这种情况的实例，因为它既提供稳定币，也提供支付网络以及加密资产交易和托管服务。

2. 稳定币的未来图景：六个值得关注的发展方向

区块链与数字资产领域新闻研究机构 Foresight News 于 2025 年 6 月 3 日发文指出，稳定币作为区块链技术驱动的金融创新，正处在从野蛮生长到规范发展的关键转折点。全球监管机构在认识到其巨大潜力的同时，也高度关注其带来的风险。未来，一套清晰且适配性强的监管框架，将成为稳定币发挥其在支付现代化、金融普惠和数字经济发展中积极作用的重要保障。其发展不仅关乎技术和市场，更深植于全球经济格局和国家战略的演变之中。Foresight News 指出，未来稳定币的六个发展方向值得关注。

一是全球监管协调的必要性与挑战。稳定币的跨境特性要求加强国际监管合作，以防范监管套利和系统性风险，但各国利益诉求与监管能力的差异构成挑战。

二是大型科技公司与传统金融机构的入局。监管层对大型科技公司发行稳定币的审慎态度，叠加传统金融机构的积极参与，将共同塑造稳定币市场的竞争格局。例如，维萨已参与投资部分稳定币相关上下游基础设施，而贝宝则选择与 Paxos 合作，发行了自有稳定币贝宝 USD。美国《华尔街日报》于 2025 年 5 月 23 日刊文称，美国头部银行正在探讨合作发行联合稳定币，此举旨在抵御加密货币行业的日益激烈的竞争。知情人士透露，到目前为止，参与讨论的公司包括摩根大通、美国银行、花旗集团、富国银行和其他大型商业银行共同关联公司。

三是稳定币与现实世界资产（RWA）的结合。合规稳定币将成为 RWA 在链上流转的关键计价和结算工具，其监管落地有望催生围绕 RWA 代币化的新一轮创新。

四是"在岸"与"离岸"稳定币体系的演变。随着主要经济体监管收紧，可能出现受严格监管的"在岸"体系与生态更多元复杂的"离岸"体系并存的局面。

五是稳定币+支付+AI 的创新融合。人工智能的进步有望与稳定币支付深度融合，如 AI 驱动的自动化交易、智能合约执行的复杂支付逻辑，以及在机器对机器（M2M）、AI 代理对代理（A2A）经济场景中的应用，为支付带来前所未有的智能化和效率提升。

六是技术创新与监管的持续互动。稳定币技术（如与 DeFi 的结合、Layer2 解决方案）仍在快速迭代，监管需保持适应性，在鼓励创新的同时，有效管控新兴风险。

3. 稳定币博弈的胜负关键不在于技术优势或先发地位，而在于应用生态

美国《哈佛商业评论》于2024年发文《争夺稳定币主导地位的竞赛》指出，稳定币博弈的胜负关键不在于技术优势或先发地位，而在于应用生态。尽管监管机构可能大幅提高创新者的竞争门槛，但永远无法彻底扼杀创新。最终格局很可能是，多元化稳定币将隐于幕后，为全球提供更低成本、更快捷的支付服务。这对消费者和企业而言是双赢局面——尽管对现有稳定币发行方未必如此，但它们或许终将被银行"收归麾下"。

该杂志还提及，当尘埃落定，数字钱包的争夺战不会终结。巨头仍将全力角逐"支付入口"的控制权：信用卡组织势必坚守"维萨／万事达支付"的流程阵地（银行体系对此乐见其成），真正破局的使命将落在新型数字银行和加密货币交易所肩上。唯有它们有望发起颠覆性创新，成为改写游戏规则的力量。

德国咨询公司罗兰贝格于2025年3月4日发文《稳定币——货币的未来》指出，稳定币要真正跻身主流，需要像WhatsApp等主流消费应用一样简便易用。直到最近，数字资产钱包的糟糕用户体验，仍是制约稳定币推广的关键因素。然而，Phantom等新型数字资产钱包已证明，用户界面的显著改进，能反向推动其进一步普及。法币通道对推广而言也至关重要。尽管当前跨境点对点转移稳定币具备低成本与便捷性，但这不足以实现汇款。用户仍然需要一种将稳定币兑换成法币的途径，而这正是核心瓶颈所在。为解决这个问题，法币通道不可或缺。

数字技术的迅猛发展及其对日常生活的深度渗透，为法币之外的替代货币体系提供了新机遇，挑战着既有金融与货币体系。

在各类加密资产中，稳定币最有可能成为实际的交换媒介。稳定币虽然符合哈耶克设想的货币竞争体系中的部分条件，但尚未完全满足。尽管区块链技术仍处于初期阶段，但已为多种替代模型设计提供了平台——如去中心化与中心化、算法驱动与抵押支持、锚定法币与锚定其他资产等模式。这个新兴市场吸引了从小型开发者到跨国巨头的广泛参与，也为消费者提供了多样化的选择，每种设计各具优势与风险。

回溯金融发展的历史脉络，其本质是技术演进与制度创新共同驱动的深刻变革，持续拓展着经济增长的边界与人类福祉的空间。在区块链技术的基础设施路线渐趋明朗的背景下，稳定币作为连接数字世界（加密货币）与传统金融的重要纽带、关键桥梁，正在成为新一轮竞争的战略高地。稳定币的意义不仅在于为加密资产提供价格锚，更体现在提升支付效率、降低交易成本、扩展金融服务可达性方面展现出的系统性潜力。对于广大尚未充分融入现代金融体系的群体而言，稳定币有望以数字化方式弥合普惠金融鸿沟；而其可编程性，也为构建灵活高效的新型金融基础设施提供了技术路径。这不仅关乎金融产品的演进，更关乎未来金融体系的重构逻辑。然而，技术潜力的释放必须依托制度框架的支撑。只有在健全的监管体系下，稳定币的发展才能走上可持续、可控、可治理的轨道。这要求切实强化消费者权益保护，严格履行反洗钱与反恐怖融资义务，妥善处理货币主权与金融稳定之间的关系，同时推动国际监管协调与竞争生态优化。

从更广阔的视野看，稳定币发展不仅是金融技术演进的一部分，更是全球金融秩序重构进程中的关键变量。其走向将深刻影响支付体系的未来格局、数字经济的发展路径，乃至国家金融安全的战略布局。未来的货币博弈已超越传统金融边界,深度融入数字文明演进的历史进程。这场围绕稳定币主导权的角逐,既是货币形态从实体主权信用向算法信用跃迁的技术革命,更是大国金融主权在数字空间的全维重构。

面向未来,稳定币的故事仍在书写。唯有政策治理与技术创新形成良性互动,才能确保其真正服务于我国经济发展大局与金融体系高质量转型。下一阶段的发展方向,既依赖市场主体的持续探索,更呼唤前瞻性、系统性与全球化视野下的政策回应与制度设计。

下篇　金融大变局

第五章

金融变局:美国对比特币的态度演进与趋势

一、从反对到勃兴：透视美国加密货币的发展趋势

比特币作为加密货币的典型代表，问世 15 年，全球参与者已超过 6 亿。作为当今世界头号金融强国，美国对加密货币的立场与态度转变，无疑将深刻影响加密货币的发展走向。2024 年 1 月 10 日，SEC 做出了一项非同寻常的决定——批准现货比特币 ETF 上市。这一决策被市场视为"游戏规则改变者"，堪称"关乎未来的历史性里程碑"。然而，美国监管部门强调，批准现货比特币 ETF 上市交易，并不等同于认可比特币本身。在全球尚未就加密货币达成广泛共识的背景下，这种看似矛盾的表述与做法，不免引发人们的关注：一向擅长金融操作的美国为何这样做？其背后是否暗藏战略图谋？不管是民主党还是共和党，均在竞选中展现对加密货币行业的友好姿态，这势必会对美国乃至全球加密货币生态产生重要影响。

从 2009 年首枚比特币被挖出至今，美国历经了民主党奥巴

马执政时期（2009年1月至2017年1月）、共和党特朗普执政时期（2017年1月至2021年1月）、民主党拜登执政时期（2021年1月至2025年1月），以及共和党特朗普再度执政时期（2025年1月至今）。比特币在美国的合法地位认定，也呈现出一条清晰的时间脉络。

2013年3月18日，民主党奥巴马执政期间，FinCEN发布了《金融犯罪执法网络法规在个人管理、交换或使用虚拟货币中的应用条例》（FIN-2013-G001），首次对虚拟货币进行了详细阐释。根据FinCEN法规，货币（也称"实际货币"）是指：美国或其他国家的硬币、纸币，这类货币被指定为法定货币，可流通，通常由国家主导发行，作为交换媒介被使用和接受。与实际货币相比，虚拟货币作为交换媒介，虽然在部分场景中能够发挥类似真实货币的功能，却不具备实际货币的全部属性，尤其在司法权层面，不具有法定货币地位。该条例着重说明了具备"可转换"特性的虚拟货币，此类虚拟货币与实际货币具有同等价值，或可作为实际货币的替代物。

2013年8月，在审理SEC起诉比特币储蓄和信托基金创始人特兰顿·谢沃斯涉嫌诈骗的案件时，美国联邦法官裁定：比特币应被视为货币。这一判定意味着，所有与比特币相关的投资基金及交易活动都需受美国《证券法》的约束。在一份公开的备忘录意见中，法官阿莫斯·马扎特明确写道："比特币属于通货或货币范畴，因此适用美国相关法律，法院具有管辖权。"

2014年3月25日，美国国家税务局在一份通知中将比特币视为可兑换虚拟货币，并明确规定，虚拟货币在美国联邦税收中被视为财产，适用于财产交易的一般税收原则，也适用于使用虚拟货币的交易。

2014年6月，加利福尼亚州通过法案，正式允许比特币的使用和消费。2015年6月，纽约州金融服务部出台了《虚拟货币监管法案》，并被编入《纽约州金融服务部法律法规》第200节，该章节命名为"虚拟货币"。此法案明确了针对虚拟货币商业活动的监管手段，主要包括事前的行政许可和事后的定期考核。这一法案被视作美国首部专门为虚拟货币制定的监管规则，对美国乃至全球的虚拟货币监管格局都产生了深远影响。

从美国联邦层面看，加密货币的监管主要由SEC、CFTC负责。两者的监管方向与美国政府的加密货币立场、态度、需求以及变化趋向吻合。自2009年1月中本聪挖出比特币，美国监管机构在加密货币领域的角色定位与行动举措，可划分为六个阶段进行观察。

（一）美国司法机构打击比特币涉非法活动，监管机构尚未重视

在此阶段，比特币常与洗钱、毒品交易、恐怖融资等非法活动挂钩，不排除有极少数国家的部分势力参与其中。随着比特币的价格持续攀升，其在美国社会形成了"神秘""混乱""违法""黑道"等负面印象。其间，部分比特币交易所屡遭黑客攻击，或因欺诈事件"爆雷"，频繁招致美国司法部门出手整治。

"丝绸之路"非法网络案件便是其中的典型代表。该网络于2011年2月由罗斯·乌布里希特创建，是一个用比特币"交换非法商品"的"网络黑市"，涵盖毒品、黑客服务、盗版软件、

虚假证件等。

2013年10月，美国联邦调查局逮捕乌布里希特时，在其个人电脑中缴获14.4万枚比特币，按当时市场价格计算，价值约2 850万美元。美国司法部在2020年11月发布的声明中透露，数千名毒贩及非法商贩，借"丝绸之路"向数十万名买家售卖毒品（累计数百千克）及其他非法商品和服务，该网络同时涉嫌数亿美元的洗钱活动。美国司法部没收了与"丝绸之路"相关的69 369枚比特币，按当时市价约值10亿美元。这些比特币，系2011年一名代号为"个人X"的黑客，利用该网络交易机制漏洞窃取所得。2021年11月，联邦执法机构逮捕了名为詹姆斯·钟的黑客，指控其在2012年9月从"丝绸之路"窃得至少5万枚比特币。美国司法部2022年11月公开披露，从詹姆斯·钟家中缴获比特币50 676.17枚，按2021年11月的价格计算，价值约33.6亿美元。

另一标志性事件是比特币交易所Mt.Gox遭黑客攻击后崩溃破产。该交易所由Mt.Gox于2006年在日本东京创立，起初经营游戏卡片业务，2010年7月转型运营比特币交易所，巅峰时期处理全球70%的比特币交易。但从2011年3月至2014年1月，在不到3年的时间里，该交易所丢失或被黑客盗取的比特币超85万枚（据CoinDesk数据）。在已知的6起不同黑客盗窃的80.9万枚比特币案件中，仅有1起被美国司法部锁定了两名俄罗斯公民：阿列克谢·比柳琴科和亚历山大·维尔纳，并指控两人在2011年9月至2014年5月期间，盗走该交易所账户中的64.7万枚比特币。CoinDesk称，直至今日，其余16.2万枚比特币的盗窃者仍下落不明。

2014年2月,该交易所宣告破产。专注于科技行业监管领域的《攀登》杂志评论称,在比特币诞生的最初几年里,犯罪行为频发。美国执法部门频繁开展打击比特币犯罪活动,并试图事后追索赃款。由于这一阶段比特币整体规模较小,尚未从"隐形市场"全面过渡至"显性市场",知悉并参与其中的人数有限,因此,比特币未得到美国金融监管机构的实质性关注。

(二)比特币衍生品蓬勃兴起,CFTC开启介入监管

在此期间,比特币衍生品迅猛发展。早在2012年,比特币期货便已在一家名为ICBIT的小型平台交易,但当时比特币普及率低、平台用户体验差,比特币衍生品并未吸引太多投资者。2016年,加密货币交易所BitMEX首推永续掉期合约,引起市场轰动,比特币衍生品开始吸引投资者。到2017年12月,历史悠久的芝加哥商品交易所推出比特币期货合约,将比特币衍生品推向了新一轮的发展高潮。

从2014年起,比特币衍生品开始受到美国监管机构公开关注。同年12月,时任CFTC主席蒂莫西·马萨德在美国参议院做证时表示,虽然CFTC没有针对比特币等加密货币的具体政策和程序,但权力范围涵盖任意商品的期货和掉期合约。

2015年9月,CFTC对Coinflip公司运营的比特币期权交易平台提起诉讼。在此次诉讼中,CFTC首次将比特币等加密货币界定为大宗商品,标志着加密货币被纳入美国金融监管机构的监管范畴。CFTC指控Coinflip公司运营的比特币期权交易平台未遵守《美国商品交易法》的相关规定,未依规登记成为掉期执行

平台或指定合约市场。

此次执法行动的意义在于，CFTC首次确认比特币及其他数字货币属于《美国商品交易法》涵盖的商品范畴，这意味着比特币期货、期权以及掉期合约等各类衍生品均被纳入监管体系，所有交易平台、衍生品中介机构，都需在CFTC完成注册。一旦出现市场操纵等不正当行为，CFTC将依法惩处。

（三）代币发行涌现，SEC启动介入行动

这一时期，全球多家公司加入ICO行列。所谓ICO，是指公司为创建新的加密货币、应用程序或服务而募集资金的过程，类似于股票市场中的首次公开募股（IPO）。对新加密货币项目感兴趣的参与者，可在ICO期间认购并获得公司发行的新加密货币代币。持有代币即代表持有公司项目股份。代币也可赋予持有者使用（区块链）网络的权利或相关服务，以及对网络管理、升级事宜的投票权。

据英国加密货币研究网站Coin Insider统计数据，2016年全球ICO共29次，2017年这一数字增长至252次，相比2016年增长了7倍之多。而在2018年，ICO次数更是迅猛增长，超过1 600次。发行代币募集金额从2016年的9 000万美元增长至2017年的57.18亿美元，2018年这一金额更是呈爆发式增长，飙升至13.56万亿美元（见图5-1）。

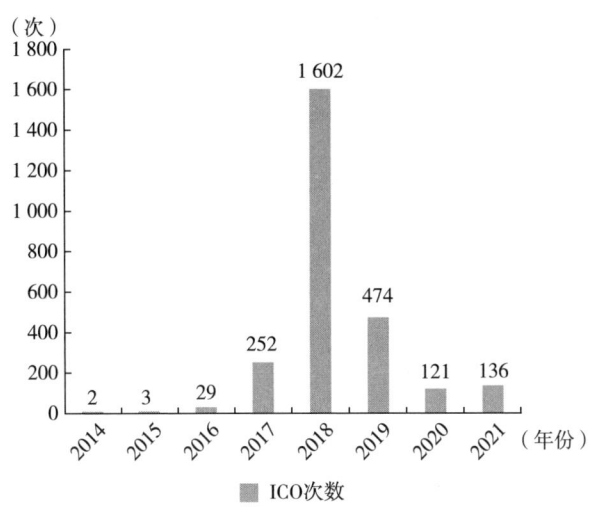

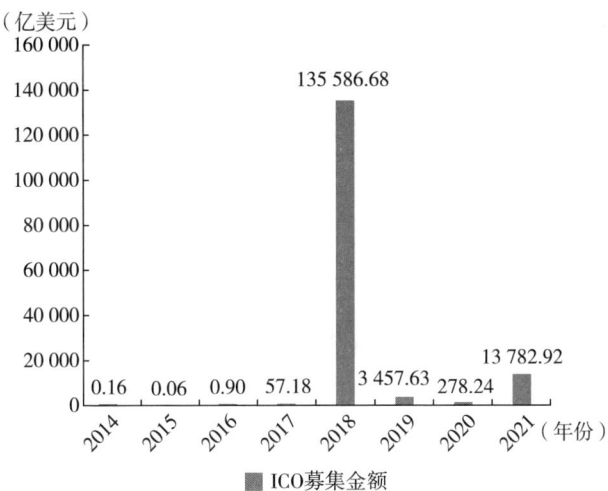

图 5-1　全球 ICO 次数（上）与募集金额（下）

资料来源：Coin Insider；艾利艾咨询整理。

正是在这一时期，SEC 开启介入加密货币行业监管的行动，特别是在 ICO 领域。SEC 针对加密货币行业的执法频次从 2016 年的 1 次，跃升至 2017 年的 11 次，2018 年进一步攀升至 27 次，

2020年更是达到35次。根据美国《证券法》，若SEC认定停牌符合公众利益，可对任意股票实施10个交易日停牌。2017年，SEC发布了7次加密货币行业相关公司的股票停牌令，这也是当年其执法次数大幅多于往年的原因之一。2019年起，SEC涉加密货币执法罚没收入进入高峰期。2020年，罚没收入升至13.29亿美元，约为2013—2018年合计7 000万美元的19倍（见图5-2）。

在此期间，SEC确立依据《证券法》对构成"证券"的加密资产或代币的监管地位，并将监管重心聚焦ICO活动。2017年7月，SEC首次展开针对ICO的执法行动，发布了《去中心化自治组织》调查报告。该报告认定，基于以太坊技术构建的DAO代币属于证券，因此发行方须依法办理证券发行登记手续，而提供证券类数字资产交易的平台，需遵循美国《证券法》规定，以"交易所"模式运营。此类平台有两种选择：一是在证券交易委员会注册，成为持牌运营的全国证券交易所；二是向证券交易委员会申请豁免。随后，2017年9月和12月，SEC针对三批ICO开展了执法行动。其中，2017年12月叫停的这一ICO项目，来自总部位于美国加州的慕尼黑公司，备受市场瞩目。该公司试图通过发行"慕尼黑代币"（MUN），为其区块链美食点评网站项目融资。美国礼德律师事务所指出，此次执法意义重大——即便没有欺诈迹象，且代币发行具备一定实际用途，SEC仍可干预其认定违反《证券法》的ICO。

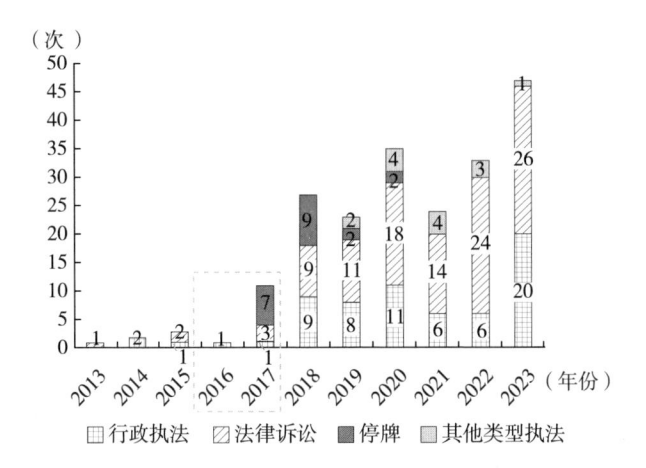

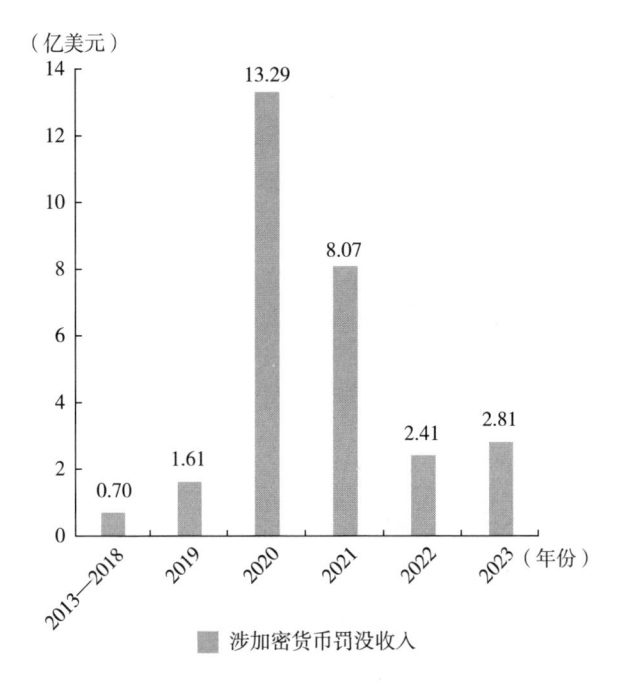

图 5-2　SEC 涉加密货币领域执法次数（上）与罚没收入（下）

资料来源：Cornerstone Research；艾利艾咨询整理。

2018年11月,SEC在一项起诉中引用2017年7月发布的《去中心化自治组织》内容,对未注册、未申请豁免却从事"证券"交易业务的虚拟货币交易平台展开执法。同月,其下属三部门联合发布《关于数字资产证券发行和交易的声明》,明确提出,科技进步确实给投资者和资本市场带来了收益,但无论证券是以传统权证形式发行,还是以区块链等新科技为基础发行,任何市场参与者都需接受并遵守已确立良久、运作成熟的《证券法》。

2019年4月,SEC发布《数字资产投资合同分析框架》,强调通过"豪威测试",判断ICO或数字资产的发行、销售、分发是否构成"证券"范畴的"投资合同"。同时,SEC明确了"数字资产"是指使用分布式账本或区块链技术发行、转账的资产,包括但不限于"虚拟货币""硬币""代币"。如果数字资产通过"豪威测试"并被归类为证券,发行人必须遵守SEC规定(含注册、披露要求)。CoinDesk发文指出,满足这些合规要求存在较高难度,因此,加密货币行业投入大量精力,试图确保加密货币的销售和开发规避《证券法》。

(四)FTX"爆雷"、与美国司法部达成和解协议、去中心化金融崛起、SEC大规模介入监管

2021年,美国机构投资者开始大规模投资加密货币。其中,特斯拉在2021年2月的财报中披露"购买价值15亿美元比特币"的信息格外醒目。数据显示,2021年,在Coinbase的机构投资者交易规模达到1.14万亿美元,较上年增长1万亿美元,占全

部交易的 68%，随后占比持续上升，截至 2024 年上半年已升至 82.7%（见图 5-3）。

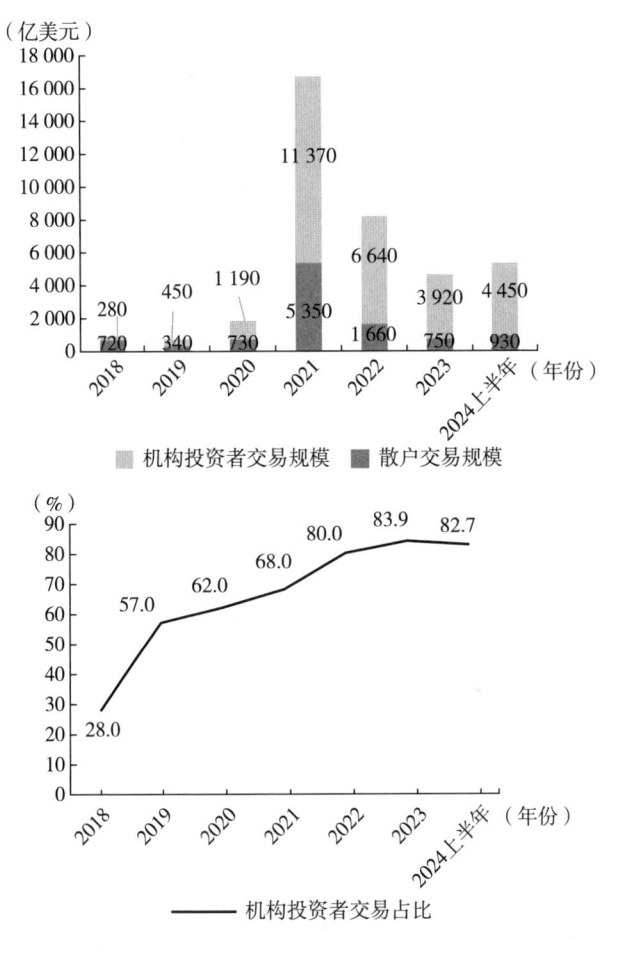

图 5-3 机构与散户投资者现货比特币交易规模（上）及机构投资者交易占比（下）
资料来源：Backlinko、Coinbase 季度财报；艾利艾咨询整理。

这一时期，全球第三大加密货币交易所 FTX 于 2022 年 11 月宣布破产，从 2019 年 5 月创立到崩盘仅存活 42 个月。破产前，其全球用户超 100 万,还斥资数百万美元游说美国议员,推动制定对加密货币友好的法规。2020 年美国大选中,该交易所创办人山姆·班克曼·弗里德是拜登的第二大捐助者,共捐助 520 万美元,数额仅次于时任纽约市长的迈克尔·布隆伯格。

2022 年 12 月 13 日,美国司法部对班克曼·弗里德提起民事诉讼,详述了该交易所的崩溃过程。班克曼·弗里德存在挪用数十亿客户存款用于资助自身商业和政治活动的行为,美国司法部据此指控其犯有 8 项罪名,包括对客户和贷款人的电信欺诈、共谋欺诈联邦政府、违反竞选财务法等。2024 年 3 月,班克曼获刑 25 年,同时被判没收 110 亿美元资产。

此案件对联邦监管的意义重大,直接推动美国监管机构针对加密货币交易所"连出重拳":2023 年 6 月,SEC 对 Coinbase 提起诉讼,指控其作为未注册的证券交易所、经纪人和清算机构运营加密资产交易平台,且未注册其加密资产质押即服务计划的要约和销售;同月,SEC 指控币安存在经营未注册的交易所、出售未注册的证券、滥用客户资金等违规行为。时任 SEC 主席加里·根斯勒公开表示,通过 13 项指控,说明币安创始人赵长鹏以及币安实体参与了广泛的欺诈交易、利益冲突、信息披露缺失和蓄意规避法律等活动;2023 年 11 月,SEC 起诉加密货币交易所 Kraken,因其未注册却运营证券交易所、经纪商、交易商和清算机构。

币安受到美国司法部、财政部和 CFTC 监管重拳,无疑是这一时期备受瞩目的事件。2023 年 11 月,美国司法部发布公开声明,指出运营全球最大加密货币交易所的币安控股有限公司,承认参与涉嫌洗钱、无证汇款和违反制裁的活动,并同意支付 43

亿美元的罚款。币安创始人兼 CEO 赵长鹏承认自己未能维持有效的反洗钱计划，已辞去 CEO 职务。作为认罪协议的一部分，币安同意在 3 年内保留一名独立的合规监察员，用以纠正并加强其反洗钱和制裁合规计划。在某种意义上，美国通过法律和监管手段实现了对币安的掌控，这对全球加密货币布局具有战略价值。

2023 年，SEC 将各类代币归为"证券"，凸显并强化了其在加密货币行业的监管地位。同年 2 月，SEC 向区块链公司 Paxos 发出"韦尔斯通知"，指认该公司与币安联合发行的稳定币 BUSD 属于未注册证券，违反投资者保护法。此后，在针对币安的起诉书中，将稳定币 BUSD 及其他 11 种代币列为证券；在针对 Coinbase 的起诉书中，将 13 种代币列为证券。

Cointelegraph 统计显示，截至 2023 年 6 月初，SEC 至少已将 68 种代币归入证券类别，影响价值超 1 000 亿美元的加密货币。2024 年 6 月，负责 SEC 诉币安审判的联邦法官驳回"BUSD 属于证券"这一指控，间接导致 SEC 于 2023 年 7 月宣布结束对 Paxos 发行稳定币 BUSD 的相关调查。2023 年，SEC 对加密货币行业的执法次数创下新高：共发起 26 次诉讼、20 次行政执法。

值得关注的是，在美国监管机构全面出击、大规模发起诉讼之际，美国政府并未出台任何相关新法案。《华尔街日报》2023 年 10 月消息称，尽管 FTX 的倒闭给加密货币世界带来巨大震动，却并未改变法律和监管格局。与以往促使国会立法者采取行动的危机不同，此次危机让立法者对于如何解决加密货币市场问题，甚至是否要解决该问题，产生了意见分歧。美国咨询公司

Capital Alpha 的政策分析师伊恩·卡茨指出，共和党人倾向于推动定制化加密货币规则的立法，但民主党高层对由 SEC 等监管机构管理该体系表示满意。一些认为 FTX 倒闭事件不会再度上演的加密货币市场参与者称，投资环境已今非昔比，加密货币行业自身运作模式已有所改进。美国投资者更依赖于 Coinbase、Kraken 等本土交易所，这些平台的风险管理实践和合规团队相较于 FTX 要成熟得多。

《华尔街日报》提道，FTX 倒闭事件未引发更多行动的另一个可能的原因是，尽管加密货币热度居高不下，但与主流市场和金融体系相比，其规模仍十分有限——全球市值约 1 万亿美元。因此，虽然个人投资者时常面临风险，但到目前为止，该行业尚未对银行系统构成系统性威胁。

这一时期，一种基于区块链的新型金融形态——DeFi 迅速发展。所谓 DeFi，是构建于区块链（如以太坊）之上的金融基础设施。在传统金融范畴内，借贷、交易等行为均依赖金融中介机构（如银行）或中心化机构（如央行、清算机构等）。而 DeFi 平台无须依赖中心机构，却能提供全方位金融服务——从日常银行业务、贷款、点对点转账和抵押贷款，到复杂的金融合约与资产交易。例如，用户在 DeFi 平台贷款时，可通过加密资产或代币抵押（与住房贷款抵押类似），随后相关资产会被"锁仓"（即锁定在特定网络中）。

根据全网络"锁仓"总额，可观察 DeFi 的活跃度。2021 年堪称 DeFi 大发展元年，1 月初全网络"锁仓"资产总额约 200 亿美元，至 12 月末已超过 1 600 亿美元，增幅达 7 倍。2022 年，"锁仓"资产暴跌；2023 年维持在 400 亿~600 亿美元；2024 年进入新一轮增长，2024年5月一度超过1 000亿美元，截至同年8月21日，达846亿美元（见图5-4）。

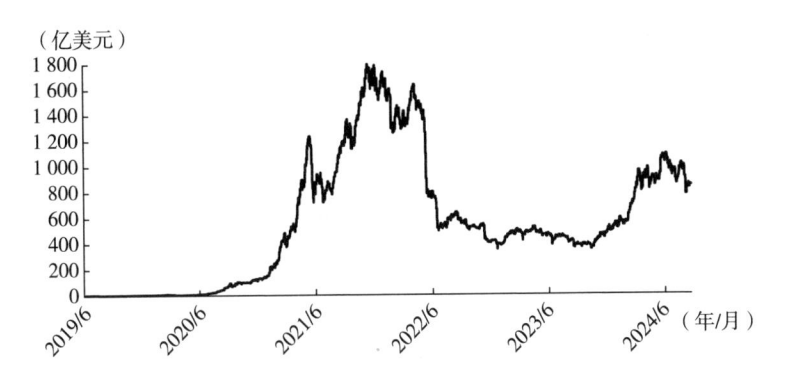

图5-4 DeFi全网络"锁仓"资产总额

资料来源：DeFiLlama；艾利艾咨询整理。

作为被视作新型金融形态的领域，DeFi受到SEC和CFTC的关注。2021年8月，SEC首次对DeFi采取执法行动，指控某区块链信贷公司及其两名高管，在未注册的情况下销售并发行价值3 000万美元证券，并在公司DeFi业务运营和盈利方面误导投资者。美国律师事务所A&O谢尔曼认为，这一首次执法行动体现出SEC强化证券交易新技术领域执法力度的意图。2021年9月，SEC发布《关于DeFi风险、监管和机遇的声明》，指出DeFi平台存在缺乏透明性、易被操纵等问题。由于DeFi涉及证券和证券销售行为，却没有任何DeFi参与者向SEC注册，因此SEC强调，各类DeFi参与者、相关活动和资产都处于SEC监管范畴之内。CFTC则在2023年9月发布声明，指出Opyn、ZeroEx、Deridex三家公司未按规定注册便在DeFi领域开展业务，同时指控Deridex和Opyn未注册为掉期执行机构或指定合约市场，未注册为期货佣金商，并且未采用《银行保密法》合规计划中的客户识别程序。

SEC 在 DeFi 监管方面最重要的变动出现在 2022 年 3 月。当时，SEC 推出一项规则草案，旨在拓展 1934 年《证券交易法》中"交易商"的定义范畴。2024 年 2 月，该规则草案以 3∶2 的投票结果在委员会通过，于 4 月 29 日正式生效。新规明确界定，任何将下列活动作为正常业务的个人都属于"交易商"或"政府证券交易商"：定期表达对证券交易的参与意向；提供流动性，并通过交易所中的买卖价差（低买高卖）或其他激励手段赚取收入。满足此定义的交易商，必须在 SEC 完成注册。

投反对票的委员马克·乌耶达认为，根据 SEC 的做法，任何人只要将买卖证券纳入常规业务范畴，都可以成为"交易商"。最终规则把"例行"修改为"常规"，却没有为市场参与者提供进一步的清晰指引。美国博凯立律师事务所发文称，SEC 最新规则使 DeFi 的注册要求越发模糊，其两项定义范围极为广泛，可能涉及 DeFi 和数字资产生态系统中的各方：一是 DeFi 协议和流动性提供者，二是质押被视为证券的数字资产的主体。

这一规则变更引发了 DeFi 业界的反对。行业组织"DeFi 教育基金会"CEO 米勒·怀特豪斯·莱文认为，对 DeFi 生态系统中的实体强加无法遵循的义务，既错误又不切实际，不利于创新。美国加密货币行业组织区块链协会法律负责人玛丽莎·科佩尔表示，加密货币行业曾试图缓解 SEC 的担忧，推动交易商的定义更新，"但修订后的'交易商'定义，对 DeFi 项目提出了不可能的要求，没有为市场参与者提供明确的信息，还可能导致整个数字资产生态系统的创新枯竭"。

（五）联邦银行业监管机构全面介入

美国财政部 OCC、美联储以及 FDIC 共同负责监管美国银行业。2020 年起，美国财政部 OCC 接连推出一系列鼓励银行业参与加密货币行业的政策，后续其他机构也陆续推出监管政策，多方协同全面介入加密货币行业监管。

1. 美国财政部 OCC 明确：经联邦注册的银行（即国民银行）可以为客户提供加密货币托管业务

2020 年 1 月，美国财政部 OCC 针对纽约 Safra 银行下达停业令，指出该银行未能评估其加密资产相关业务所涉及的金融犯罪风险，且未遵守反洗钱、反恐怖融资合规要求。

2020 年 7 月，该机构发布解释信，明确：经联邦注册的银行（即国民银行）可以为客户提供加密货币托管业务；若银行能够有效管控风险并严格遵循适用法律，亦可为加密货币企业提供相关银行服务。

2020 年 9 月，该机构发布解释信，明确：银行可为稳定币发行人开设支持稳定币的储备金账户，但该业务仅适用于单一法定货币支持的稳定币，从合规层面为稳定币发展打下基础。

2021 年 1 月，该机构发布解释信，明确：银行可运用区块链技术，结合稳定币开展特定支付相关活动。

2021 年 1 月，该机构有条件批准加密资产托管商安克雷奇获得国家信托银行牌照，使之成为美国第一家全国性"数字资产银行"。同年 2 月和 4 月，又分别有条件批准两家加密资产信托公司申请的信托银行牌照。

2021年11月，该机构发布解释信强调，银行若开展此前所发三封解释信函提及的加密货币业务，需先证明已实施充分的风险控制措施，且要确保监管机构无反对意见后，方可推进相关业务。

2. 三监管机构联合发出警告：加密货币行业可能对银行系统产生风险

2023年1月，美联储、FDIC与OCC联合发布声明，强调需防范加密货币行业风险扩散至银行系统，并着重介绍了加密货币相关风险及其对银行机构运营的影响。同时，负责州级银行监管的美联储理事会发布员工备忘录，明确禁止州级银行将加密资产纳入银行本金范畴。

2023年2月，上述三家监管机构针对银行参与加密货币业务而产生的流动性风险，再度发布联合声明，明确指出银行在为加密资产公司客户和稳定币发行人开立存款账户时，可能面临的主要流动性风险，并列举了建议遵守的风险管理措施。

通过梳理以上内容，可以总结出以下三点。

第一，比特币等加密货币诞生后，美国联邦层级各监管机构未秉持否定、禁止态度。美国司法及监管机构针对加密货币相关违法案件时开展诉讼、打击活动，均依据既有法律条款，美国政府未出台相关新法案，打击对象聚焦于与比特币等加密货币相关的违法犯罪行为，而非比特币等加密货币本身。

第二，从2015年9月起，CFTC将比特币及其他虚拟货币定义为大宗商品，SEC将其定义为证券，美国财政部OCC、美联储、FDIC等银行业监管机构先后介入加密货币监管行列。目前，大致形成美国加密货币监管体系。

第三，从全球视角来看，根据 CoinGecko 的数据，加密货币已在 119 个国家（地区）以及 4 个英国海外领地获得合法地位。全球加密货币持有者数量达 6.17 亿人，约占世界总人口的 7.5%，在全球上万种加密货币总计超 2 万亿美元的市值中，比特币占据半壁江山。从目前来看，美国在监管层面将加密货币视为"新兴行业"，正积极构建相关规则制定的话语权，推出加密货币监管的美国标准。

（六）特朗普 2.0 时代：告别加密货币寒冬

特朗普在其第一任期及 2022 年前，对比特币持否定、攻击态度。然而，自 2024 年总统竞选拉开帷幕，特朗普对加密货币的态度发生 180 度大转变，高调认同加密货币，甚至将其比作"100 年前的钢铁产业"。

2024 年 5 月 21 日，特朗普竞选团队宣布，接受包括比特币、以太币在内的 8 种加密货币捐款，这一决定让特朗普成为美国历史上第一位接受加密货币捐款的总统候选人。同年 6 月 9 日，特朗普在旧金山出席一场科技界活动时，更直言"想成为一名加密货币总统"。

2024 年 7 月 27 日，在田纳西州纳什维尔举办的比特币大会上，特朗普做出一系列承诺：第一，若能重返白宫，将确保美国政府 100% 保留所拥有的比特币，并将比特币列为美国战略储备资产；第二，将制订计划，确保美国成为全球的"加密货币之都"和"比特币超级大国"；第三，解雇被视为对加密货币行业持敌对态度的现任 SEC 主席加里·根斯勒；第四，成立比特币和加密货币总统顾问委员会，保留美国所有比特币相关工作岗位；第五，承诺在其担任总统期间，美国永远不会推出 CBDC；第六，鼓励发电厂强化电力供给用于比特币"挖矿"，并探索加密货币行业与电动汽车行业之间的协同作用。这位共和党总统候选人发表主题演讲，向约 2 万名比特币铁杆信徒和行业高管示好。特朗普这一系列态度转变与承诺背后，用他自己的话概括，便是"美国优先"（America First）。他宣称，"如果加密货币将定义未来，我希望它是在美国挖掘和制造的"。

在 2024 年 11 月 5 日胜选后，特朗普在加密货币领域动作频频，引发广泛关注。

特朗普媒体与科技集团社交媒体平台"真实社交"（旗下有人），与加密货币交易平台 Bakkt 的收购谈判已进入"后期"阶段。Bakkt 由纽约证券交易所所有者洲际交易所创立，其创始 CEO 凯利·勒弗勒曾任佐治亚州共和党籍参议员，并在 2025 年 1 月担任特朗普就职委员会联合主席。她的丈夫杰弗里·斯普雷彻是洲际交易所创始人兼 CEO、纽约证券交易所主席。

同年 11 月 18 日，特朗普与 Coinbase 的 CEO 布莱恩·阿姆斯特朗展开交谈，针对更广泛的加密货币行业情况进行了探讨。

同年 11 月 19 日，特朗普提名其过渡团队负责人、金融公司 Cantor Fitzgerald 总裁霍华德·卢特尼克为商务部部长人选。卢特尼克是知名的加密货币倡导者，自称"在比特币方面投资了数亿美元"，可能参与数字资产行业的政策制定。卢特尼克领导的 Cantor Fitzgerald 公司在迈阿密举办了"加密货币、数字资产和人工智能基础设施大会"。此外，特朗普于 2024 年 11 月 14 日提名的卫生与公众服务部部长人选罗伯特·F.肯尼迪，系 2024 年美国大选最早接受比特币捐款的总统参选人之一。

2024 年 11 月 20 日，特朗普团队考虑在白宫新设专门负责加密货币政策的职位，目前正在审查该职位的候选人，并已与数字资产行业高管多次磋商。美国政界称，"谁坐上这个职位，谁就是'加密货币沙皇'"。如果成真，那将是白宫有史以来首个专管加密货币的岗位。

同年 11 月 21 日，时任 SEC 主席加里·根斯勒公开宣布，将于 2025 年 1 月 20 日（即特朗普总统就职日）卸任。此前，加里·根斯勒被视为对加密货币行业持敌对态度，特朗普也曾表示，"上任第一天开除加里·根斯勒"。

备受舆论关注的全球首富、被特朗普任命的"政府效率部"牵头人马斯克，也表现出支持比特币等加密货币的积极态度。马斯克曾是狗狗币最著名的粉丝。在特朗普任命马斯克为"政府效率部"负责人后，狗狗币价格再次飙升。截至 2024 年 11 月 24 日，狗狗币收盘价达 0.429 147 美元/枚，近 1 个月内上涨 223.54%，2024 年 1 月 1 日至同年 11 月 24 日上涨 376.09%。

2025 年 1 月 18 日，距特朗普入主白宫仅剩两天，他在"真相社交"平台上发文，推出个人迷因币"TRUMP"并附相关链接。特朗普发币次日，夫人梅拉尼娅也发行了以自己名字命名的迷因币"MELANIA"。几个小时后，特朗普小儿子同名迷因币"BARRON"上线，并和"TRUMP""MELANIA"一同登陆主流交易所。

长期以来，加密货币行业期望美国建立与黄金储备规模相当的比特币储备，借以为加密货币赋予合法性并稳定其价格。随着美国持续抢占加密货币要素市场的举动频现，加密货币行业可称已经告别寒冬。

二、SEC：游戏规则改变者

2024年1月10日，SEC批准11只现货比特币ETF上市交易；同年7月22日，再批准现货以太坊ETF上市交易，标志着美国加密货币监管格局发生重大转变。

（一）关键之变：SEC从"拒绝"转变为"接受"

从2013年起，SEC始终认为现货比特币ETF"缺乏有效监管，易受市场操纵"，对申请者秉持"拒绝""拖延"的态度。直至2024年1月10日，SEC的态度发生了戏剧性转变，以"加急"模式经投票批准现货比特币ETF上市交易。这一消息被美国媒体称作"历史性里程碑""游戏规则改变者"。

回溯历史，或许可悟出些许突变之因。2013年7月，卡梅隆·温克莱沃斯和泰勒·温克莱沃斯提交首个现货比特币ETF申请，但在2017年3月遭驳回；2019年10月，美国特拉华州的Kryptoin申请比特币ETF信托在NYSE Arca上市交易，2021年底被拒；2021年3月，富达及对冲基金SkyBridge Capital提交比特币ETF申请，均在2022年1月被拒；2021年5月，资产管理公司One River发起比特币ETF竞标，并申请碳中和比特币交易所交易基金，该申请在2022年5月被SEC驳回；2021年7月，基金管理公司Global X Digital Assets提交比特币信托产品在芝加哥期权交易所的交易申请，2022年3月被拒；2021年10月，美国大型加密货币投资基金管理公司灰度提交现货比特币ETF申请，2022年6月被拒，并被指在防范潜在欺诈方面存在不足；2021年10月15日，SEC召开全体5位委员会议后，批准基金管理公司ProShares发行期货比特币ETF，并于同年10月19日上市交易，这也是史上首只获批上市的期货比特币ETF。

2022年，灰度起诉SEC，指控其允许期货ETF却不放开现货投资。2023年8月，美国华盛顿特区巡回上诉法院认定，SEC拒绝灰度现货比特币ETF申请的决定有误，称该决定"武断且反复无常"，未能说明对期货比特币ETF与现货比特币ETF采取不同处理方式的原因。其间，2023年6月，美国资管巨头贝莱德提交了iShares Bitcoin Trust现货比特币ETF申请，引发多家资管机构提交申请的浪潮。

这一系列情况迫使SEC重新考虑其立场，并在2024年1月10日批准了11只ETF于次日上市交易，获批机构自然包括贝莱德、灰度等。

（二）法律驱动：灰度胜诉彰显美国司法对加密货币的态度

如前文所述，2023年8月，法庭做出支持灰度起诉SEC的判决，SEC未提起上诉。此前，依据2022年灰度提交的法律简报，律师认为，期货比特币与现货比特币均基于重叠指数形成价格，在现货ETF和期货ETF中，价格面临的风险相同，即两者并无本质差异。因此，SEC批准期货ETF却拒绝现货ETF的做法有失公允。法院在判决中提及，SEC既未对灰度所提供的"比特币现货市场和期货市场具备 99.9% 相关性"这一证据提出异议，也未说明市场效率低下或其他因素会破坏该相关性。

众多分析人士认为，灰度胜诉在 SEC 批准现货比特币 ETF 的过程中发挥了重要作用。2024 年 1 月 10 日，时任 SEC 主席加里·根斯勒在批准现货比特币 ETF 的声明中表示，"基于这些情况（指 2023 年 8 月灰度胜诉的判决），以及批准令中更全面讨论的内容，最具可持续性的推进方式是批准这些现货比特币 ETF 上市交易"。

更值得关注的是，灰度胜诉这一事件背后，凸显出美国司法审判对比特币等加密货币领域的介入程度加深。通过此次审判，可见美国司法体系对金融交易市场逻辑与惯例的把控，对资本市场创新型法律纠纷的把控，以及对不违反现行法律法规禁止性、效力性规定的金融创新行为的把控。实际上，这一审判结果明晰了美国司法的立场，在客观上达成了以司法裁判保护、促进比特币等加密货币交易实务发展的效果。

（三）机制设计：延续 SEC 的监管偏好

SEC 通过两种有别于传统 ETF 的机制设计，使比特币 ETF 契合其监管偏好：一是在现货比特币 ETF 基金份额创建、赎回模式上，对应其青睐的现金模式，而非传统跟踪商品类 ETF（如黄金 ETF）普遍偏好的实物模式；二是所有上市 ETF 在向其提交的申请书中，均须附带"监管共享协议"。

选择现金模式，可能基于以下四点原因。一是便利监管。将比特币和 ETF 市场间风险隔离，更利于 SEC 开展监管。二是

SEC 期望仅由 ETF 管理人经手现货比特币，避免二级市场券商涉足。三是符合会计规则。2022 年 3 月，SEC 发布"员工会计公告第 121 号"，规定负责保护平台用户加密资产的实体，需以公允价值计入资产负债表，这使得受资本金要求约束的银行与券商，无法经手现货比特币、参与实物模式下的份额创建及赎回，现金模式由此成为唯一可行的申购赎回机制。四是税收考量。在实物模式中，授权参与人以比特币与 ETF 份额按照等值交换，无现金往来、不产生资本利得，也就无征税空间；且 ETF 管理人通常优先将低成本购置的比特币交付给授权参与人，抬升留存比特币的平均购置成本，降低未实现收益，减轻未来税务负担。

SEC 强调的"监管共享协议"，是加密货币交易所与监管机构间的协议，旨在通过交易数据信息共享，增强加密货币市场完整性与透明度，确保交易行为符合适用的法律法规。

三、两党政治意图：加密货币行业与总统候选人

在美国 2024 年大选中，加密货币已经成为影响大选的一个因素，加密货币参与者成为共和党、民主党总统候选人竞相争取的对象。

（一）共和党特朗普：对比特币的态度从攻击到认同

1. 执政期攻击比特币

2019 年 7 月，特朗普在社交平台 X（原推特）上发文表示，"我不认可比特币及其他加密货币，它们并非真正的货币，价值

极不稳定且缺乏实质支撑。不受监管的加密资产可能会为毒品交易等非法活动提供便利"。2021年6月，特朗普接受福克斯采访时称，"比特币看起来就像一场骗局。我不喜欢它们，因为它们是另一种与美元竞争的货币"。

2. 借售卖加密资产获利

2022年12月，特朗普推出"唐纳德·特朗普数字交易卡（NFT）"系列，将自身形象设计成超级英雄、宇航员、西部警长等卡通造型，每张售价99美元，上线24小时内便售罄。需说明的是，NFT即非同质化代币，是通过区块链来管理所有权的一种独特数字资产，涵盖收藏品、游戏道具、数字艺术品、活动门票甚至实物资产所有权记录等。据2022年财务记录，特朗普通过销售这些数字交易卡，获利10万~100万美元。2023年12月，特朗普宣布再次推出一批数字交易卡。这被认为是特朗普对加密货币态度转变的关键信号。

3. 成为美国历史上首位接纳加密货币行业捐款的总统候选人

2024年5月21日，特朗普竞选团队宣布：接受包括比特币、以太币在内的8种加密货币形式的捐款。由此，特朗普成为美国历史上第一位接纳加密货币捐款的总统候选人。其团队声明还提道，拜登代理人伊丽莎白·沃伦抨击加密货币，还试图组建"反加密货币阵营"，以限制美国人自主进行财务选择的权利。

区块链分析公司Breadcrumbs数据显示，截至2024年6月17日，特朗普团队已收到价值59 385美元的链上加密货币捐款。美国彭博社同年7月28日消息指出，加密货币是一个生态系统，那些拥有大量资金的网络势力主导其公众形象塑造。对于特朗普而言，这一生态系统不仅是能为竞选获得数千万美元资金的"沃土"，还助力其庞大的粉丝群体进一步壮大。

特朗普团队还获得加密货币行业捐款。2024 年 6 月 20 日，知名加密货币交易所 Gemini 创始人、风险投资家卡梅隆·温克莱沃斯和泰勒·温克莱沃斯兄弟宣布，各自向特朗普团队捐款价值 100 万美元的比特币。彭博社提及，由于捐款数额超过法律规定的每人 84.46 万美元上限，超额部分会被退回。泰勒在社交媒体上公开表态，特朗普是比特币、加密货币和商业领域的支持者。

4. 承诺成为"力挺比特币的总统"

2024 年 6 月 9 日，特朗普在旧金山出席一场科技界活动时表示，"想成为一名加密货币总统"。共和党全国委员会委员哈米特·迪隆表示，特朗普高度认可加密货币的重要性，对该行业持支持态度。同年 6 月 12 日，特朗普在海湖庄园专门会见比特币"挖矿"领域的企业高管，围绕相关政策展开深入交流与探讨。特朗普还在社交媒体"真相社交"上抨击 CBDC："拜登对比特币的反感，只会让中国、俄罗斯和激进的共产主义左派从中受益。比特币'挖矿'可能是我们抵御 CBDC 的最后一道防线。"

2024 年 7 月下旬，特朗普承诺，他若胜选，将成为"力挺比特币的总统"。特朗普将加密货币类比"100 年前的钢铁产业"，并表示"比特币象征自由与主权，且不受政府的胁迫和管控"，还强调"如果他入主白宫，不会允许美国政府出售所持比特币，这将成为国家比特币战略储备的核心支柱"。美国《华尔街日报》同年 7 月 29 日发文指出，"特朗普想成为一位力挺加密货币的总统"。此前 7 月 27 日，特朗普在纳什维尔举办的比特币大会上，进行了 50 分钟左右的主题演讲，向行业做出了系列承诺，包括将加密货币纳入"美国优先"议程，除创建"战略性国家比特币储备"外，还将组建比特币和加密货币总统顾问委员会。

（二）民主党总统候选人哈里斯

1. 成为总统候选人后态度变得积极

美国彭博社 2024 年 8 月 22 日的消息称，在同年 8 月 21 日民主党全国代表大会的彭博新闻圆桌会议上，哈里斯竞选活动高级竞选政策顾问布莱恩·纳尔逊公开表示，哈里斯将支持助力数字资产发展的措施，着重提及为吸引新兴加密货币行业、扩大其政治影响力所付出的努力，直言"她（哈里斯）将力挺政策出台，保障新兴技术和加密货币行业持续发展"。

早在 2024 年 7 月下旬，多家美国媒体便披露，哈里斯正在接触美国加密货币行业，意在缓和民主党与加密货币行业之间的紧张关系。在拜登任期内，政府对加密货币行业采取的强监管态度，导致双方关系冷淡。英国《金融时报》同年 7 月 27 日报道援引四位知情人士消息，副总统的团队成员已联系加密货币公司的相关人士，商讨近期会面事宜。据两位知情人士透露，这些公司包括领先的加密货币交易所 Coinbase、稳定币公司 Circle 和区块链支付集团 Ripple Labs。哈里斯团队希望与加密货币行业开展更具建设性的对话，搭建有利于加密货币发展的监管框架，这也是其争取加密货币行业支持、削弱特朗普在该行业强劲影响力的重要措施。

2. 民主党内政策态度存在分歧

美国《政治报》2024年7月26日刊文指出，尽管哈里斯任副总统期间未就数字资产监管表明立场，但加密货币倡导者认为，她的年龄以及在科技友好型加州积累的根基，是值得乐观期待的理由。然而，民主党内部在加密货币监管问题上存在分歧。美国《政治报》同年7月25日的消息称，民主党参议员伊丽莎白·沃伦批评了一份将在参议院农业委员会投票表决的加密货币法案，警示该法案在打击洗钱等金融犯罪方面力度不足。该法案由参议院农业委员会主席、民主党参议员黛比·斯塔贝诺起草，核心是赋予CFTC更多监管数字资产交易的权力。

SEC前主席、民主党人加里·根斯勒也遭到了民主党支持者的批评。美国《财富》杂志2024年7月13日文章提及，美国企业家、拜登支持者马克·库班呼吁"拜登应开除加里·根斯勒"，称"不认为加里·根斯勒保护过加密货币领域或其他领域的投资者。他在SEC通过诉讼来监管，这使加密货币公司难有明确的规则可以遵循"。

美国《政治报》刊文指出，民主党众议员布拉德·谢尔曼是众议院金融服务委员会里对加密货币的主要批评者，他表示"已敦促哈里斯坚守拜登－哈里斯政府在加密货币问题上的立场"。在谈到加密货币行业的竞选支出时，他称："美国公众不想要一位老虎机一样的总统——只要投入金钱、拉动手柄，就能得到想要的东西，而特朗普显然就是这类人。"布拉德·谢尔曼的过往言论，已招致加密货币行业的批评。区块链技术公司瑞波 CEO 加林豪斯 2024 年 7 月 26 日在社交媒体上转发了谢尔曼的一段演讲视频，配文道："哈里斯不应听信这些胡言乱语，应尽快与这类人保持距离。民主党因反对加密货币（实则也反对创新），而没赢得任何选票；共和党则因在美国拥抱、鼓励创新而赢得选票。现在是时候跟上众多拥有明确规则的领先经济体和政府的步伐了。"

（三）加密货币选民：美国 2024 年大选的摇摆群体

2024 年 1 月 3 日，CCI 发布了针对持有加密货币选民的全美调查，结果显示，总统选票与国会选票之间出现了不同寻常的分票现象，这意味着加密货币选民或成关键的摇摆投票群体。

1. 加密货币参与者或成关键群体

该民调显示，78% 的受访者称，对他们而言，总统和国会处理加密货币问题"重要"，而认为"完全不重要"的占比为 20%。83% 的受访者称，他们更倾向于支持这样的总统候选人：愿意为加密货币制定明确规则，既让投资者有持续投资选择空间，又能推动加密货币行业不断发展、创造更多就业机会。

2. 加密货币投资者更支持特朗普

调查期间拜登仍在参与竞选，51% 的受访者表示支持特朗普，41% 支持拜登，两者相差 10 个百分点。而参议院、众议院的选举意向呈现相反情况：46% 的受访者表示支持民主党候选人，42% 支持共和党候选人。这种反差或许反映出加密货币选民的摇摆性。

3. 受访加密货币投资者选民关心的议题集中于通胀与生活成本等现实问题

31%的受访者将"通胀与生活成本"选为"总统与国会需处理的最重要问题";19%选择"经济与就业";9%选择"卫生保健";8%选择"气候挑战与环境";8%选择"联邦预算、债务和税收";6%选择"边境与移民";5%选择"犯罪与公共安全";5%选择"国家安全与外交事务";2%选择"社会保障和医疗保险"(见图5-5)。

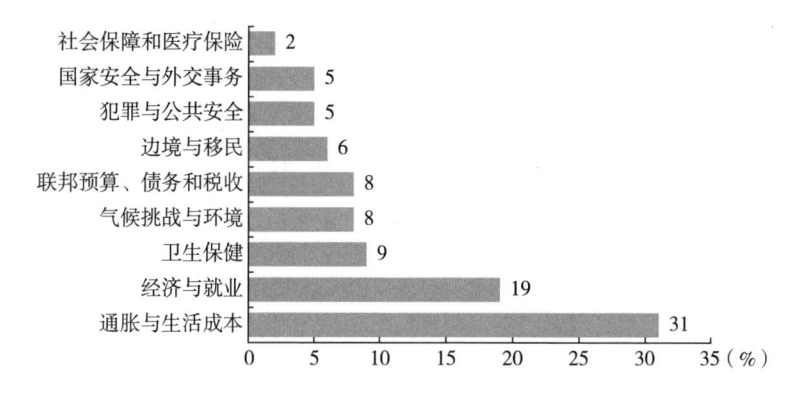

图5-5 加密货币选民认为"总统与国会需处理的最重要问题"
资料来源:CCI;艾利艾咨询整理。

(四)加密货币行业斥巨资开展政治捐款,以前所未有的力度影响美国大选

在两党候选人积极争取加密货币选民支持的同时,加密货币行业也以大规模政治捐款影响美国大选。

1. 2024 年加密货币行业政治捐款占企业捐款额的近一半

根据美国非营利性消费者权益保护组织及智库公民公共利益（Public Citizen）2024 年 8 月 21 日的报告，截至同年 6 月 30 日，加密货币行业公司（主要为加密货币交易所 Coinbase 和区块链技术公司 Ripple）已投入超 1.19 亿美元用于直接影响联邦选举。与之形成鲜明对比的是，2022 年该领域投入仅为 460 万美元（见图 5-6）。上述金额占企业向政治行动委员会捐款总额（2.48 亿美元）的 48%。报告撰写者里克·克莱普尔指出："此前从未有行业如此操作——全力从企业筹巨额资金，并公然使用这些政治资金……影响立法者，推动其出台利于该行业的政策。"

统计结果显示，在 2020 年大选、2022 年中期选举、2024 年大选三个选举周期内，加密货币行业累计捐款 1.29 亿美元，其中 92.4% 集中在 2024 年。2010 年以来，所有企业累计捐款 8.84 亿美元，加密货币行业捐款额仅低于化石燃料公司的 1.76 亿美元，占比已升至 15%。

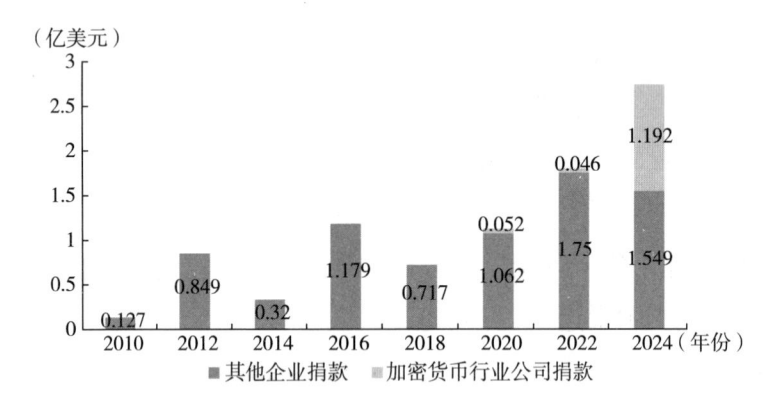

图 5-6　美国企业及加密货币公司政治捐款变化

资料来源：美国智库公民公共利益；艾利艾咨询整理。

2. 加密货币行业有偏向共和党迹象

美国 Axios 新闻网于 2024 年 8 月 22 日发文指出，加密货币行业正在打破行业主要偏向某一政党的传统模式。加密货币行业超级政治行动委员会 Fairshake 对两党候选人是支持还是反对，取决于候选人对加密货币行业的态度。例如，同年 8 月 7 日，该组织公布了其支持的两党候选人情况：在众议院，支持 18 名众议院议员候选人，民主党与共和党各占 9 人；在参议院，支持 2 名民主党候选人和 1 名共和党候选人。在选举策略方面，加密货币行业学会了"隐藏自身议程"。当 Fairshake 及其附属机构投入资金影响选举时，相关广告无论旨在攻击加密货币怀疑论者，还是支持加密货币相关立场，都不会提及加密货币或数字资产。它们并非直接攻击候选人在加密货币支持方面的不足，而是通过抹黑候选人名誉来达成目的。

依据美国政治捐献数据库公开秘密网站 2024 年 7 月 29 日的统计数据，在本轮大选中，Fairshake 已从前 6 名捐献者募集到 1.56 亿美元的捐款。其中，Coinbase 以 4 651 万美元位列第一；硅谷风投公司安德森·霍洛维茨的高管捐款达 4 400 万美元（见图 5-7）。该网站显示，Fairshake 设有两家附属超级政治行动委员会，分别是"保卫美国就业"和"保护进步"，目前共持有 1.27 亿美元资金。其中，"保卫美国就业"已投入 1 557.43 万美元，用于支持对比特币持友好态度的共和党议员；"保护进步"则投入 1 329.64 万美元支持民主党议员。从总体来看，在支持共和党议员方面的花费是支持民主党议员花费的 1.9 倍。

加密货币交易所Coinbase	4 651
区块链技术公司Ripple	4 500
硅谷风投公司安德森·霍洛维茨	4 400
Jump Crypto	1 000
温克莱沃斯资本管理公司	500
Jump Trading LLC	500

■ 对Fairshake的捐助金额（万美元）

"保卫美国就业"	1 557.43	153.10
"保护进步"	-23.97	1 329.64
Fairshake		1 270.76

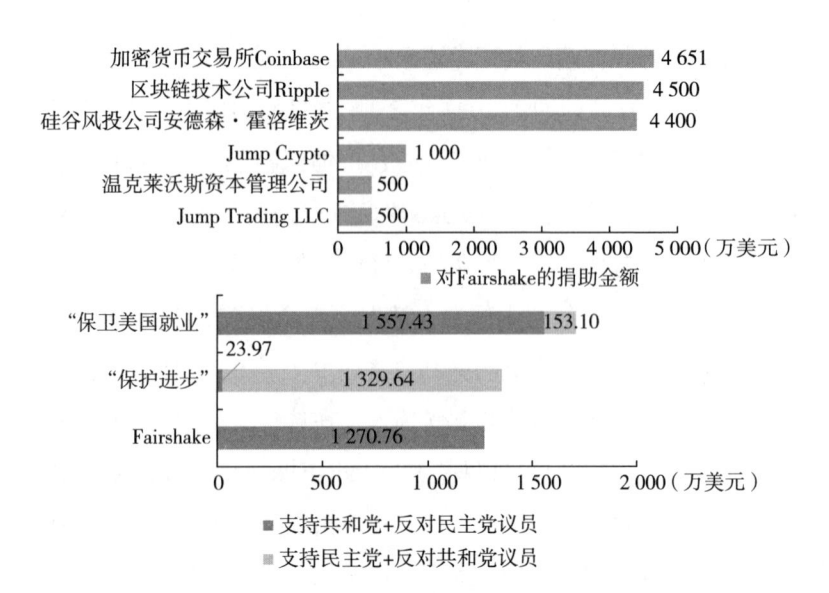

■ 支持共和党+反对民主党议员
■ 支持民主党+反对共和党议员

图 5-7　Fairshake 排名前六的捐助者（上）及两家附属超级
政治行动委员会游说金额（下）

注：图中上图更新数据截至2024年7月10日，下图最新数据截至2024年7月29日。
资料来源：Open Secrets；艾利艾咨询整理。

3. 加密货币行业的巨额投入已收获回报

根据公民公共利益发布的报告，截至2024年8月，加密货币行业在政治方面的巨额投入已取得切实成果。

在加密货币行业超级政治行动委员会介入的42场初选中，有36场达成预期目标。

2024年5月，众议院共和党议员提出支持加密货币的《21世纪金融创新与技术法案》。该法案旨在将监管责任从SEC转移到CFTC，71名民主党众议员未顾及拜登政府反对，投票赞同，推动法案顺利通过。

曾在执政期间，借SEC对加密货币行业"不当行为"严厉执法的共和党人特朗普，如今已将自己定位为支持加密货币的总统候选人。在2024年7月举办的比特币大会上，特朗普发表演讲，誓言助力美国成为"全球加密货币之都"和"世界比特币超级大国"，承诺若当选，联邦政府将持有"战略比特币储备"。此外，特朗普选任具有风险投资背景、对加密货币友好的参议员万斯为竞选搭档，外界普遍视此为特朗普支持加密货币的又一信号。

民主党总统候选人哈里斯，其顾问团队已接洽加密货币公司，希望"重置"民主党与加密货币行业的关系。参议院多数党（民主党）领袖舒默，2024年8月在一场与加密货币相关虚拟筹款活动上称，"无论如何，加密货币都会继续存在。因此，国会必须正确行事……我们都相信加密货币的未来"。纽约州民主党参议员克尔斯滕·吉利布兰德、密歇根州民主党参议员黛比·斯塔贝诺也参加了此次活动。

大型加密货币公司承诺，在蒙大拿州联邦参议院议员竞选中投入资金，但未透露支持或反对具体候选人，而长期对该行业持怀疑态度的民主党参议员乔恩·泰斯特，已投票赞成支持加密货币的立法。

上述情况表明，美国加密货币行业的国家政治参与度正在显著上升。

四、非政府机构：推动加密资产规模扩张

尽管SEC已批准现货比特币ETF，但其对待加密货币衍生品及行业发展的态度仍被认为较保守。与此同时，持积极发展加密货币态度的行业组织及非官方机构，呈现数量增多的态势。

（一）出台全球首个加密货币会计准则

美国财务会计准则委员会（FASB）于 2023 年 12 月 13 日发布全球首个加密货币会计准则，2024 年 12 月 15 日起对所有实体生效。准则要求公司按公允价值计量所持加密货币价值，且需记录在公开发布的季度和年度财报中，并允许公司提前在尚未发布（或可供发布）的中期、年度财报中采用该准则。

这一新准则涵盖比特币、以太币等多数主流加密货币，但部分数字资产不适用，比如 NFT。因每个 NFT 都是独一无二的，不具备互换性。适用该准则的加密货币应满足表 5-1 中的全部条件。

表 5-1 美国首个加密货币会计准则适用条件

条件	说明
无形资产	符合美国通用会计准则（US GAAP）关于无形资产的定义
基于区块链技术	在基于区块链或类似技术的分布式账本上创建或存在
密码学保护	通过密码学加密保护
可替代性	具有同质性，即每个单位相互可替换，类似一般法定货币（如你的 1 美元与我的 1 美元没有区别）
独立发行	不由报告实体或其关联方创建、发行
持有人要求	持有人不具备"对相关商品、服务或其他资产的可执行权利或主张"

资料来源：FASB；艾利艾咨询整理。

在此之前，美国无明确的加密货币会计制度，企业依据美国通用会计准则将加密货币归为无期限性无形资产，不进行摊销，仅每年检查资产减值损失。当资产公允价值低于账面价值时，计提减值准备（扣减当期利润）；而加密资产公允价值上升时，禁止回转,即企业无法将该收益计入即期利润,只有当实际出售加密货币并实现收益时,才能记录。而按照新准则,公司必须按照公允价值计量所持加密货币资产,公允价值变动纳入净收入。2023年12月,美国《福布斯》评论称,此举标志着与此前模式的重大转变。新准则有助于更好地反映资产基本状况与实体财务状况,核心优势在于提升了透明度——当以公允价值计量比特币时,投资者和利益相关者能更准确地了解公司财务状况。同时,新准则新增披露要求,助力公司更好地向投资者和利益相关者传达持股业绩。

2023年12月,美国会计师事务所Aprio指出,以公允价值报告加密资产,可能会给公司带来挑战,尤其是那些持有大量不同类型加密资产的公司。首要挑战在于加密资产估值,其价格在短期内可能出现大幅波动。公司可能需要购置专用软件,或寻求外部估值专家的专业知识,还需要建立健全的内部控制体系,以验证用于确定加密资产公允价值的数据是否完整、准确。

但新准则被认为或对以美国互联网公司微策略(Micro Strategy)为代表、大笔投资加密货币的公司形成重大利好。该公司2024财年二季报显示,其持有22.65万枚比特币,购入均价为36 821美元/枚。按照2024年8月14日市价约60 865美元/枚计算,这些比特币总价值为137.86亿美元。若全部售出,可获利54.46亿美元。

(二)SEC推迟审批现货比特币ETF期权产品上市

2024年4月8日,SEC推迟两只现货比特币ETF期权上市交易的审批日期。截至同年 8 月，这两只比特币 ETF 期权合约仍未获得批准。期权作为一种衍生品，赋予持有人在设定日期之前以约定价格购买或出售资产（如股票、债券等）的权利（非义务），能够为交易者提供增强购买力的途径，机构投资者也可用其对冲风险。

2024 年 2 月，英国路透社发文称，知情人士透露，现货比特币 ETF 期权合约上市的审批被推迟，原因是无既定监管批准程序。由于监管机构视比特币为商品，现货比特币 ETF 期权可能还需要经 CFTC 批准。另有知情人士表示，与现货比特币 ETF 相关的衍生产品，可能会引发有关管辖权和监督方面的问题，而 CFTC 仍在梳理这些问题。这种"双重监管"格局将带来额外的复杂性和潜在的难题。虽然期权需要"双重监管"的情况并非史无前例，但很少见。第一个与实物商品挂钩的黄金 ETF，CFTC 花了 3 年多的时间才最终批准，而 2010 年提交的铂金和钯金 ETF 期权申请，监管机构则未予批准。

（三）美国国会、行业组织反对 SEC 阻止银行业参与加密货币托管业务的做法

2020 年 7 月，美国财政部下属负责银行业监管的 OCC 发布政策解释信，表明银行可以为客户提供加密货币托管业务。然而，2022 年 3 月，SEC 发布的一项会计公告要求，负责保护平台用户加密资产的实体应以公允价值计入资产负债表中。毕马威认为，在传统情况下，托管人并不拥有受托资产，不应出现在托管人的资产负债表中。美国数字资产投资公司 Galaxy Digital 发

布的报告显示，银行是金融系统中重要的资产托管人。根据SEC的规定，银行需将客户资产作为表内负债持有，每托管价值1美元的比特币，都需要按资本金要求留存一部分资本金。这就使得银行难以提供加密资产托管服务。即使在非银行上市公司中，若强迫加密货币交易所将客户资产计入自身资产负债表负债栏目，一旦发生破产，按SEC规定，所有储户将成为无担保债权人，这削弱了现有托管人的担保力度，也阻碍了新型托管人进入。

因此，这一举措实际上禁止了银行业参与加密货币托管业务，引发了银行业的强烈不满。2024年2月14日，4家美国银行业协会和智库联名致信SEC指出，以表内会计处理方式开展托管业务，会阻止受到严格监管的银行大规模提供数字资产托管解决方案，因此要求SEC修订相关规则。在当前的11只现货比特币ETF中，有8只选择美国本土最大的加密货币交易所Coinbase作为托管人，无一选择银行。由于Coinbase属于非银行实体，这可能会增加集中风险，相比之下，受监管的银行机构则能够缓解这种风险。区块链网络安全公司Halborn首席运营官大卫·施韦德于2025年1月12日撰文指出，其担心的并不是Coinbase本身——该公司从未遭受过已知黑客攻击，这也解释了为何众多传统机构信任其专业能力。然而，世界上没有不可破解的目标。因此，真正令人忧虑的是资产过度集中于单一托管人所引发的风险。考虑到加密资产具有与现金类似的性质，这种情况本身就令人担忧。理想情况下，数字资产托管人应遵循比当前更严格的州与联邦标准，接受训练有素的监管机构更多监督。

SEC则坚持其立场。2023年4月，在国会听证会上，时任主席加里·根斯勒称，对制定该规定的员工"深感自豪"，"因为他们所关注的并不仅仅是银行"。2023年12月,他对路透社表示,事实上,破产法庭已明确表示,加密资产不能与资产负债表相隔离①。

2024年5月16日,美国参议院以60∶38的投票结果通过一项决议,要求SEC撤回相关会计公告。然而,该决议在送交白宫后,美国总统拜登于同年5月31日予以否决。白宫发表声明称,这项由共和党主导的决议将不恰当地限制SEC制定适当措施以保护投资者并应对未来问题的能力。

自2023年起,几家大型银行与SEC沟通后,获得了绕过资产负债表的许可,并承诺在银行破产或倒闭的情况下确保客户资产的安全。近期,SEC的立场似乎出现松动。美国彭博社2024年7月透露,SEC为银行和经纪商开辟了一条途径,使其能够避免将客户的加密货币列入银行资产负债表,但前提是银行必须对这些资产带来的风险进行有效对冲。消息人士还指出,SEC将通过其他措施来应对与新兴资产类别相关的法律风险。

(四)知名咨询机构就比特币"挖矿"是否符合ESG理念发表观点

比特币"挖矿"是指为获取比特币工作量证明进行的一系列复杂计算过程,其使用的电子计算机会消耗大量电能。CCAF估算,2023年全球比特币"挖矿"耗电量约为121.13太瓦时,这

---

① 在2023年加密货币贷款机构摄氏度网络履行破产程序期间,法官裁定,其Earn计划账户中的资产是该机构财产,而非客户财产。

一数值是人口约910万的奥地利2023年电力需求的1.8倍。美国能源信息署（EIA）的估算数据显示，2023年，包括比特币在内的加密货币"挖矿"活动所消耗的电力为25~91太瓦时，占该国电力消耗的0.6%~2.3%。比特币"挖矿"的高耗能问题引起了拜登政府的关注。2024年1月31日，白宫管理和预算办公室批准EIA的紧急请求，要求在美国运营的82家加密货币"挖矿"商提供其比特币"挖矿"业务的完整能耗数据。然而，这一举措受到众议院共和党议员的公开批评。在此之前，一些机构和媒体公开支持比特币"挖矿"，宣称其符合ESG（环境、社会和治理）理念，并对促进可再生能源发展具有积极意义。2023年8月，知名咨询公司毕马威发布《比特币在ESG责任中的角色》报告，《福布斯》《金融时报》、彭博社等媒体纷纷引用该报告内容，强调比特币"挖矿"具有稳定电网、吸纳新能源产生的"垃圾电"等优点，从而营造出比特币"挖矿"符合ESG理念的舆论氛围（见表5-2）。

表5-2　2022—2024年美国有关"比特币'挖矿'有益ESG理念"的舆论

发表机构	发表日期	报道标题/主要内容
2022年		
普华永道	—	比特币"挖矿"作为ESG策略之一
纳斯达克	8月24日	比特币"挖矿"商面临的ESG压力可能会让投资者受益
2023年		
毕马威	8月初	比特币在ESG责任中的角色
彭博社法律	8月4日	毕马威认为比特币批评者误解了加密货币的ESG影响
Citrine Capital	8月14日	比特币ESG有益于可持续的未来
彭博社分析师	9月14日	比特币"挖矿"能耗中来自可再生能源的比例已超过50%
《福布斯》	9月21日	为什么比特币"挖矿"或对可持续发展大有裨益

续表

发表机构	发表日期	报道标题/主要内容
《福布斯》	10月18日	比特币"挖矿"促进可再生能源和基础设施的增长
《金融时报》	12月28日	重新审视比特币的ESG资质
2024年		
CH4 Capital	1月24日	比特币"挖矿"网络能耗的54.5%来自可再生能源

资料来源：艾利艾咨询根据公开资料整理。

五、民间：美国家庭及部分散户投资者对加密货币的认可度上升

尽管庞大的机构投资者尚未大规模配置比特币等加密货币，但美国家庭及部分散户投资者对加密货币的认同度正逐渐上升，相应的资产配置也在不断增加。新加坡数据公司Triple-A的调查显示，美国成年人持有加密货币的人数占比从2022年的13.7%上升至2024年的15.5%，这一数据成为美国执政者在制定加密货币政策时的考量因素之一。

（一）现货比特币ETF上市交易火爆，几近由散户投资者推动

2024年1月10日，获批的11只现货比特币ETF上市交易后，资金净流入创美国市场ETF纪录。

1. 资金净流入创美国市场ETF纪录

截至2024年8月22日收盘，现货比特币ETF累计净流入达176.25亿美元，单日（3月12日）最大净流入为10.45亿美

元（见图5-8）。纽约数字投资集团的研究显示，这一表现远超黄金ETF上市时的记录。现货比特币ETF在2024年2月16日时累计净流入已超过47亿美元，仅用25个交易日；而美国市场在2004年11月推出的黄金ETF达到同样的成绩则耗时250个交易日，并且这一对比已考虑到通胀因素。

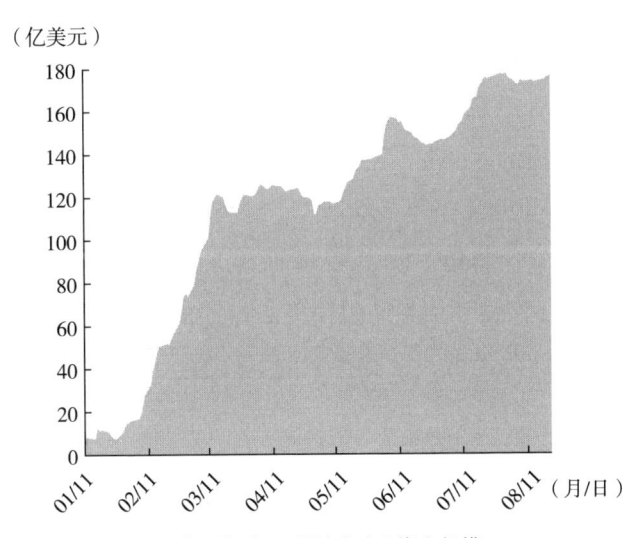

图5-8 2024年现货比特币ETF累计净流入规模

注：美国市场共12只现货比特币ETF，包括灰度于2024年7月31日推出的迷你版比特币信托基金产品。Hashdex比特币ETF在同年1月11日至3月26日采用比特币期货投资策略，3月27日改为比特币现货投资策略。
资料来源：新加坡加密货币数据公司SoSoValue；艾利艾咨询整理。

2. 资金净流入累计天数超越多数ETF

自上市以来，贝莱德IBIT现货比特币ETF实现了连续71个交易日的资金净流入。在美国总计约3 400只上市ETF中，仅有 9 只的连续资金净流入累计天数超过此记录[①]。富达 FBTC 现货比特币 ETF 实现连续 63 个交易日资金净流入，仅 15 只美国市场 ETF 的连续资金净流入累计天数高于该记录。

散户比特币 ETF 交易占比高于机构投资者。根据 SEC 规定，持有股权类资产管理规模超过 1 亿美元的机构投资者（管理人），需按季度提交专项文件，披露自身持仓情况。在 2024 年第一季度，现货比特币 ETF 市场行情极为火爆。2024 年 3 月 28 日，该类 ETF 的累计净流入资金达到 121 亿美元，是同年 8 月 22 日累计净流入规模的 68.8%（见图 3-2）。据纽约数字投资集团的统计数据，截至 2024 年第一季度末，已披露持仓情况的机构投资者持有占现货比特币 ETF 总份额的 19.2%，总价值约 113.89 亿美元；而未披露持仓情况的机构投资者占 80.7%。可以认为这些投资者绝大部分为散户，其持有的总价值达 476.15 亿美元（见表 5-3）。

表 5-3　2024 年第一季度散户成持有现货比特币 ETF 主力

项目	持有份额占比（%）	价值（亿美元）
对冲基金	8.0	47.25
注册投资顾问	6.4	38.05
控股公司	2.3	13.49
券商	2.0	11.63
养老基金	0.3	1.63
私募基金	0.1	0.81
银行	0.1	0.70

---

① 目前，美国 ETF 资金净流入累计天数的纪录保持者为摩根大通股票收益增强 ETF，其资金净流入累计天数为 160 个交易日。

续表

项目	持有份额占比（%）	价值（亿美元）
信托	0	0.24
其他	0	0.10
机构投资者总和	19.2	113.89
未披露的（散户）总和	80.7	476.15

注：1. 表5-3仅要求机构披露股票投资及股票期权投资的多头头寸，无须披露空头头寸，因此表5-3并不能反映机构的真实持仓情况。
2. 应特别注意表中数据为2024年第一季度末固定时刻的机构投资者情况，后续持仓情况可能会出现显著变化。
3. 由于小数位的取值，总和与分项之间存在微小差异。
4. 数据截至2024年3月29日。
资料来源：纽约数字投资集团；艾利艾咨询整理。

（二）美国民众投资加密货币

1. 美国7%的成年人持有或使用加密货币

美联储发布的《2023年美国家庭的经济福祉》报告显示，2023年接受调查的美国成年人中，7%的人持有或使用加密货币，较2022年的10%下降3个百分点，较2021年的12%下降5个百分点，已连续两年呈下降趋势（见表5-4）。从使用目的来看，购买或持有加密货币作为投资仍比金融交易更为普遍，7%的受访美国成年人在过去12个月内购买或持有加密货币作为投资，2%的受访者表示进行金融交易。在具体的金融交易场景方面，1%的受访者会使用加密货币进行购物或付款，另有1%的受访者会用其向朋友或家人汇款。值得注意的是，在这些汇款者中，约1/4的人表示，过去两年里至少有过一次跨国转账行为。

表 5-4　2021—2023 年美国成年人对加密货币的使用情况

（单位：%）

使用类型	2021 年	2022 年	2023 年
购买或持有加密货币作为投资	11	8	7
使用加密货币购物或付款	2	2	1
使用加密货币向朋友或家人汇款	1	2	1
使用加密货币的整体情况	12	10	7

注：1.受访者均为成年人，且每个受访者可选择多个答案。
2.由于调查是在线进行的，样本人群可能比整体人口更具有技术连接性，这可能会增加报告使用新兴技术（如加密货币）的成年人的比例。
资料来源：美联储；艾利艾咨询整理。

2. 美国 17.5% 的消费者是加密货币投资者

2023 年 11 月，美国国家经济研究局（NBER）发布了一项研究结果。该研究基于 2010 年 1 月至 2023 年 6 月美国 6 300 万名消费者的金融资产交易数据展开分析。由于诸多样本中途退出数据库，每月实际有效样本约为 950 万。研究发现，其中约 17.5% 的消费者为加密货币投资者。

该研究指出，人们或许会认为，美国的科技和金融中心区域是加密货币投资的集中区域。但观察 2015—2023 年美国州一级每千个家庭中加密货币新投资者数据发现，在采用加密货币最初几年里，人均新用户集中度最高的是落基山脉各州、佛蒙特州和俄勒冈州；2017 年比特币价格飙升时，新用户扩散到沿海地区，并向加州和纽约州集中；2021 年价格上涨，新用户在全美范围分布则趋于均匀。"市场观察"网站认为，这是加密货币市场走向成熟的又一迹象，即加密货币所有权不再集中于那些持反建制和自由主义观点的人手中。

3. 超 30% 美国受访者投资、交易或使用过加密货币

2023 年 4 月，皮尤研究中心发布数据显示，17% 的受访者曾投资加密货币，较 2021 年的 16% 上升 1 个百分点。若计入交易、使用过加密货币的人群，该比例约为 31%，但其中多数受访者目前不再持有任何加密货币。在更倾向于放弃加密货币的群体中，低收入家庭的比例（43%）高于中等收入家庭（30%）和高收入家庭（21%）。

4. 平均每名加密货币投资者的投资组合规模为 6 030 美元

2023 年 6 月，哈佛大学商学院发表论文，基于 2010 年 6 月至 2022 年 9 月 6 000 万名美国消费者的金融资产交易数据，分析了加密货币持有者状况。结果显示：投资者在其投资组合中持有的加密货币均值为 6 030 美元；但由于少数大额投资者的存在，整体均值被拉高。持有加密货币规模在 1.96 万美元及以上的投资者占比 5%，远高于中位数（336 美元）。

可以认为，比特币等加密货币在美国民众中的渗透率相对较高。2024 年 8 月 6 日，新加坡加密货币交易所 Crypto.com 发布《2024 年上半年加密货币市场规模报告》。报告指出，2024 年上半年全球加密货币持有者增长了 6.4%，从 2023 年 12 月的 5.8 亿，增至 2024 年 6 月的 6.17 亿。按照联合国同年 7 月发布的《2024 年世界人口展望》，2024 年中期世界人口接近 82 亿，以此推算，全球约有 7.5% 的人持有加密货币。

（三）不同收入家庭投资加密货币与传统资产规模不同

美国国家经济研究局研究发现，各收入水平投资者的传统投

资资金均超过加密货币投资，且年收入越高，差额倍数越高。传统投资标的包括股票、债券、货币基金、衍生品等。年收入低于7.5万美元的投资者在加密货币与传统投资上的规模差异不大，如年收入4.5万~6万美元的投资者，传统资产的投资中位数约为500美元，加密货币则不到400美元；年收入超过7.5万美元后，投资规模开始出现显著变化，年收入10万~15万美元的投资者，传统资产投资中位数约为1 800美元，是加密货币投资（约800美元）的两倍；年收入超过15万美元的投资者，传统资产投资规模是加密货币投资的5倍。由此可反向得出结论：低收入家庭将资金用于加密货币投资的比例，显著高于高收入家庭。美联储的相关研究也关注了不同收入群体投资加密货币的比例变化。数据显示，收入越高的群体，用于"投资"的比例越高，而用于"交易"的比例越低。

（四）部分实体商店已接受比特币支付

互联网融资平台Fundera于2022年10月发布的数据显示，美国2 352家企业接受比特币支付（不包括比特币ATM）。其中，加州接受比特币支付的企业数量最多，达440家，其次是佛罗里达州（180家）和纽约州（148家）。Foresight News于2022年11月发文指出，据专门收录全球范围接受比特币支付实体商家的网站Coinmap数据，旧金山有超100家企业接受比特币及其他代币支付；在整个旧金山湾区，包括星巴克、全食超市等零售商，可通过第三方应用程序完成加密货币支付；硅谷的居民和工人也可以在当地50余家企业使用加密货币消费。

据 Crytpo.com 统计，苹果、百思买、迪士尼、游戏商店 Gamestop、耐克等 17 家线上零售平台，已支持比特币支付。德勤于 2021 年 12 月开展的调查显示，在受访的 2 000 家美国零售企业高管中，75% 预计本企业会在两年内支持加密货币或稳定币支付。

美联储于 2024 年 5 月发布的《2023 年美国家庭的经济福祉》报告指出，使用加密货币交易的主要原因包括，"交易对象（个人或企业）偏好加密货币"（29%）；"转账速度快"（18%）；"隐私保护需求"（16%）；"更便宜"（13%）；"更安全"（7%）；"不信任银行"（4%）；其他原因（13%）。

实体商家支持比特币支付，标志着加密货币正在向美国主流商业领域渗透，更广泛地融入美国日常生活场景。

六、特朗普胜选后：现货比特币 ETF 开启上市以来第二轮火爆行情

纽约数字投资集团数据显示，2024 年 11 月 6 日特朗普宣布胜选，11 月 1—7 日比特币价格涨幅超 9.5%，明显超过其他大类资产；同期，标普 500 指数上涨 4.7%，纳斯达克综合指数上涨 6.5%，黄金价格下跌 1.6%，原油价格上涨 4.5%，美国投资级企业债券上涨 0.6%。

Coinbase 数据显示，2024 年 11 月 10 日，比特币价格突破 8 万美元/枚；11 月 14 日，进一步突破 9 万美元/枚，随后出现回落，11 月 16 日再次突破并站稳 9 万美元/枚关口。

英国投资管理公司 Farside Investors 数据显示：2024 年 11 月 6 日美国大选结果显示特朗普胜出后，现货比特币 ETF 于 11 月

7日创下自上市以来单日最大净流入纪录，达13.74亿美元（此前纪录为3月12日的10.45亿美元）；11月11日创下单日第二大净流入纪录，为11.14亿美元（见图5-9）。11月7日至21日净流入62亿美元，仅11个交易日，净流入资金就达上市以来的20.5%。自2024年1月11日上市起，截至11月21日，12只现货比特币ETF累计净流入303.24亿美元（见图5-10）。

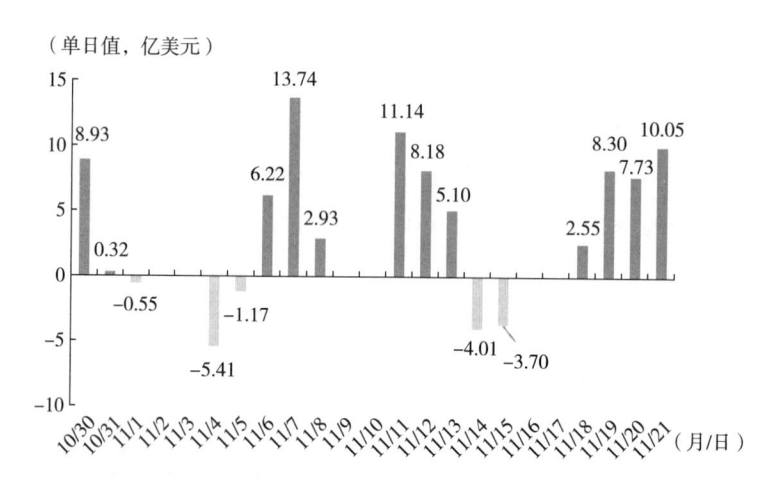

图5-9 2024年10月30日—11月21日现货比特币ETF净流入规模
资料来源：Farside Investors；艾利艾咨询整理。

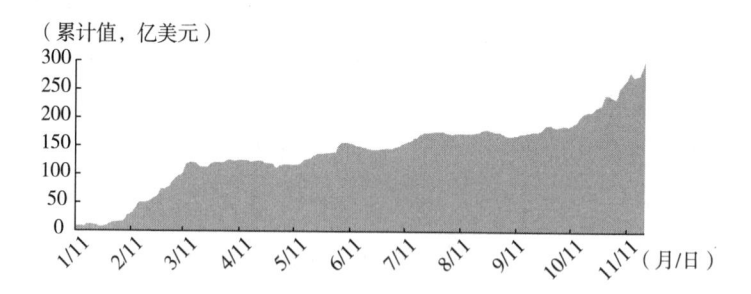

图5-10 2024年1月11日—11月21日现货比特币ETF净流入规模
资料来源：Farside Investors；艾利艾咨询整理。

财经 M 平方的数据显示，截至 2024 年 11 月 24 日，比特币日内最大交易量出现在 2021 年 2 月 26 日，交易量达 3 509.7 亿美元，创历史最高值；2024 年以来日内最大交易量发生在 2024 年 11 月 12 日，达 1 336.7 亿美元。

2024 年 11 月 15 日，纽约数字投资集团发文指出，大选日后稳定币总发行量大幅上涨，达 62 亿美元，表明有新资金从场外涌入，用于购买比特币等数字资产。大多数稳定币发行源自泰达币，因泰达币是离岸交易所的主要计价货币；在岸交易场所则倾向于将美元作为计价货币，通过传统银行渠道（ACH、电汇）将美元转移至加密货币交易所。

行业最大稳定币泰达币的价格，长期以高于 1 美元的溢价进行交易，反映出加密货币交易所对资金流入的需求强劲。2024 年 10 月 25 日，美国《华尔街日报》刊发独家报道，称美国司法部正在调查加密货币公司泰达币是否违反制裁及反洗钱规定，一度致使该稳定币价格大幅下跌。纽约数字投资集团表示，当前，司法部未采取任何实质性行动。路透社 2024 年 11 月 15 日的报道进一步指出，司法部计划减小对加密货币相关犯罪的起诉力度。随着共和党当选总统特朗普即将调整司法部和监管机构政策，加密货币领域的执法强度将显著减弱。在纽约某次会议上，与会律师分析称，金融欺诈案件仍会被提起，但新政府司法部将优先考虑其他领域，例如执行移民法——这是特朗普竞选的核心议题。

美国检察官办公室证券和大宗商品工作组联席负责人斯科特·哈特曼称，在确保包括全球加密货币交易所 FTX 创始人山姆·班克曼-弗里德在内的多起重大案件定罪后，曼哈顿美国检察官办公室将缩减加密货币犯罪监管资源投入。哈特曼在执业律师协会主办的会议上表示，该办公室虽不会忽视加密货币案件，但与 2022 年数字资产价格暴跌的"加密货币寒冬"时期相比，相关案件的检察官人数已有所减少。

七、"狗狗币之父"马斯克：重返加密货币世界

美联社 2024 年 11 月 14 日报道称，马斯克已成为特朗普的政治盟友之一，同时也是狗狗币最具影响力的支持者。2021 年，马斯克在《周六夜现场》中以"狗狗币之父"的称号亮相；2022 年，他提议 Space X 接受狗狗币作为订阅支付方式，引发广泛关注。该事态在特朗普宣布成立"政府效率部"后达到高潮——"政府效率部"的首字母缩写是 DOGE，与狗狗币的代码相同。自从特朗普赢得 2024 年总统大选，狗狗币的价格持续飙升；在特朗普任命马斯克为"政府效率部"负责人之一后，其币值再次上涨。美国英为财情的数据显示：截至 2024 年 11 月 24 日，狗狗币收盘价为 0.429 147 美元 / 枚，近 1 个月内上涨 223.54%，2025 年初已上涨 376.09%。

英国 BBC 中文网于 2021 年 5 月 10 日报道指出，2021 年狗狗币正式进入"疯狂上涨"阶段：同年 2 月，马斯克连发数条推特支持狗狗币，币值应声暴涨，甚至导致该币主要交易平台 Robinhood 因流量激增而系统崩溃。在加密数字货币领域，投资者常用"冲向月球"（to the moon）来表达对币值暴涨的期待。为响应这种"币圈文化"，2021 年 4 月 1 日，马斯克宣称将把一枚实体狗狗币送上月球。此举再度引发狗狗币的又一轮飞涨，仅

仅从2021年1月至5月累计涨幅就超过130倍。BBC中文网同期另一篇报道指出，电动汽车制造商特斯拉曾在2021年2月透露，已购买15亿美元（约合10亿英镑）的比特币。

2024年5月25日，法国国际广播电台发文指出，狗狗币作为一种另类加密货币，诞生于2013年，旨在讽刺当时的加密货币狂潮。但自2020年起，随着马斯克在推特上频繁谈论该代币，其市场价值大幅上涨。从那时起，这位亿万富翁就多次推广狗狗币。据CoinGecko统计，截至2024年5月下旬，狗狗币市值约为全球236亿美元，为第九大加密货币。

2024年11月15日，美国《福布斯》杂志发布报道指出，马斯克本月关于美国进入"金融紧急状态"的声明，恰逢比特币价格新一轮暴涨周期启动阶段，标志着其重返加密货币领域。在特朗普赢得2024年美国总统大选后，"马斯克最喜欢的加密货币"狗狗币引领价格上涨，推动加密货币总市值自2021年以来首次超过3万亿美元。据知情人士透露全球最大资产管理公司贝莱德正计划加倍投资比特币。与此同时，马斯克再次高调支持狗狗币，甚至重申要将这种加密货币"送上月球"的宣言。报道指出，2021年新冠疫情期间马斯克对比特币、狗狗币等加密货币的评论，吹大了当时的加密货币泡沫。随着泡沫破裂，这些言论使马斯克陷入了法律困境。该媒体称，马斯克旗下的特斯拉和SpaceX公司都已接受狗狗币作为支付方式，其个人投资组合中也包含基于网络迷因（meme）创建的加密货币资产。

2024年11月24日，《福布斯》最新文章指出，马斯克现为美国当选总统特朗普的亲密顾问，他呼吁任命一批对比特币等加密货币最具信心的投资者加入特朗普内阁。此前，针对美国或濒临破产的一系列警告，马斯克预测美国可能会迅速"陷入债务危机"，并戏谑提议用"一个以迷因币（狗狗币）命名的部门"来"解决"这个问题。该杂志称，"政府效率部"（DOGE）是对"柴犬Doge表情包"的致敬，该表情包也与狗狗币关联紧密，马斯克视狗狗币为"最爱"加密货币，且特斯拉汽车公司已支持其作为支付方式。

财经M平方的数据显示，截至2024年11月24日，狗狗币日内最大交易量集中发生在2021年1月至5月，其中2021年4月26日交易量达到684.1亿美元，创历史最高值；随后近三年成交量不活跃，近三年最大日内交易量发生在2024年11月12日，为399.4亿美元。

八、美国西方舆论：比特币走向值得全球关注

（一）美国彭博社

1. 特朗普团队正与数字资产行业讨论，拟在白宫设专职负责加密货币政策的新职位

彭博社2024年11月20日发文披露，当选总统特朗普团队正与数字资产行业，讨论是否在白宫设立专职负责加密货币政策的新职位。若设立，将成为白宫第一个专职负责加密货币相关事务的职位，凸显这一新兴行业对美国新政府的影响力。知情人士称，目前尚不清楚该职位是高级白宫工作人员岗位还是"加密货币沙皇"。按华盛顿的说法，"沙皇"指的是监督联邦政府政策和监管的负责人。关于这一职位的讨论，包括由该官员领导小型团

队，并充当国会、白宫与 SEC、CFTC 等加密货币监管机构间的联络人。

2. 美国金融机构接连推出比特币金融衍生品系列

2024 年 11 月 22 日，彭博社发文称，芝加哥期权交易所于同日声明，相关期权将于 12 月 2 日推出，其基于芝加哥期权交易所比特币美国 ETF 指数（追踪美国上市的一系列比特币 ETF）。彭博社评论，此举紧随纳斯达克交易所推出基于比特币 ETF 期权，使美国投资者可通过衍生品押注全球最大数字资产价格走势，或对冲其头寸。

由于美国此类合同监管规定，加密衍生品（期权、期货等）很大程度上在美国境外交易。然而，需求日益增长，叠加特朗普当选总统后对加密货币的支持，促使美国一些大型交易平台涉足这一新兴业务。芝加哥商品交易所比特币期货合约的未平仓数量激增，侵蚀币安的市场份额，而场外期权交易则成为美国机构投资者对冲、放大策略的一种方式。

（二）美国《华尔街日报》

2024 年 11 月 21 日，《华尔街日报》刊发《比特币价格在热门 ETF 期权交易推动下飙升》一文。文中提到加密货币投资者对本周首次亮相的比特币 ETF 期权热情高涨——贝莱德旗下的热门比特币 ETF 期权首日成交量飙升，推动比特币价格于 11 月 20 日（周三）升至近 9.5 万美元/枚的历史新高。

彭博行业研究数据显示，2024 年 11 月 19 日，iShares Bitcoin

Trust ETF 期权成交额约为 19 亿美元，且以看涨期权为主（比特币价格上涨时，这些期权将获利）。目前，富达投资、方舟投资的比特币 ETF 期权也已获批推出。

交易数据显示，部分投资者预计未来几年比特币将出现极度看涨的行情。美国加密货币交易公司 Galaxy Digital 指出，看涨期权的交易额达 1 亿美元，如果贝莱德 ETF 在 2026 年或 2027 年升至每股 100 美元以上，这些期权将获利。这一水平相当于 17.4 万美元 / 枚的比特币价格。

期权是一种允许投资者以特定价格买卖一项资产（本例中为一只 ETF 股票）的合约。交易员表示，比特币 ETF 期权是一种可对冲比特币价格剧烈波动风险的策略，有助于吸引更多机构投资者进入加密货币领域。

（三）美国数字资产管理公司 Coinshares

2024 年 11 月 6 日，Coinshares 发文称，当选总统特朗普有意让马斯克参与削减政府支出、解决国家债务问题的工作。竞选期间，特朗普提议任命马斯克领导新设立的"政府效率部"，负责削减约 2 万亿美元的联邦支出。马斯克表示，这些措施虽将带来"暂时的困难"，但对实现"长期繁荣"来说是必要的。

该文指出，这凸显了特朗普对重大财政改革的关注，借助了马斯克在削减成本和提升效率方面的声誉。为平衡此情况，特朗普政府或采取更为宽松的货币政策，在限制政府支出的同时保持市场流动性。从历史经验看，这些条件——宽松货币政策叠加财政保守主义——对比特币有利，比特币正越发被视为一种对冲货币贬值和通胀的工具。在这种环境下，比特币作为另类资产的吸引力可能会增强，吸引更多寻求防范传统经济风险的投资者。

（四）英国《金融时报》

1. 比特币走向"体面"，值得所有人关注

2024年11月18日，英国《金融时报》刊发《比特币走向"体面"，值得所有人关注》一文，文中提道，随着比特币价格飙升至8.5万美元/枚以上，在过去一年中实现价格翻番，当下我们正陷入"制度合法性悖论"。两年前，加密货币价格暴跌，似乎证实了怀疑论者长期以来的观点：加密资产是被宽松货币政策和新冠疫情时期的狂热吹大的投机泡沫。然而，2024年的当下，我们却见证了一场堪称"僵尸复活"般的行情。

文章指出，这次复苏与上一轮比特币高点不同，受到个人投资者和机构资金共同推动，英国养老基金、伦敦金融城资产管理公司正越发频繁地尝试投资。贝莱德的现货比特币ETF正在积累数十亿美元的资产。因此，比特币向"体面"的转变，值得所有人关注。金融行业对加密货币的接纳与其说是对其所谓"革命性潜力"的认可，不如说是试图从赌博性质的行业中收取费用。这实则削弱了加密货币"消除中介"的根本性承诺。监管机构尚未采取必要行动，解决潜在的信息披露、市场操纵和系统性风险问题。当前我们处于一个危险的境地，监管分散、割裂、不连贯，不同的机构各司其职，没有明确的政策指导原则。

该文表示，这是机构主导加密货币的时代。比特币的宏伟愿

景是建立一个"无须信任"的金融系统,但现在它已沦为美国存管信托与清算公司账簿上的又一个条目——该公司是处理美国几乎所有股票交易的大型清算机构。换句话说,这项旨在绕过机构的革命性技术,已沦为机构管控的另一种产品。这对养老基金及其受益人(即有退休规划的人群)的影响,引发广泛担忧。尽管当前加密货币配置规模仍相对有限,但先例已在逐步形成。受托人正越发倾向于将加密货币风险视为"现代"投资组合的一部分。

该文指出,尽管加密货币的基本特征没有改变,但情况仍然如此——不产生现金流、无内在价值,价格走势主要受散户情绪左右。更可怕的情况即将出现:若下一届美国政府在放松管制的承诺浪潮中上台,在监管真空环境下,可能出现远超 FTX 不当行为严重程度的事件。脱离有效监督的机构参与者,可能将数字资产重新打包成合成产品,以新型、隐蔽的方式捆绑金融和软件风险。

该文最后指出,可以肯定的是,下一轮"加密货币寒冬"将会出现——可能会以前所未有的方式,影响退休储蓄和机构投资组合。当前的牛市非但未证实加密货币的基本价值,反而揭露了一个更不稳定的现实:金融行业对加密货币的接纳,本质是将投机趋势转化为收费产品模式的惯性操作。

2. 微策略融资 70 亿美元进军比特币市场

2024 年 11 月 21 日,英国《金融时报》发文称,美国软件供应商微策略自美国大选以来,已通过融资筹集超 70 亿美元,用于其大规模购买加密货币的计划,同期加密货币价格也创新高。微策略在大选后掀起的"买进潮",凸显该公司自 2020 年 8

月由 CEO 兼创始人迈克尔·塞勒推动公司踏上这条道路以来，对尽可能增持比特币的承诺。Benchmark 公司的资深股票分析师马克·帕尔默称，"这不仅反映出市场对该公司策略的认可，也折射出当前的情绪：考虑到特朗普政府预计会对比特币等加密货币给予支持，尤其是在监管环境趋于有利的情况下，微策略确实在恰当的时间采取了正确的策略"。

（五）英国 BBC

2024 年 11 月 13 日，英国 BBC 消息，受特朗普胜选影响，最具知名度的加密货币比特币本周价格涨幅超 25%，创历史新高，一度突破 8.9 万美元 / 枚。这一上涨表明，投资者预计该行业将发生重大变化——拜登政府执政期间，监管机构曾警告该行业充斥骗局和欺诈。特朗普也曾将加密货币称为"骗局"，但在 2024 年竞选期间，他改变了态度，承诺将美国打造为"世界加密货币之都"，提出要建立战略性比特币储备，并解雇 SEC 前主席加里·根斯勒。加密货币公司则坚称，行业应该遵守全新、量身定制的规则。这可能取决于国会，2024 年它们也有望迎来"更友好"的听证会。

（六）法新社

2024 年 11 月 21 日，法新社消息称，比特币价格首度突破 9.5 万美元 / 枚大关。价格创新高，主要缘于市场期待美国当选总统特朗普推动放宽比特币监管，观察人士预期其价格很快将触及10万美元/枚①。自特朗普2024年11月初当选美国总统后，交易员持续买进比特币，带动比特币自投票选举阶段以来涨幅近40%。特朗普竞选时承诺，将让美国成为"世界比特币之都"与"世界加密货币之都"，还安排马斯克负责对政府浪费行为开展广泛审查。SPI资产管理公司分析师英尼斯认为，比特币价格飙升"缘于市场信心升温，投资者预期特朗普政府将开启对加密货币友好的时代"。

（七）新加坡《联合早报》

2024年11月20日，新加坡《联合早报》发文称，比特币价格再创新高，不丹的比特币储备超10亿美元，韩国数字资产交易量激增。比特币在11月20日（星期三）的交易中，价格突破9.4万美元/枚，创历史新高。截至当晚11时45分，比特币价格升至近9.475万美元/枚。自特朗普同年11月5日胜选以来，比特币价格已上涨约40%。

新一轮上涨由多重因素驱动。据彭博社报道，特朗普媒体与科技集团正在洽谈收购数字资产交易平台Bakkt Holdings事宜；高盛也试图拆分其数字资产平台。另外，纳斯达克交易所在2024年11月19日推出了贝莱德iShares比特币信托ETF期权。彭博社汇编数据显示，期权于周二上市后，超35万份合约完成交易，其中约80%为看涨押注。数字资产衍生品流动性供应商

---

① 美国英为财情数据显示，2024年11月22日比特币日内价格一度升至99 617.4美元/枚。

Orbit Markets 联合创始人莫伦称，期权交易量是一个"良好的开端，表明加密原生生态系统与传统金融世界之间的联系日益紧密。尽管交易量本身尚不足以左右标的物走向，但积极的市场消息无疑为看涨情绪添了把火"。

亚洲部分国家和地区处于采用加密货币的前沿，无论是用于投资、对冲本币疲软风险，还是实现更低成本、更快捷的汇款。不丹国家投资机构"不丹控股与投资"，通过运行支持比特币数字账本的计算机网络，以比特币作为收益积累。不丹的比特币"挖矿"活动依托于喜马拉雅山脉丰富的水力发电资源开展。据研究机构 Arkham Intelligence 的数据，美国总统选举以来，不丹比特币储备价值增加超 2 亿美元，达 11 亿美元，相当于不丹 GDP 的 36%。

在韩国，投机者则更青睐小众、高风险代币，而非主流加密货币。根据数字资产分析公司 CCData 的数据，2024 年 11 月 5—10 日，韩国最大加密货币交易所 Upbit 在全球加密交易中的份额上升两个百分点，达到 4.3%，反映出特朗普胜选带动的市场反弹，吸引了更多韩国人进入加密货币市场。

新加坡和中国香港都在发力建设数字资产中心。尽管中国政府出台加密货币禁令，但许多迹象表明，中国的数字资产在灰色市场中仍有需求。英国区域 CEO 罗杰斯认为，"亚洲交易所会因特朗普及其加密货币支持政策，获得可观收益"。

（八）卡塔尔半岛电视台

2024 年 11 月 21 日，卡塔尔半岛电视台发文《特朗普胜选推动比特币升至近 9.8 万美元的历史新高》。文中提道，在当日的早盘交易中，比特币创下近 9.8 万美元/枚的历史新高水平。背后的关键因素在于，加密货币市场有望借特朗普重返美国总统之位迎来复苏。当比特币被纳入"特朗普交易"①范畴，加密货币在政治领域的地位越发凸显，因为特朗普在竞选期间选择支持数字资产。

1. 新高峰

2024 年 11 月 21 日早盘时段，比特币单价涨至 97 862.64 美元，创历史新高。截至报道稿件撰写时，该数字货币 24 小时内涨幅达 4.27%，价格稳定在 96 912.85 美元。当前，市场流通中比特币的总市值已超 1.92 万亿美元，而加密货币整体总市值预估超 3.18 万亿美元。

2. 新转变

特朗普在其第一个总统任期内，将数字货币斥为"一场骗局"，但如今，他不仅推出个人数字货币，还承诺"让美国成为比特币和数字货币的全球之都"。在总统竞选期间，特朗普曾提出建立比特币国家战略储备的构想，这一主张获得了数字货币领域活跃团体的积极响应。

比特币诞生之初，旨在摆脱传统金融机构的管控。作为基于区块链技术的数字货币，比特币能够留存防篡改的数据记录，并

---

① "特朗普交易"，指因预期特朗普重返美国总统之位后，相关资产可能受到政策支持，进而产生的投资需求。

保留所有已完成交易的轨迹。监管机构试图堵住这些数字资产引发的法律漏洞——这类资产经常成为争议的话题，且至今仍被视作洗钱、个人诈骗的工具。

（九）韩国《每日经济新闻》

2024年11月22日，韩国《每日经济新闻》刊发《突破9.9万美元，刷新历史最高纪录》一文。该文指出，比特币首次突破9.9万美元/枚大关，刷新历史最高价格。同年，Coinmetrics数据显示，比特币较前一日涨幅超4%，以9.8273万美元/枚成交，盘中价格更是飙升至9.9046万美元/枚。仅2024年，比特币价格涨幅就高达130%。Wallfree Research分析师罗布·金斯伯格接受CNBC采访时分析："过往出现如此大规模上涨行情，比特币通常会进入调整期，或无视过度收购信号。当前投资者收购热情持续，且比特币刚刚走出长期调整期，预计后续追加收购的趋势还会延续。"

市场分析指出，特朗普再度执政是比特币价格走强的核心驱动因素。市场普遍预期，特朗普上台后会针对加密货币产业推出"友好监管"举措，并推进国家层面持有比特币。此外，有预测认为，特朗普重新执政后，美国可能出现财政赤字扩大、通货膨胀压力增加、美元国际地位变化等情况。这些因素或将对比特币价格产生积极影响。从短期来看，比特币价格能否突破10万美元/枚将成为重要分水岭。CNBC援引韩国加密货币数据分析平台CryptoQuant数据指出，近期亚洲交易时间段内，期货市场的资金筹措利率和未结算合约数量大幅攀升，而现货市场溢价有所下降。

第六章

未来博弈：美国比特币政策的战略布局

一、现货比特币 ETF：新一轮金融博弈的开端

美国东部时间 2024 年 1 月 10 日，SEC 首次批准 11 只现货比特币 ETF，这一决定堪称"历史性妥协"。过去一年多，SEC 针对加密货币行业开展了一系列严格的执法活动；而过去 10 余年，SEC 领导层始终拒绝批准此类产品发行。尽管 SEC 前主席的相关表态略显"勉强"，但从结果来看，此次 SEC 批准比特币 ETF，对以比特币为代表的加密货币而言，无疑是"里程碑"式的"分水岭"事件，将为加密货币带来重大发展机遇，某种意义上标志着加密货币从"小众资产"迈向"主流资产"行列。那么，SEC 为何突然转变态度？背后有何意图？美国监管机构这一举措又会产生哪些影响？

（一）SEC 批准现货比特币 ETF 概况

1. 数字资产史上的"里程碑"与"游戏规则的重大改变"

2024 年 1 月 10 日，SEC 经投票决定，以加急程序批准现货比特币 ETF 上市交易，授权 11 只 ETF 于当地时间 1 月 11 日正式挂牌交易。获批的发行机构包括贝莱德、富达、方舟投资、景顺、WisdomTree、Bitwise Asset Management、Valkyrie Invest、灰度等。

当日，时任 SEC 主席加里·根斯勒在官网发布声明强调，尽管批准了部分现货比特币 ETF 的上市交易，但这并不等同于批准比特币本身或者为其背书，投资者仍需对加密货币保持谨慎。批准现货比特币 ETF 将带来更多监管。SEC 的审批行动，不代表其对加密货币交易持认可态度。

2024 年 1 月 11 日，《华尔街日报》指出，SEC 的这一决定，为美国首批比特币 ETF 面向公众销售扫清障碍，让普通投资者能像买卖股票、共同基金一样便捷地交易比特币。

这一决定被美国媒体称作"游戏规则的重大改变"。2024 年 1 月 10 日，美国众议院金融服务委员会主席麦克亨利发表声明强调，"本次现货比特币 ETF 的批准，是美国数字资产生态系统发展的历史性里程碑。尽管为数字资产提供清晰、确定的立法仍有必要，但 SEC 今日采取的措施，较过往单纯依靠执法监管有了重大改进。我们乐见投资者和市场终于有机会接触这一技术。我们仍将致力于通过完善市场结构和支付稳定币立法，进一步强化数字资产市场的消费者权益保护"。同日，比特币 ETF 发行商 Hashdex 首席投资官柯巴至表示："今天是数字资产史上具有纪念意义的一天。"

路透社评价，这批现货比特币 ETF 的获批，标志着加密货币行业进入一个分水岭，将检验数字资产能否作为一种投资形式并获得更广泛的认可。在许多专业人士看来，加密货币仍属风险资产。

2. 长达 10 年的"拉锯战"

在 SEC 批准的前一周（2024 年 1 月 3 日），新加坡数字资产金融服务机构 Matrixport 发布了一份题为《为何 SEC 将再次拒绝现货比特币 ETF 申请》的简短报告，预测 SEC 将在 1 月拒绝所有现货比特币 ETF 申请。该报告称，目前对于 SEC 批准 ETF 起关键作用的、由五名委员组成的投票领导层，由民主党主导，且时任 SEC 主席加里·根斯勒并不支持加密货币，期望他批准现货 ETF 的希望"非常渺茫"；基于加里·根斯勒在 2023 年 12 月的评论，他仍认为该行业需要更多严格的合规举措。

2024 年 1 月 10 日，美国《华尔街日报》发布文章《SEC 对现货比特币 ETF 的审批决定可能出现四种情形》，其中将"SEC 否决所有 11 项申请"列为情形之一。此前，SEC 曾多次驳回推出此类基金的尝试，理由是此类基金易受欺诈和市场操纵的影响。

2013 年 7 月，美国温克莱沃斯兄弟通过其创立的资产管理公司 Math-Based，向 SEC 提交了现货比特币 ETF 的首次公开募集申请，但近 4 年后，等来的却是 SEC 出具的拒绝文书。在温克莱沃斯兄弟之后，为推动现货比特币 ETF 落地，多家公司纷纷效仿，由此拉开了华尔街和美国监管机构长期博弈的序幕。其间，SEC 在 2021 年 10 月批准期货比特币 ETF 上市。过去，

SEC 领导层认为，比特币并非证券，而是一种价值存储与支付工具。由于主流加密货币交易所通常不在 SEC 的管辖范围内，若比特币价格被操纵，现货 ETF 可能将风险传导给普通投资者。

2024 年 1 月 12 日，美国彭博社发文称，加里·根斯勒作为加密货币行业的知名批评者，曾多次警示投资者该资产类别存在欺诈风险。然而在此次决策中，他投下决定性一票，批准了十几只现货比特币 ETF——此前他与其他 SEC 前任主席已经拒绝了该产品 20 多次。但加里·根斯勒在批准声明中，用了大量篇幅强调加密货币缺乏合规性，并明确表示 ETF 获批并不意味着 SEC 对整个行业予以支持。彭博社还提道，过去一年，SEC 对加密货币公司展开了多项执法行动，起诉罪名包括彻头彻尾的欺诈、违反注册规定等多项违规行为。对此，加密行业回应称，SEC 本应通过制定规则来明确《证券法》对数字资产的适用方式，却通过执法进行监管。

根据 CoinGecko 的统计数据，在美国 SEC 批准前，现货比特币 ETF 仅在全球 8 个国家（地区）完成注册：二十国集团（G20）国家加拿大、德国、巴西和澳大利亚，以及"避税天堂"泽西岛、瑞士、列支敦士登和根西岛（见表 6-1）。

表6-1　截至 2023 年 12 月 18 日，批准现货比特币 ETF 的国家（地区）、数量以及总资产

国家（地区）	现货比特币 ETF 数量	总资产（美元）
加拿大	6	27.9 亿
德国	2	11.3 亿
泽西岛	5	10.2 亿
瑞士	2	5.6 亿

续表

国家（地区）	现货比特币 ETF 数量	总资产（美元）
列支敦士登	1	2.8 亿
巴西	2	1.1 亿
根西岛	3	9 476 万
澳大利亚	1	1 857 万

资料来源：CoinGecko；艾利艾咨询整理。

3. 美国监管机构何以"突然"批准

美国彭博社披露，在 SEC 做出决定之前，当地时间 2024 年 1 月 9 日晚间，其社交媒体平台 X 账户遭入侵，并传播了一条虚假信息，称监管机构已提前一天批准现货比特币 ETF。次日，SEC 官网短暂出现批准令，随后被删除，数分钟后又重新发布。最终，民主党人加里·根斯勒与委员会两名共和党委员共同投票批准了这些产品，而另外两名民主党委员则投了反对票。

彭博社报道称，在 2024 年 1 月 10 日做出决定之前，SEC 拒绝了所有直接跟踪比特币的 ETF 申请，理由是担忧基础市场更易受欺诈和操纵。但 2023 年 8 月，美国联邦法院做出了支持加密资产管理公司灰度的裁决，已让风向发生转变。灰度起诉 SEC，称其拒绝该公司现货 ETF 的决定武断且任性，原因是监管机构已批准期货比特币 ETF。[①] 加里·根斯勒指出，有关灰度的裁决是批准最新一轮现货比特币 ETF 申请的决定性因素，该裁决发布后监管立场发生了转变。不过，他称该批准仅适用于极

---

① 法院认为，SEC 拒绝灰度现货比特币 ETF 申请的理由不充分，且未能解释为何对期货比特币 ETF 和现货比特币 ETF 采取不同监管标准。

为狭窄的投资产品类别，不会改变SEC对加密货币行业的整体的看法。

美国《财富》杂志报道称，运营最大比特币信托的加密资产管理公司灰度于2022年起诉SEC，指控其批准基于期货的ETF却禁止现货工具，此后监管风向开始转变。基于胜诉预期，贝莱德于2023年6月申请了现货比特币ETF，向市场释放了批准是不可避免的信号。灰度在2023年8月胜诉后，相关审批流程正式启动。过去数月，市场对"何时获批"以及"此类新产品的机制如何运作"充满猜测。2023年12月，潜在发行人与SEC经一系列会议后，SEC推出了股票发行和赎回现金结算模式，明确购买、出售比特币的责任由发行人承担。

据彭博社报道，美国莫仕辛格律师事务所（Moses Singer LLP）合伙人、SEC前高级诉讼律师费舍尔认为，SEC多数委员仍对数字资产持审慎立场，加里·根斯勒更将比特币视为一种投机性、波动性资产。费舍尔批评称，"SEC强调'被束缚手脚'，实际上是为比特币价格可能的崩溃推脱责任"。盛德律师事务所合伙人、SEC前委员赫斯特·皮尔斯的法律顾问加里森表示，批准现货比特币ETF绝不意味着SEC将放宽对其他加密货币产品的审批标准，"我坚信，该机构无意将比特币的特殊待遇延伸至其他数字资产"。

《澳大利亚金融评论报》2024年1月11日评论称："SEC此次批准加密货币ETF，尽管言论谨慎，但与一年前相比，比特币现货产品获批堪称'惊人的逆转'。"该报同时披露，加里·根斯勒的声明"比特币是一种投机性、不稳定的资产，也被用于非法活动……"，激怒了加密货币传播群体，玷污了他们的突破性时刻——美国方舟投资管理公司CEO凯西·伍德愤怒地说:"他刚刚贬损了整个加密货币行业","我简直不敢相信"。

2024年1月10日,SEC民主党委员克伦肖发布声明称,"SEC的最新行动既不合理也不符合过往监管逻辑。我不认同今日决策,这一决定让我们走上了一条充满不确定性的道路,进一步削弱对投资者的保护力度"。她还质疑:比特币现货市场流动性提升后,是否会便于犯罪分子、恐怖分子迅速转移资金、规避制裁并利用资金伤害平民?交易量的增加,是否会导致政府部门追踪资金流向的难度加大?如果批准基金与犯罪分子、恐怖分子进行交易,一旦该基金遭到制裁,投资者权益是否会遭受损失?

《纽约时报》认为,3∶2的投票结果,暴露了SEC内部在加密货币监管方面的分歧。美联社指出,SEC的批准态度"极为冷淡",仍对加密货币充满怀疑。

(二)市场反应与各方的态度和动作

1. 比特币价格上升,其他加密货币资产涨跌互现

据英国《金融时报》报道,2024年1月12日,美国首批11只直接投资全球最大加密货币的ETF在证券交易所上市,首日交易量激增,总交易额突破40亿美元。在获得SEC批准的次天,9只新获批ETF和灰度投资转换的280亿美元比特币信托,在纽约证交所、纳斯达克和芝加哥期权交易所的合计交易额也超40亿美元。

比特币价格再度飙升。2024年1月10日,在连续10年拒绝现货比特币ETF申请后,SEC批准了该产品。消息公布后,

比特币价格冲高超 2 000 美元，一度站上 4.7 万美元关口，日内涨幅达 2.44%，收复了前一日的大部分跌幅。尽管当日晚间比特币价格跌至略低于 4.6 万美元的水平，但仍显著高于 2023 年 1 月 1 日的 1.7 万美元。同年 1 月 11 日，伦敦证券交易所集团的数据显示，美国现货比特币 ETF 首日交易量达 46 亿美元，当日比特币价格维持在 4.6 万美元左右（见图 6-1）。

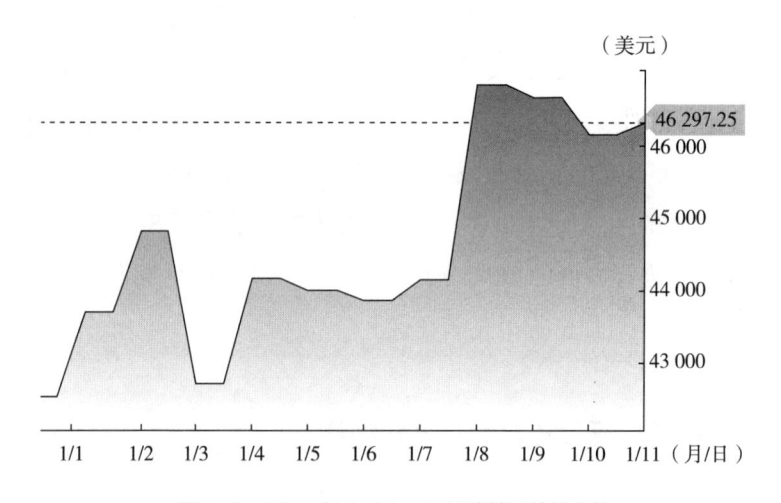

图 6-1　2024 年 1 月 1—11 日比特币价格走势

资料来源：CNBC；艾利艾咨询整理。

其他加密货币资产涨跌互现。CNBC 数据显示，2024 年 1 月 10 日，市值仅次于比特币的以太币上涨约 10%；而最大的上市加密货币交易所 Coinbase 盘后下跌 1.4%。值得注意的是，Coinbase 股价常与比特币价格同步波动，且在前述 11 个现货比特币 ETF 申请中，有 8 个将其列为托管人。

现货比特币 ETF 能吸引的资金规模，各方估计差异较大。美国投行伯恩斯坦分析师预计，比特币流动性将逐步提升，到

2024年有望突破100亿美元。渣打银行分析师预测，仅2024年一年，就可能吸引500亿~1 000亿美元的资金，并将比特币价格推高至10万美元，到2025年底或升至近20万美元的水平。

2. 发行商：市场份额争夺战启幕

2024年1月10日，美国《财富》杂志发文指出，由于SEC监管政策有望放宽，比特币ETF领域的竞争已吸引传统金融和加密货币领域的主要参与者。贝莱德凭借其现有ETF产品矩阵，仍是最具知名度的发行者。其他成功获批的公司，如富达、富兰克林邓普顿和凯茜·伍德执掌的方舟投资，试图通过宣传在数字资产领域的经验吸引投资者；灰度、Hashdex和Valkyrie等原生加密货币公司也参与其中。这场比特币ETF热潮，还吸引了不直接发行比特币ETF但扮演相关角色的参与者——Coinbase是多数发行者的比特币托管方，摩根大通、Jane Street、Virtu等被定为授权参与者，负责处理ETF份额的创建和赎回。

《财富》杂志提及，当前市场参与者众多（包括11家新获批发行机构），过去几周部分公司通过降低费用、豁免优惠互相压价，也有公司依靠引人注目的电视广告、加密社区吸引力营销，如资产管理公司VanEck承诺将5%的利润捐赠给维护比特币区块链的开发者。文章指出，后续需关注的新市场的资金流入规模，以及发行者的市场份额分布。VanEck数字资产研究负责人西格尔近期称，预计仅现有比特币持有者，就有20亿美元流入ETF。

《华尔街日报》也称，这批新上市的比特币ETF费用设定各有差异，费率为0.2%~1.5%。许多公司还提供期间限定优惠，或资产达特定金额可完全免除费用。例如，Valkyrie 旗下 ETF 交易启动后，二次下调费率至 0.25%，且头三个月内免手续费。灰度获准将现有比特币信托基金转换为 ETF，这一举措使其一夜之间成为全球规模最大的比特币 ETF，管理资产规模超 280 亿美元。

3. 投资界：整体仍认为"加密货币是高风险的"

路透社 2024 年 1 月 12 日称，投资界整体仍视加密货币为高风险领域，2022 年加密货币交易所 FTX "爆雷"等丑闻，强化了投资者的戒备心理。《华尔街日报》评论，同年 1 月 9 日 SEC 官方 X 账户遭黑客攻击的"乌龙"事件，"使比特币市场充斥欺诈、易被操纵的论调进一步坐实"。最大的共同基金提供商领航集团发言人表示，公司暂无计划推出加密货币投资产品，重点仍聚焦股票、债券和现金等核心资产类别，称这些是"构建均衡、长期投资组合的基石"。高盛投资战略集团负责人兼财富管理首席投资官莎明·莫萨瓦-拉赫马尼直言："细想一下，比特币这类资产哪有实质价值？我们认为它并非值得投资的资产类别。"

4. 澳大利亚证券交易所：拟批准现货比特币 ETF

《澳大利亚金融评论报》2024 年 1 月 10 日消息，随着美国比特币 ETF 获批打开监管先例，澳大利亚证券交易所于 2024 年上半年批准首只由 Monochrome 资产管理公司发行、与比特币价格挂钩的交易所交易基金。此外，澳大利亚本土基金公司 Betashares 正在筹备类似产品，澳大利亚发行商 Global X 已向当地投资者提供了在芝加哥期权交易所交易的比特币 ETF。与此同时，包括 CommSec 在内的澳大利亚本土经纪商，正寻求向国内投资者提供美国 ETF。

（三）SEC 此次批准的后续影响

1. 复杂性与风险驱动，刺激加密货币、数字货币投资增长

美联社 2024 年 1 月 11 日发文称，此举或将刺激数字货币投资规模扩容，对华尔街及加密货币行业而言，是一场"重大的胜利"。CNBC 同日表示，比特币 ETF 为缺乏加密货币交易经验的人士和机构，提供了买卖比特币的渠道。

加密货币做市商 Keyrock 的联合创始人兼 CEO 凯文·德·帕图尔指出："此次现货比特币 ETF 获批将产生两大主要影响：一是提升比特币在美国市场的渗透率（影响程度有限，因为其他地区早已推出同类 ETF 产品）；二是增强加密货币作为'大类资产'的可信度（影响深远）。随着美国现货比特币 ETF 落地，比特币摆脱了'灰色资产'的标签，主流公众的看法被极大扭转。"

CNBC 认为，这一举措意味着比特币有望跻身主流投资组合，为更多散户投资者创造投资机会。大型机构的基金经理可将比特币 ETF 纳入投资基金配置；规划退休的人群也可将其纳入雇主赞助的 401（k）① 计划。投资者接触比特币的门槛大幅降低——无须弄清存储数字代币的"热钱包"和"冷钱包"之间的

---

① 美国养老金制度"第二支柱"中的企业年金账户。

区别，只需从众多即将推出自己的 ETF、受监管的资产管理公司处购买 ETF。

路透社 2024 年 1 月 11 日指出，现货比特币 ETF 使投资者能获得比特币价格（波动）敞口，而无须承担直接持有比特币的复杂流程和风险，包括在加密货币交易所开设加密钱包和账户（部分交易所网络安全记录较差，易遭黑客攻击）。

2. 传统金融市场与加密货币市场融合

穆迪数字金融高级副总裁巴姆拉表示，SEC 批准现货比特币 ETF，简化了投资流程，并降低风险，有望吸引大量机构资金流入。这一趋势或将提升加密货币市场的稳定性和流动性，从而为数字金融生态系统做出积极贡献。纳斯达克股票市场网站 2024 年 1 月 10 日评论，这一举措堪称"数字货币发展的巨大拐点"，标志着美国在弥合传统金融市场与快速发展的加密货币行业鸿沟方面，迈出了实质性一步。加密货币 Chainlink 联合创始人纳扎罗夫强调，这一批准明确了传统金融机构将在加密货币市场中发挥的重要作用，预计顶级传统金融公司将加速布局加密领域。

3. 加密货币市场监管

2024 年 1 月 10 日，CCI 的 CEO 希拉·沃伦将 SEC 批准事件，定位为加密货币市场的"变革性关键节点"——既会深刻改变市场动态，也将成为监管规则演变的有力催化剂。她表示，SEC 这一决策将降低加密技术准入门槛，并改变公众的看法，使比特币成为多元化投资组合中的合法元素。

加密货币钱包创始人兼 CEO 马里穆图同日表示："随着这项技术的底层逻辑改变，该行业面临诸多监管挑战。今日的消息是朝正确方向推进的关键一步。比特币 ETF 获批，对于数字资产跻身全球资产类别来说，是一个巨大的拐点。"

分析指出，该行业曾深陷破产和丑闻泥沼，而 ETF 在严监管的证券交易所上市，散户投资者可以通过现有的且受严格监管的经纪账户进行交易；其结构也为机构投资者拓宽了持有比特币的路径——一些机构投资者此前被禁止直接投资另类资产[①]。《福布斯》发文指出，即使 SEC 对加密货币的态度并未因现货比特币 ETF 的推出而改变，但或为国会立法创造新的动力。众议院金融服务委员会主席麦克亨利作为加密货币倡导者，称赞这一决定"是 SEC 执法监管记录的重大突破"，并有意以此为契机，推动国会迅速立法确保配套保障措施落地。

4. 对更广泛投资格局的影响

全球区块链媒体 CoinDesk 于 2024 年 1 月 12 日报道称，信用评级机构穆迪旗下投资者服务公司分析师当日表示，比特币 ETF 为美国投资者构建了更受严格监管的加密资产投资渠道，但它们可能不会对整体投资格局产生显著影响。穆迪去中心化金融和数字资产副总裁文特里切称："比特币在投资者投资组合中占比相对较小，ETF 获批本身并非必然驱动这类资产配置比例提升。"

---

① 另类资产有别于股票、债券、货币基金等"传统资产"，通常对专业技能和信息储备要求更高。

5. 不可预见的风险

2023年12月4日，币安发文指出，相较于传统金融市场，更广泛的加密货币市场仍难以预测。由于ETF旨在跟踪标的资产的价格变动，加密货币市场的波动性也会反映在现货比特币ETF的价格中。此外，受市场力量或管理问题的影响，ETF价格可能与比特币价格存在差异，导致ETF相对比特币定价过高或过低。现货比特币ETF的推出将使比特币受更严格的监管，进而导致市场对政策决定更加敏感。不利的监管举措可能会对ETF的价值造成负面冲击，进而降低比特币价格。

《华尔街日报》分析指出，现货比特币ETF获批或将开创一个具有争议性的监管先例，为其他加密资产ETF上市铺路，并使SEC在投资者权益保护方面面临更复杂的监管挑战。当前，包括贝莱德、方舟投资、VanEck和灰度在内的多家资产管理公司已提交申请，计划推出首批追踪以太坊价格的现货ETF。2024年5月是该委员会批准或否决其中部分基金的最后期限。

6. 比特币ETF获批，可能会对亚洲产生较大影响

The Block报道称，香港加密货币风险投资公司安拟集团的联合创始人萧逸（Yat Siu）于2024年1月10日表示，当前亚洲加密货币监管的发展趋势显示，SEC的决定可能会对亚洲的加密货币走向产生较大影响。

加密货币管理平台SmashFi联合创始人兼首席运营官鲍伊克对此观点表示认同。他强调，"自比特币问世以来，亚洲投资者始终展现出比西方投资者更强烈的风险偏好。现货比特币ETF的推出，堪称加密货币与监管框架的完美结合，消除了机构投资者在

构建合规加密货币投资组合过程中长期存在的顾虑"。

加密货币交易所 AsiaNext 的 CEO Chong Kok Kee 解释说，亚洲的加密货币采用率高于其他地区，其中中亚和南亚是采用率最高的地区。他表示，以偏好稳定投资而闻名的亚洲市场可能会发生思维转变，将加密货币视为除交易目的之外的投资资产，因为 ETF 为加密货币投资提供了受监管且风险较低的途径。

（四）美国政府推动下的现货比特币 ETF 突然落地：四个关键背景因素

回顾这一历程，美国推动现货比特币 ETF，有着长远的战略布局。在诸多因素的协同作用下，比特币正逐步朝着美国掌控下的金融新工具方向演进。

1. 各州政府支持：为比特币合法性赋权

比特币政策研究所于 2023 年 3 月发布文章称，尽管美国联邦监管机构（包括 SEC、CFTC、FinCEN、OCC 等）及立法部门（国会与总统行政命令）在比特币监管问题上仍存在多方博弈，但各州政府已通过立法实践悄然推动政策创新，为比特币及相关技术创新的应用落地提供了更具适应性的监管环境。换言之，在各联邦机构为加密货币监管"讨价还价"时，许多州已率先为有意拥有、持有、消费比特币的居民赋权。各种监管措施，尤其是货币服务业务许可证要求，客观上制约了投资者从受监管实体获取比特币的便利性。但美国各州立法者正不断完善监管规则，为比特币行业的健康发展创造条件。

2. 相关布局成形：掌控比特币市场要素

（1）美国以特殊手段实现对全球最大加密货币交易所的掌控

根据 CoinMarketCap 数据，全球加密货币交易所评分超过 7 分的仅有 6 家，分别是币安（9.9 分）、Coinbase（8.2 分）、OKX（7.8 分）、Bybit（7.6 分）、Upbit（7.4 分）、Kraken（7.3 分）。上述头部交易所数量占比不足全球加密货币交易所数量的 2.4%，而美国现已掌控其中最大的两家。

一是全球第一大加密货币交易所——币安。2023 年 11 月美国《纽约时报》发文指出，币安及其联合创始人兼 CEO 赵长鹏认罪。市安承认在向美国客户提供服务时违反反洗钱规定，同意支付超 40 亿美元的罚款，并接受政府指派的监督员监管该公司活动。法庭文件显示，赵长鹏在三年内不得参与币安的任何活动；公司 CEO 职位由理查德·邓接任。从美国掌控比特币市场要素资源角度来看，此次事件具有重大意义。

二是全球第二大加密货交易所——Coinbase。作为美国第一大加密货币交易所、本土加密货币交易和投资平台，Coinbase 受美国政府监管。

（2）美国已构建起全球最密集比特币 ATM 机群

比特币 ATM 统计网站 Coin ATM Radar 数据显示，截至 2024 年 7 月末，全球约有 38 528 台比特币 ATM，其中美国拥有 32 229 台，占比约 83.7%。

（3）美国政府、个人及机构直接控制 7.7% 的流通比特币

目前，依据各机构、交易所等公开信息统计，各实体持有的比特币数量约为 380 万枚，占比特币总流通量的不到 20%。在全球持有比特币数量最多的前十家上市公司中，8 家来自美国，

这 8 家美国公司合计持有 29.8 万枚比特币。美国市场的 10 只现货比特币 ETF 共持有 88 万枚比特币，美国政府通过追缴违法所得持有 21.7 万枚比特币。由此可见，美国政府、个人及机构明面上可控制的比特币数量约为 151.3 万枚，占比特币总流通份额的 7.67%。从已知数据计算美国实体直接控制的比特币数量可知，在全球持有比特币数量最多的 4 个人中，3 名为美国人，这 3 名美国个人合计持有约 11.7 万枚比特币。

3. 超级资本介入：加速比特币 ETF 走向现实进程

与以往申请现货比特币 ETF 的初创公司不同，此次提出申请的多为美国大型资本集团，这体现了美国资本对比特币及现货比特币 ETF 的态度。

（1）美国资产管理巨头积极加入

2023 年 6 月，贝莱德率先提交现货比特币 ETF 申请，富达、景顺等机构紧随其后，这一系列动作迅速将"现货比特币 ETF 能否获批"的议题再次推向市场关注的焦点。截至 2024 年 6 月 30 日，美国投资管理公司富达官网显示，其在全球管理的总资产规模达 14.1 万亿美元；贝莱德官网显示，其在全球管理的总资产规模达 10.6 万亿美元；景顺官网显示，其资产管理规模为 1.72 万亿美元。

Foresight News 于 2023 年底发文指出，多年来，SEC 一直对是否批准现货比特币 ETF 犹豫不决，部分原因在于对加密货币市场成熟度存疑，以及担忧存在被操纵的可能性。作为华尔街领先的金融机构之一，贝莱德对现货比特币 ETF 表现出浓厚兴趣。这一举动不仅有力推动了该产品合法化的进程，也从侧面反映出市场对现货比特币 ETF 或有一定的需求。贝莱德的动机虽可理解，但对其进入该市场的内部决策机制，外界却知之甚少。有人猜测，贝莱德 CEO 拉里·芬克与时任 SEC 主席加里·根斯勒曾有私下沟通，芬克的行动基于现货比特币 ETF 会很快获批的预期。

（2）美国全球系统重要性银行参与投资

据加密货币专业媒体 Cryptoslate 报道，摩根士丹利已通过灰度比特币信托（GBTC）向现货比特币 ETF 注资 2.699 亿美元。英国金融数据公司 Fintel 分析，这一投资规模仅次于萨斯奎哈纳国际集团的 10 亿美元。摩根士丹利是率先涉足比特币 ETF 的全球系统重要性银行之一，有类似披露的知名银行包括摩根大通、加拿大皇家银行、富国银行、法国巴黎银行及瑞银集团，凸显出传统金融机构对加密货币市场兴趣日益增长的趋势。

其他投资者效仿重要银行，展现出对现货比特币 ETF 的投资兴趣。2024 年 5 月 14 日，纽约咨询公司 Pine Ridge Advisers 报告披露，对现货比特币 ETF 的投资为 2.058 亿美元，分布在贝莱德 IBIT（8 320 万美元）、富达 FBTC（9 340 万美元）和 Bitwise BITB（2 930 万美元）。位于纽约的 Boothbay 基金管理公司披露，对现货比特币 ETF 的投资为 3.77 亿美元，包括 1.498 亿美元的贝莱德 IBIT、1.055 亿美元的富达 FBTC、6 950 万美元的灰度 GBTC 和 5 230 万美元的 Bitwise BITB。

4. 监管技术突破：比特币褪去"匿名性"光环，或成 SEC 放开现货比特币 ETF 前提

2023 年 4 月，美国《华尔街日报》报道称，美国执法机构借助区块链追踪技术，已能够锁定加密货币案件罪犯，如今联邦

调查部门不仅可实施抓捕，还能追回赃款。在加密货币交易所和区块链研究公司的配合下，执法部门梳理了过往调查收集的数据，据此绘制出加密货币交易全球犯罪网络流动图。政府调查人员利用了比特币等数字货币的特性——每笔交易永久存储在区块链网络账本。官方机构和私人企业编纂"区块链地址簿"，协助国税局、美国联邦调查局（FBI）及各州地方性权力部门调查网络犯罪。纽约的区块链研究公司 Chainalysis Inc. 透露，已绘制出超 10 亿个钱包地址，在区分合法财产与可疑财产的同时，锁定某笔加密货币兑换为现金的交易所。

"香港 01"网站 2024 年 1 月 17 日发文指出，比特币现货的市场操纵风险，主要来自做市商或市场参与者在中心化交易所（CEX）的交易活动。若美国监管机构能覆盖 CEX 的交易，便能实现对风险的相对把控。美国的监管做法是，通过落地监管合规，覆盖 Coinbase 和 Kraken 两家美国加密货币交易所，同时"定点整治"交易体量最大的币安，顺利实现合规管控。

（五）跟踪现货比特币 ETF 上市后海外关注的四个问题走向

对于加密货币行业来说，现货比特币 ETF 获批被视为重大胜利。该产品在监管严格的证券交易所上市，投资者可通过传统股票账户直接持有。这一机制提升了加密货币行业的合法性，推动比特币进一步走向主流。以比特币为代表的加密货币被多数金融机构接受，围绕比特币开发的新产品或准金融产品将增多，这也进一步确认了其资产属性，比特币已成为主流配置资产之一。

但从长期来看，比特币及加密货币行业发展仍需解决诸多现实问题，比如与传统金融生态融合等。现货 ETF 获批虽能提升比特币的交易透明度，但比特币交易的一些争议性问题，如洗钱、非法交易等，仍待进一步解决。

另外，比特币本质是去中心化的加密货币，大规模使用可能会对国家货币主权造成侵蚀。多年来，面对加密货币的冲击和挑战，为维护金融稳定、巩固数字经济时代法币地位，全球主要国家已经在探索和研究 CBDC。

从美国视角看，SEC 内部仍存在较大争议。过去该机构一直以市场不成熟、存在操纵可能性等理由，拒绝现货比特币 ETF 申请，如今转变态度予以批准，或说明美国已经围绕比特币等加密货币建立起相应的监管框架。有分析认为，美国监管机构借比特币市场的发展，引导金融机构和科技公司在区块链技术及应用上进行投入，促进美国金融体系的创新发展。对此，需要紧密追踪、观察和研判。

1. 是否进入机构配置加密货币时代

股票、债券、基金等传统资产存在近一个世纪，机构投资者对其回报特征、估值手段、交易机制，以及各类风险（如产品本身流动性风险、利率风险、交易对手风险，法律与合规风险等）早已熟知。围绕传统资产，已形成职责清晰、成熟稳定的清算机构、做市商、券商等机构，提升了市场的流动性和效率。

比特币等加密货币则缺乏传统资产的关键要素，导致机构难以准确评估其风险特征。尤其在加密货币交易所 FTX "爆雷"事件后，市场对加密货币的风险警惕情绪急剧升温。在此背景下，现货比特币ETF的推出为机构配置加密资产开辟了一条新路径：一方面，ETF在美国市场已存在近30年，大众对其认知度较高；另一方面，比特币等加密货币所采用的区块链技术、共识机制等专业概念，对很多投资者而言仍比较陌生。尽管当前市场已存在专注加密货币交易的做市商等流动性机构，但这些主体尚未得到传统资产领域的广泛认可。因此，投资者认为，通过支付管理费，委托专业人士处理比特币交易的托管、结算风险及运营事务，是更妥当的办法，还无须承担直接持有现货比特币的风险——这正是现货比特币ETF上市后受到热捧的原因之一。有观点认为，SEC批准现货比特币ETF，不仅降低了加密货币市场的风险，更重要的是显著降低了加密货币被禁止的法律风险。

随着美国国会通过FIT21，加密货币监管体系正逐步明晰，美国加密货币生态体系或趋向完善，做市商、券商等促进市场流动性的机构或得以壮大，机构配置加密货币资产的时代可能随之到来。

2. 加密货币投资有无形成颠覆传统投资之势

截至2024年第一季度末，首批现货比特币ETF的资金流入，由持有近80%份额的散户主导推动，专业机构仍处于观望状态，尚未大规模布局。从资产管理规模来看，现货比特币ETF在庞大的美国ETF市场中，仅占极小的比例。

在总市值方面，比特币与黄金差距显著。世界黄金协会估算，截至2024年2月1日，全球已开采黄金达21.2582万吨，以同年6月17日7467.6万美元/吨现价计，总价值为15.8万亿美元；比特币2024年6月16日的价格约为66639美元/枚，其可开采总量上限为 2 100 万枚，据此计算，总价值约 1.4 万亿美元，不及黄金总价值的 9%。

调查结果显示，当前，高收入投资者对传统资产的配置比例，仍显著高于比特币等加密货币。未来这种状况是否会发生改变？外界认为，尽管现阶段多数机构投资者仍在观望，但在未来数年内，除专注加密货币投资的机构和账户外，多数机构可能只将加密货币及其衍生品作为投资组合的风险对冲工具，主要配置仍将集中于规模庞大的股票、债券、衍生品等传统资产，以及私募基金、对冲基金等另类资产类别。不过，若加密货币体系进一步朝成熟的方向发展，机构资金流向加密领域的可能性，便值得持续关注。

3. 比特币带给金融与经济的风险是否会快速显露

从全球视角来看，加密货币金融在美国等国家（地区）持续发展。在此背景下，市场不仅需要关注现货比特币 ETF 的微观风险，还要警惕加密货币可能给金融、经济体系带来的宏观风险。

2021 年 7 月，国际货币基金组织发布研究报告指出，如果比特币等加密资产得到广泛应用，可能引发如下金融风险。

第一，冲击宏观经济稳定。这是最直接的影响。若货物和服务同时以法定货币、加密资产定价，家庭与企业将花费大量时间和资源选择持有哪种货币，而非专注生产活动；类似地，如果税收预先以加密资产计价，而财政支出仍主要以本币计价，那么政府财政收入将面临兑换风险，反之同理。

第二，货币政策可能失效。央行无法设定外币利率。通常情况下，当一国（地区）采用某种外币作为本国货币时，实则是借助外国货币政策的信誉，期望本国（地区）经济发展态势、利率水平与外国经济周期保持一致。但在广泛采用加密资产时，这两点难以实现，国内物价可能变得极不稳定。即使所有价格都以比特币等加密数字资产计价，进口货物和服务的价格，仍会因市场估值剧烈波动而大幅震荡。

第三，银行及其他金融机构或受加密资产价格大幅波动的影响。如果比特币等加密货币获得法币地位，是否还能维持对银行外币或风险资产敞口的审慎监管，目前还不明确。

第四，损害消费者利益。家庭和企业可能因加密资产价值大幅波动、遭遇欺诈或网络攻击而蒙受财产损失。尽管加密资产的底层技术被认为较为稳健，但仍可能出现技术故障。就比特币而言，因无法定发行人，投资人很难行使追索权。

第五，影响金融诚信。如果不采取强有力的反洗钱、反恐怖融资措施，加密资产可能被用于洗钱、资助恐怖主义活动及偷税漏税，给一国（地区）的金融体系、财政收支、对外关系、代理行关系等带来风险。

现货比特币 ETF 市场的负面作用是否会迅速超过正向预期，也引发了关注。韩国金融研究所（KIF）2024 年 6 月 21 日发布的《海外现货虚拟资产 ETF 审批审查》研究报告指出，全球范围内，现货比特币 ETF 的批准和推出已成为趋势，这在韩国金融界引发了广泛的关注与讨论。然而，该报告对将比特币、以太币等现货加密货币 ETF 引入韩国持担忧态度，认为虽然现货加密货币 ETF 在国际上越来越受欢迎，但将其融入韩国经济，可能会带来诸多不利影响而非益处。报告主要担忧，此类基金可能导致大量资本从当地金融市场流向动荡的加密货币领域，冲击韩国关键行业的投资。韩国金融研究所还特别指出，允许设立此类ETF产品可能产生副作用。韩国金融研究所研究员李普美认为，虚拟资产挂钩产品的发行和交易，尽管可以为投资者提供机构层面的保护，也可能让金融公司从中获得盈利，但推出比特币ETF产品也伴随着不可忽视的副作用，或引发几个关键问题：一是资源配置效率受影响；二是与虚拟资产相关风险增加；三是整体金融市场的稳定性遭到破坏。

4. 香港批准现货比特币和以太坊 ETF，是否意味着中国加密货币政策会改变

2024年4月24日，华夏基金（香港）、嘉实国际、博时国际宣布，三家基金子公司申请的首批香港现货比特币 ETF、现货以太坊 ETF 产品，均已获得香港证监会批准，并于同年5月2日在香港交易所上市交易。这一动作引发业界关注，加密货币媒体 CoinPedia、加密社群 BitcoinLFG 据此推测，"以对加密货币采取强硬立场而闻名的中国，应该很快就会重新考虑对比特币的禁令"。

中国在全球监管加密货币的国家（地区）中，处于最严格的行列。2017年9月4日，中国人民银行等七部门联合发布《关于防范代币发行融资风险的公告》，明确自公告发布日起，各类代币发行融资活动应当立即停止。2021年9月15日，中国人民银行、中央网信办、最高人民法院、最高人民检察院等十部门联合发布《关于进一步防范和处置虚拟货币交易炒作风险的通知》，进一步明确了虚拟货币及相关业务活动的本质属性：一是虚拟货

币不具有与法定货币等同的法律地位；二是虚拟货币相关业务活动属于非法金融活动；三是境外虚拟货币交易所通过互联网向我国境内居民提供服务同样属于非法金融活动；四是参与虚拟货币投资交易活动存在法律风险。

然而，美国等西方媒体却宣称，中国境内一直存在加密货币交易。美国《华尔街日报》2024年1月18日刊文《自助洗衣店和VPN——中国加密货币交易者绕开监管的秘密手段》称，"交易者通过位置掩码技术、宽松的交易所管制，以及在咖啡馆等公共场所秘密会面等手段，绕开了相关规定。中国的小投资者，利用由经纪人和中间人构成的地下网络，规避中国对加密货币交易的严格管制"。

该文还提及，区块链分析公司Chainalysis的数据显示，2022年7月至2023年6月，中国交易者从加密货币活动中净获得现金860亿美元；2023年某单月，其在币安上的交易额达900亿美元左右。这一数据与FX168财经消息一致："2023年仅一个月，币安在中国境内开展900亿美元的加密货币交易，使中国成为这家全球最大交易所的最大市场。"

《华尔街日报》称，中国的许多用户仍持有境外的加密货币交易所账户，这些账户是国内交易禁令实施前创建的。用户通常通过VPN（虚拟专用网络）访问境外账户。Bybit、KuCoin、Gate.io等交易所目前不向中国用户开放开户，还有一些交易所表示已关闭中国账户，但交易所火币（HTX）推出"数字公民计划"，允许用户以其他国籍申请开户。

法国《世界报》刊文提及，"中国香港正在效仿美国"。关注加密金融的比利时金融家德·弗利格尔称，"不可否认美国开了先河,但中国香港似乎想通过批准以太币 ETF 上市交易来迎头赶上"。

有观点认为,加密货币逐渐成为全球资本配置的一种手段,香港凭借背靠内地的独特区位,有望吸引部分全球增量资本来港,配置加密货币资产。若成为现实,或有助于中国在加密货币领域获得话语权。FX168 财经(亚太)2024 年 2 月 7 日评论:"中国实行'一国两制',香港对加密货币的开放立场,在一定程度上得到了中国政府的认可。让加密货币在港蓬勃发展,是中国在控制风险的前提下,保留参与加密货币市场的安全路径。"而同年 5 月 6 日的消息称:"最近香港批准现货比特币、以太币 ETF,标志着中国加密货币政策的潜在转折点。""香港批准比特币 ETF,对中国有多方面影响,尽管香港在金融事务上拥有自主权,但其建设数字资产中心的举措,可能会促使中国重新审视加密货币禁令。""随着香港比特币 ETF 的日益普及,可能会探寻重新参与加密货币市场的机会。这些 ETF 若取得成功,可展现受监管、合规的加密货币投资潜力,从而打消中国对金融稳定受冲击和非法活动滋生的担忧。"

二、AI 加密货币:金融领域"新武器"

在当今数字时代,AI(人工智能)与加密货币均被美国纳入科技革命范畴。近年来,二者融合产生的 AI 加密货币,已开始受到投资者关注。这类货币利用区块链技术为 AI 项目提供支持,代表着 AI 和区块链技术融合的前沿方向,既为 AI 项目提供了新的融资路径,也为投资者开辟了新的投资领域。

(一) AI加密货币：美、英两国最感兴趣

2024年3月，CoinGecko研究数据显示，2024年，在AI加密货币领域，15个国家占据了全球关注度份额的74.4%。其中，美国以18.86%居于首位；英国（9.14%）、土耳其（6.54%）、印度（5.70%）、荷兰（5.56%）、澳大利亚（5.34%）依次紧随其后；其他国家（地区）关注占比均低于5%（见表6-2）。

东南亚地区也展现出浓厚兴趣，该地区有4个国家跻身关注度份额前15。菲律宾（2.82%）位列第10；新加坡（2.18%）排第11；印度尼西亚（2.16%）居第12；越南（1.25%）排第15。

欧盟成员中最感兴趣的国家是荷兰（5.56%），位列第5；波兰（3.20%）、德国（3.20%），并列第8；法国（2.09%）排第13。

表6-2 2024年对AI加密货币最感兴趣国家地区（前15）

排名	国家（地区）	占全球关注度的份额（%）	排名	国家（地区）	占全球关注度的份额（%）
1	美国	18.86	8	德国	3.20
2	英国	9.14	10	菲律宾	2.82
3	土耳其	6.54	11	新加坡	2.18
4	印度	5.70	12	印度尼西亚	2.16
5	荷兰	5.56	13	法国	2.09
6	澳大利亚	5.34	14	尼日利亚	1.82
7	加拿大	4.54	15	越南	1.25
8	波兰	3.20	—	其他	25.60

资料来源：CoinGecko；艾利艾咨询整理。

（二）全球约有 184 种 AI 加密货币，10 种进入全球加密货币市值前 200

CoinGecko 统计数据显示，截至 2024 年 8 月 22 日下午，全球约有 184 种 AI 加密货币，总市值达 220 亿美元，约占全球加密货币总市值（2.23 万亿美元）的 0.99%。其中，21 种市值超 1 亿美元，合计 195.38 亿美元，占 AI 加密货币总市值的 88.8%；6 种市值超 10 亿美元，包括 NEAR Protocol（46.79 亿美元）、Internet Computer（36.08 亿美元）、Artificial Superintelligence Alliance（24.37 亿美元）、Bittensor（21.37 亿美元）、Render（18.89 亿美元）、The Graph（14.32 亿美元），合计 161.82 亿美元，占 AI 加密货币总市值的 73.6%；10 种进入全球加密货币市值前 200（见表 6-3）。

表 6-3　市值超 1 亿美元的 AI 加密货币

排名	在所有加密货币中的排名	英文名称	符号	总市值（亿美元）
1	26	NEAR Protocol	NEAR	46.79
2	29	Internet Computer	ICP	36.08
3	37	Artificial Superintelligence Alliance	FET	24.37
4	43	Bittensor	TAO	21.37
5	51	Render	RENDER	18.89
6	59	The Graph	GRT	14.32
7	114	Akash Network	AKT	6.15
8	129	AIOZ Network	AIOZ	4.83
9	172	Golem	GLM	3.14

续表

排名	在所有加密货币中的排名	英文名称	符号	总市值（亿美元）
10	197	Arkham	ARKM	2.72
11	227	SingularityNET	AGIX	2.22
12	233	OriginTrail	TRAC	2.13
13	245	Qubic	QUBIC	1.95
14	291	PAAL AI	PAAL	1.48
15	295	Ocean Protocol	OCEAN	1.46
16	303	Zignaly	ZIG	1.42
17	316	Delysium	AGI	1.29
18	324	Numeraire	NMR	1.27
19	341	iExec	RLC	1.18
20	344	Marlin	POND	1.18
21	354	Nosana	NOS	1.14

注：数据统计截至2024年8月22日14:00。

资料来源：CoinGecko；艾利艾咨询整理。

（三）最受欢迎的25种AI加密货币中，10种名称含"AI"或"ai"

CoinGecko研究结果显示，2024年1月1日—3月10日，最受欢迎的25种AI加密货币中，10种名称含"AI"或"ai"。这种市场关注热度，至少部分缘于投资者对人工智能相关概念货币的投机倾向。依据非机器人网络流量份额数据，Bittensor（11.95%）、Render（10.18%）、Fetch.ai（8.86%）凭借市值和价格表现受到市场青睐（见表6-4）。

表6-4 2024年最受欢迎的25种AI加密货币
及市场份额（按非机器人网络流量）

排名	AI加密货币	市场份额（%）	排名	AI加密货币	市场份额（%）
1	Bittensor (TAO)	11.95	14	Nosana (NOS)	2.81
2	Render (RNDR)	10.18	15	Oraichain (ORAI)	2.51
3	Fetch.ai (FET)	8.86	16	Ocean Protocol (OCEAN)	2.35
4	Akash Network (AKT)	5.79	17	AIOZ Network (AIOZ)	2.29
5	PAAL AI (PAAL)	5.72	18	0x0.ai (0X0)	2.12
6	PaLM AI (PALM)	4.94	19	TokenFi (TOKEN)	2.03
7	SingularityNET (AGIX)	4.41	20	GameSwift (GSWIFT)	1.95
8	Solidus AI Tech (AITECH)	4.16	21	Arkham (ARKM)	1.92
9	DeepFakeAI (FAKEAI)	4.06	22	Sleepless AI (AI)	1.91
10	ChainGPT (CGPT)	3.94	23	Zignaly (ZIG)	1.91
11	Autonolas (OLAS)	3.94	24	Clore.ai (CLORE)	1.88
12	AIT Protocol (AIT)	3.72	25	Delysium (AGI)	1.80
13	LayerAI (LAI)	2.85	—	—	—

注：本研究以2024年1月1日—3月10日CoinGecko上最受欢迎的25种AI加密货币为基础，对各国非机器人网络流量展开分析，有机器人网络流量的AI加密货币未纳入统计。

资料来源：CoinGecko；艾利艾咨询整理。

（四）AI加密代币市值与交易均显著增长

英国路透社2024年3月19日消息称，2023年，诸多AI加密代币的崛起势头甚至超过比特币。据CoinGecko统计，AI加密代币总市值已从 2023 年 4 月的 27 亿美元，飙升至 2024 年 3 月的 264 亿美元。由加密货币行业媒体 CoinDesk 整理的计算指数（包括 AI 相关代币），过去 12 个月内跃升超 165%，超过比特币 151% 创纪录涨幅。加密货币研究机构 Kaiko Research 数据显示，2024 年 2 月底，AI 加密代币交易量创下 38 亿美元的历史新高。在 AI 相关区块链产品及各类服务场景中，包括支付、交易模型、机器生成的 NFT，以及基于区块链的人工智能应用市场，用户都可通过加密货币向开发者支付费用。

美国资产管理公司范达投资基金经理马修·西格尔和帕特里克·布什的研究报告指出："AI 应用将成为加密货币存在的理由。"目前，已有一些顶级区块链项目落地，包括 Render Network（用于点对点共享人工智能生成图形的区块链平台）、Fetch.AI（构建人工智能应用的平台）和 SingularityNET（人工智能服务交易市场）。报告预测："到 2030 年，AI 加密项目收入在基准情形下有望达到 102 亿美元，乐观情形下可能超过 510 亿美元。"使用加密代币作为奖励，开发物理计算基础设施、提升数据验证和数字所有权证明的透明度，是区块链技术为人工智能开发创造现实价值的主要领域。

美国分布式加密定位服务提供商 XYO Network 联合创始人马库斯·文认为："随着人工智能系统和区块链网络的不断发展，我们将见证越来越多跨行业融合的应用案例。"同时，他也发出警告："我们仍处于人工智能网络与基于区块链网络集成的早期阶段，许多代币的效用仍然非常不确定。"

（五）一些国家密切追踪加密货币的市场趋势

迷因币作为独特的加密货币，近年来颇受关注——其融合了幽默元素、创意表达和社交互动，代表着一种文化现象。最典型的迷因币是狗狗币，特斯拉 CEO 马斯克的相关推文都能直接影响其价格。CoinGecko 的研究显示，2023 年美、英两国引领了迷因币热潮，凸显在加密货币市场中的重要地位。在 AI 加密货币和 2023 年的迷因币领域，印度、澳大利亚、加拿大、菲律宾也处于全球排名前列，显示出这些市场对加密货币创新趋势的反应更为敏感。

三、特朗普新政府：着力布局未来金融战略高地

（一）美国抢占加密货币要素市场举动：已成"明面"上可流通比特币最大持有主体

1. 美国政府比特币持有量占全球各国（地区）政府持币总量的 8.6%，约占 2 100 万枚总供应量的 1.02%

（1）各国（地区）政府：持有比特币占 2 100 万枚总供应量的 11.8%

加拿大比特币企业 Coinkite 运营的 BitcoinTreasuries 网站数据显示，截至 2024 年 8 月 9 日，各国（地区）政府持有的比特币总量约为 247.720 6 万枚，占 2 100 万枚总供应量的 11.8%，目前总价值约 1 508.13 亿美元；其中，9 个国家（地区）政府持有的比特币总量约为 51.741 4 万枚，占 2 100 万枚总供应量的

2.46%，目前总价值约 315 亿美元（见表 6-5）。各国（地区）政府持有的比特币，或是通过查处犯罪活动没收所得，或是通过接受捐赠、购买等方式取得。

表 6-5　各国（地区）政府目前持有比特币情况

国家（地区）	数量（枚）	目前市值（百万美元）	占 2 100 万枚总供应量的比重（%）
美国	213 246	12 982.45	1.02
中国	190 000	11 567.23	0.91
英国	61 000	3 713.69	0.29
乌克兰	46 351	2 821.86	0.22
萨尔瓦多	5 800	353.10	0.03
不丹	621	37.81	0.00
委内瑞拉	240	14.61	0.00
芬兰	90	5.48	0.00
格鲁吉亚	66	4.02	0.00
上述国家（地区）累计	517 414	31 500.24	2.46
全球累计	2 477 206	150 812.65	11.80

注：数据动态更新，统计截至 2024 年 8 月 9 日。
资料来源：BitcoinTreasuries；艾利艾咨询整理。

（2）美国政府：持有比特币占 2 100 万枚总供应量的 1.02%

当前，美国政府是比特币最大持有者，拥有 213 246 枚比特币，占 2 100 万枚总供应量的 1.02%，市值约 129.82 亿美元，其来源均为查没所得。

2020 年 11 月，美国政府决定，没收 69 369 枚与已解散的"丝绸之路"（Silk Road）暗网市场相关比特币。

2016年8月，加密货币交易所Bitfinex遭黑客攻击，损失119 756枚比特币。2022年初，美国司法部宣布逮捕一对涉嫌清洗该事件中12万枚比特币赃款的美国夫妇，并冻结其账户中的94 643枚。这成为美国司法部迄今为止扣押的最大单笔加密货币。

2022年3月，美国司法部延续对"丝绸之路"暗网案的查处行动，扣押了美国国税局2021年11月于黑客詹姆斯·钟美国住所查获的51 326枚比特币。

美国《华尔街日报》2023年10月报道，美国是世界上最大的比特币持有主体之一。与其他加密货币持有巨头不同，美国并不关心数字货币价值涨跌，原因在于其持有的20万枚比特币，均来自对网络犯罪分子及暗网市场的查获。这些比特币主要以离线形式，存储于由美国司法部、美国国税局或其他机构控制的加密且受密码保护的存储设备（即硬件钱包）中。据加密货币公司21.co分析，仅最近三次扣押行动，就将超20万枚的比特币收归政府金库。而美国政府的比特币总储备量，可能要大得多。

（3）中国政府：持有比特币占2 100万枚总供应量的0.9%

据BitcoinTreasuries统计，中国政府持有19万枚比特币，规模仅次于美国，占2 100万枚总供应量的0.9%，目前市值约115.67亿美元。

根据2020年11月26日江苏省盐城市中级人民法院在中国裁判文书网发布的PlusToken传销案二审刑事裁定书，2018年初，被告人陈波以区块链为名设立PlusToken平台开展传销活动。2019年1月，为逃避法律打击，陈波等人将平台客服组、拨币组迁至柬埔寨西哈努克城，继续以 PlusToken 平台进行传销活动。经查，PlusToken 传销案共涉及 194 102 枚 BTC、831 216 枚 ETH、142 万枚 LTC、2 720 万枚 EOS、74 055 枚 DASH、4.87 亿枚 XRP、60 亿枚 DOGE、79 183 枚 BCH、213 724 枚 USDT，合计价值约 42 亿美元。法院裁定依法扣押、没收所得资金及收益，上缴国库。

（4）英国政府：持有比特币占 2 100 万枚总供应量的 0.29%

英国政府目前拥有 6.1 万枚比特币，市值约 37.14 亿美元，占 2 100 万枚总供应量的 0.29%。

2018 年，伦敦警方突查钱志敏及其助手温简在英住所，两年半后在查扣的电脑中发现藏有 6.1 万枚比特币。2021 年 5 月，温简被捕，而钱志敏逃离英国。英国《金融时报》2024 年 5 月 24 日消息称，英国法院对一起比特币洗钱案做出量刑裁定，涉案的英籍华裔女子（温简）因协助雇主洗钱被判 6 年零 8 个月。法官莎莉-安·黑尔斯称，"这是一起经过精心策划、手法复杂的犯罪行为"。

经查，钱志敏是 2017 年中国"蓝天格锐"非法集资案主犯，涉案金额达 430 亿元，导致约 12.6 万名投资者受损。案发后，钱志敏持有大量比特币，使用假护照潜逃海外。

（5）乌克兰政府：持有比特币占 2 100 万枚总供应量的 0.22%

乌克兰政府目前拥有 46 351 枚比特币，市值约 28.22 亿美元，占 2 100 万枚总供应量的 0.22%。2024 年 7 月 15 日，全球区块链和加密货币新闻网站 Cryptonews 报道称，这些比特币主要来自警方查没资产和个人捐赠，其中包括：2023 年从特殊通信服务前负责人尤里·什奇戈处没收的价值 150 万美元的比特币；2022年以来，乌克兰已累计接收价值超2.25亿美元的比特币捐赠；2020年，一些公务员申报持有的比特币价值超27亿美元，尽管这些资产可能不完全由乌克兰政府直接控制。

（6）萨尔瓦多政府：持有比特币占2 100万枚总供应量的0.03%

因2021年宣布比特币为法定货币，成为至今全球首个将比特币作为法币的国家，萨尔瓦多政府目前拥有5 800枚比特币，市值约3.531亿美元，占2 100万枚总供应量的0.03%。《巴拿马星报》2022年11月刊文称，总统纳伊布·布克尔表示政府将每日购买1枚比特币。

（7）德国政府：出售没收的46 359枚比特币

2024年7月，CoinGecko披露，2013年德国在打击盗版网站行动中没收的46 359枚比特币，已于2024年6月19日至7月12日完成全部清算。受此影响，在此期间比特币价格从64 547.32美元/枚跌至54 418.46美元/枚，下跌15.7%。

2. 基金、ETF基金或类似物：全球40只合计持有比特币约108.5万枚，其中86.2%由美国的16只持有

BitcoinTreasuries的统计数据显示，截至2024年8月9日，全球范围内共有40只基金、ETF基金或类似物在美国、加拿大、英国、瑞士、巴西、德国等国发行，合计持有108.5万枚比特币，总市值约658.28亿美元，占2 100万枚总供应量的5.17%。其中，持有1万枚及以上的有13只，合计持有98.3万余枚比特币，总市值约596.21亿美元，占2 100万枚总供应量的4.68%。包括持有比特币数量前6在内的8只属于美国，合计持有约89.5

万枚比特币，占全球基金、ETF基金或类似物所持比特币总量的82.5%（见表6-6）。

表6-6 基金、ETF基金或类似物目前持有比特币情况

排名	名称	国家（地区）	数量（枚）	目前市值（亿美元）	占2100万枚总供应量的比重（%）
1	iShares Bitcoin Trust	美国	347 995	211.04	1.66
2	Grayscale Bitcoin Trust	美国	232 542	141.02	1.11
3	Fidelity Wise Origin Bitcoin Fund	美国	176 623	107.11	0.84
4	ARK 21Shares Bitcoin ETF	美国	46 621	28.27	0.22
5	Bitwise Bitcoin ETF	美国	37 508	22.75	0.18
6	Grayscale Bitcoin Mini Trust	美国	31 226	18.94	0.15
7	Purpose Bitcoin ETF	加拿大	27 040	16.40	0.13
8	ETC Group Physical Bitcoin	德国	20 850	12.64	0.10
9	CoinShares Bitcoin Tracker One XBT Provider	瑞典	14 816	8.99	0.07
10	CoinShares Physical Bitcoin ETP	泽西岛	14 748	8.94	0.07
11	Bitwise 10 Crypto Index Fund	美国	11 315	6.86	0.05
12	21Shares Bitcoin ETP	瑞士	10 931	6.63	0.05
13	VanEck Bitcoin Trust	美国	10 917	6.62	0.05
	上述13家累计		983 132	596.21	4.68
	全部累计		1 085 479	658.28	5.17

注：数据动态更新，统计截至2024年8月9日。
资料来源：BitcoinTreasuries；艾利艾咨询整理。

该网站统计的 40 只基金、ETF 基金或类似物中，16 只来自美国，合计持有 935 883.3 枚比特币，占 2 100 万枚总供应量的 4.46%，占全球基金、ETF 基金或类似物所持比特币总量的 86.2%，总市值约 567.56 亿美元。

3. 上市公司：全球 51 家上市公司持有比特币约 32.7 万枚，其中 91.6% 由美国的 23 家持有

据 BitcoinTreasuries 网站统计，截至 2024 年 8 月 9 日，全球有统计数据的 51 家上市公司，合计持有约 32.7 万枚比特币，占 2 100 万枚总供应量的 1.560%，总市值近 200 亿美元。其中，持有 1 000 枚及以上比特币的 19 家公司，合计持有约 32 万枚，价值约 195 亿美元，占总供应量的 1.523%。

在上述 51 家上市公司中，23 家来自美国，持有 299 803.14 枚比特币，占 51 家上市公司比特币持有量的 91.6%，占 2 100 万枚总供应量的 1.03%，总市值约 182.75 亿美元。其中，持有比特币数量前 5 的公司均为美国企业：加密货币开发公司微策略以 226 500 枚居首；"挖矿"公司 Marathon Digital Holdings 持有 20 000 枚，位列第二；特斯拉（Tesla）持有 9 720 枚，排名第三；加密货币交易所 Coinbase 持有 9 480 枚，排名第四；"挖矿"公司 Riot Platforms 持有 9 334 枚，位居第五（见表 6-7）。

表 6-7 全球持有比特币上市公司

排名	公司名称	国家	数量（枚）	目前市值（亿美元）	占 2 100 万枚总供应量的比重（%）
1	Microstrategy, Inc.	美国	226 500	138.060 0	1.079
2	Marathon Digital Holdings	美国	20 000	12.190 0	0.095

续表

排名	公司名称	国家	数量（枚）	目前市值（亿美元）	占2 100万枚总供应量的比重（%）
3	Tesla, Inc.	美国	9 720	5.924 9	0.046
4	Coinbase Global, Inc.	美国	9 480	5.778 6	0.045
5	Riot Platforms, Inc.	美国	9 334	5.689 6	0.044
6	Hut 8 Mining Corp	加拿大	9 109	5.552 5	0.043
7	Block, Inc.	美国	8 038	4.899 6	0.038
8	CleanSpark, Inc.	美国	6 591	4.017 6	0.031
9	Galaxy Digital Holdings Ltd	加拿大	4 000	2.438 2	0.019
10	Bitcoin Group SE	德国	3 589	2.187 7	0.017
11	HIVE Digital Technologies	加拿大	2 496	1.521 5	0.012
12	Cipher Mining	美国	2 209	1.346 5	0.011
13	Exodus Moveent, Inc.	美国	1 787	1.089 3	0.009
14	NEXON Co., Ltd.	美国	1 717	1.046 6	0.008
15	Aker ASA	挪威	1 170	0.713 2	0.006
16	Boyaa Interactive International Limited	中国	1 100	0.670 5	0.005
17	Canaan Inc.	美国	1 057	0.644 3	0.005
18	Bit Digital, Inc.	美国	1 038	0.633 0	0.005
19	Fold Inc.（FTAC Emerald Acquisition Corp.）	美国	1 000	0.609 6	0.005
上述19家合计			319 935	195.02	1.523
51家持有比特币上市公司总计			327 406	199.57	1.560

注：数据动态更新，统计截至2024年8月9日。
资料来源：BitcoinTreasuries；艾利艾咨询整理。

4. 私营公司：持有38.3万枚比特币，45.7%由美国公司持有

据BitcoinTreasuries网站统计，截至2024年8月9日，持有比特币的私营公司共14家，合计持有约38.3万枚，总市值近233.2亿美元，占2 100万枚总供应量的1.82%。其中，持有1万枚及以上的公司6家，合计持有约37.7万枚，占总供应量的1.79%，总市值约229.4亿美元：美国2家持有174 889枚，英属维尔京群岛1家持有75 354枚，塞舌尔1家持有54 652枚，直布罗陀1家持有38 931枚，日本1家持有32 899枚（见表6-8）。

上述14家私营公司里，有5家来自美国，合计持有174 907.2枚比特币，占14家私营公司持有总量的45.7%，占2 100万枚总供应量的0.83%，总市值约106.48亿美元。其中，持有数量排名前六位公司中，包括Block.one（持有164 000枚）、Stone Ridge Holdings Group（持有10 889枚）等，合计持有174 889枚。

表6-8　全球持有比特币主要私营公司

排名	公司名称	国家（地区）	数量（枚）	目前市值（百万美元）	占2 100万枚总供应量的比重（%）
1	Block.one	美国	164 000.00	9 984.34	0.78
2	Tether Holdings Limited	英属维尔京群岛	75 354.00	4 587.56	0.36
3	BitMEX	塞舌尔	54 652.00	3 327.22	0.26
4	Xapo	直布罗陀	38 931.00	2 370.13	0.19
5	MTGOX K.K.	日本	32 899.00	2 002.90	0.16
6	Stone Ridge Holdings Group	美国	10 889.00	662.92	0.05
7	The Tezos Foundation	瑞士	6 169.00	375.54	0.03

续表

排名	公司名称	国家（地区）	数量（枚）	目前市值（百万美元）	占2100万枚总供应量的比重（%）
8	Real Bedford FC Ltd	英国	82.70	5.03	0.00
9	Bitcoin Association Switzerland	瑞士	15.02	0.91	0.00
10	Metcalf Paint, LLC	美国	14.08	0.86	0.00
11	Blockhenge	美国	3.00	0.18	0.00
12	21BitcoinApp	奥地利	2.68	0.16	0.00
13	San Antonio Elite Chiropractic	美国	1.11	0.07	0.00
14	Relai	瑞士	1.10	0.07	0.00

注：数据动态更新，统计截至2024年8月9日。
资料来源：BitcoinTreasuries；艾利艾咨询整理。

5. 个人：中本聪持有比特币最多，外界推算达110万枚；4个美国人合计持有超11.7万枚

若将真实身份未明的中本聪视为个人，其为目前已知控制比特币数量最高的个体。外界推测，中本聪至少持有110万枚比特币，分布在2.2万个钱包。拥有圣基茨和尼维斯、安提瓜和巴布达双重国籍的比特币投资家罗杰·韦尔①及其关联公司，在2014年2月期间共计持有约13.1万枚比特币。

除上述情况外，可查询到的个人中，持有比特币数量较多的为4个美国人，合计持有约117 388枚，占2100万枚总供应量的0.55%：美国双胞胎兄弟泰勒·温克莱沃斯和卡梅隆·温

---

① 罗杰·韦尔原籍美国加州。

克莱沃斯，于 2013 年创立加密货币交易所 Gemini。据估算二人目前持有比特币超 7 万枚；天使投资人蒂姆·德雷珀在 2014 年的法拍中购得 29 656 枚比特币；微策略创始人迈克尔·塞勒于 2020 年 10 月透露其个人持有约 17 732 枚比特币（见表 6-9）。

表 6-9　已知个人持有比特币数量情况

个人	国籍	持有比特币数量（枚）	占 2 100 万枚总供应量的比重（%）
中本聪	—	约 1 100 000	5.23
罗杰·韦尔	圣基茨和尼维斯、安提瓜和巴布达双重国籍	约 131 000	0.62
泰勒·温克莱沃斯、卡梅隆·温克莱沃斯	美国	约 70 000	0.33
蒂姆·德雷珀	美国	约 29 656	0.14
迈克尔·塞勒	美国	约 17 732	0.08

资料来源：ARKHAM、BitcoinTreasuries、CryptoSlate、CoinGeck 等；艾利艾咨询整理。

6. 数字钱包地址查询：持有比特币数量最多的地址，由美国监管的币安托管账户管理，该地址比特币总数超 24.8 万枚

目前，通过数字钱包地址可查询各钱包比特币持有量，但无法知晓掌控钱包实体的真实身份与所属国家。经查询统计的 5 432.9 万个地址，比特币持有量呈极度失衡特征：3 个地址持有超 10 万枚，合计 56.4 万枚，占已开采数量（1 971 万枚）的 2.86%；5 331.8 万个地址持有量不足 1 枚，占地址总数的 98.14%，合计持有量占总数的 7.18%（见表 6-10）。

表6-10 数字钱包比特币分布呈现失衡特征

持有比特币数量（枚）	地址数量（个）	占比（%）	持有比特币总数（枚）	占比（%）
0~0.000 01	5 180 011	9.53	28.96	0.00
0.000 01~0.000 1	10 834 282	19.94	458.39	0.00
0.000 1~0.001	13 820 836	25.44	5 281	0.03
0.001~0.01	11 895 499	21.90	43 286	0.22
0.01~0.1	8 043 930	14.81	273 261	1.39
0.1~1	3 542 931	6.52	1 093 563	5.55
1~10	858 415	1.58	2 131 614	10.81
10~100	137 011	0.25	4 351 575	22.07
100~1 000	13 806	0.03	3 894 765	19.76
1 000~10 000	1 962	0.00	4 806 226	24.38
10 000~100 000	102	0.00	2 549 187	12.93
100 000~1 000 000	3	0.00	564 352	2.86
总和	54 328 788	—	19 713 597.35	—
其中：小于1枚	53 317 489	98.14	1 415 878.35	7.18

注：数据统计截至2024年6月24日。
资料来源：BitInfoCharts；艾利艾咨询整理。

在持有比特币数量排名前10的地址中，3个归属于美国掌控的加密货币交易所币安（规模最大的地址持有超24.9万枚比特币），1个归属于位于英属维尔京群岛的加密货币交易所Bitfinex，1个归属于韩国掌控的加密货币交易所Upbit，1个归属于个人（攻击Mt.Gox的黑客）、1个归属于美国政府（Bitfinex黑客事件追缴所得）、1个归属于美国金融服务公司罗宾汉、1个归属于注册地为马恩岛和中国香港的泰达公司，1个未知（见表

6-11），即至少 5 个地址在美国的监管域内。

表 6-11 持有比特币数量前十名的钱包地址

地址排名	管理钱包的机构（或个人）	掌控者	持有比特币数量（枚）	占总流通数的比重（%）
1	币安	受美国监管的加密货币交易所	248 597.49	1.26
2	Bitfinex	位于英属维尔京群岛的加密货币交易所	180 010.08	0.91
3	罗宾汉	美国金融服务公司	135 744.82	0.69
4	美国政府（Bitfinex黑客事件追缴所得）	美国政府掌控	94 643.31	0.48
5	币安	美国掌控的加密货币交易所	82 833.46	0.42
6	个人	攻击 Mt.Gox 的黑客	79 957.27	0.41
7	未知	未知	78 317.03	0.40
8	泰达	注册地为马恩岛和中国香港的泰达公司	75 354.08	0.38
9	币安	美国掌控的加密货币交易所	68 200.01	0.35
10	Upbit	韩国掌控的加密货币交易所	66 485.07	0.34
总和		—	1 110 142.6	5.63

资料来源：ARKHAM Intelligence；艾利艾咨询整理。

（二）特朗普以比特币化解美国债务的构想与可行性探讨

1. 特朗普提出："给他们一点比特币，然后把我们的 35 万亿美元债务一笔勾销。"

目前，美国政府持有约 20 万枚比特币。2024 年 7 月，特朗普在田纳西州纳什维尔比特币大会上的演讲承诺：若能再次当选，其政府将保留现有比特币储备，并将比特币列为战略储备资产。同月，美国怀俄明州共和党参议员辛西娅·卢米斯提出《比特币法案》，提议由美国财政部牵头搭建去中心化比特币保险库网络。根据法案规划，政府未来五年每年最多收购20万枚比特币的计划，累计达100万枚比特币（约占比特币总供应量的5%）。卢米斯主张长期持有比特币（至少20年），认为其升值将有助于削减美国国债。

同年8月初，特朗普在接受福克斯新闻采访时谈及债务问题，称"也许我们会还清35万亿美元（债务）。给债权人一张小小的加密支票……给他们一点比特币，然后把35万亿美元债务一笔勾销"。特朗普表示，加密货币的市值已超过许多公司和国家，直言"这已经是一件大事了"，"作为新型货币形态，最终将使国家受益"。同年9月，在被问及加密货币的未来时，特朗普再度表示"加密货币前景光明"，并重申可用其偿还35万亿美元的美国国债。

2. 比特币政策研究所：应对巨额国家债务挑战，需要创新且可靠的解决方案

2024年11月14日，比特币政策研究所发文指出，化解美国长期债务可持续性困境，对美国而言至关重要。面对巨额国家债务带来的重大经济挑战，需要创新且可靠的解决方案，而将比特币列为战略储备资产提供了应对这一困境的有效路径。比特币不受美国政府控制，因为它不能被印刷或操纵。但比特币是一种可靠的中性资产，可以增强人们对国家财政责任的信任。"持有

我们无法简单生产更多的东西（指比特币），表明了我们对资产保值和财政纪律执行的承诺。"

3. 美国《新闻周刊》：比特币价格或将达 50 万美元 / 枚

美国《新闻周刊》网站 2024 年 11 月 18 日发布《特朗普的比特币战略储备可能是什么样子》一文。文中指出，在特朗普的第二个总统任期，美国将比特币列为战略储备资产，不仅可能重塑美国本土金融格局，还将改变全球加密货币市场。"特朗普效应"已推动比特币市值再次超越白银，成为全球第八大资产。但对于将比特币列为战略储备资产的可行性，金融界存在显著分歧。爱尔兰都柏林城市大学金融和金融科技助理教授阿拉什·阿卢谢认为："美国'比特币战略储备'的概念很有开创性，但在目前条件下，落地可能性极低。"他指出多重挑战，如"监管层面需大幅调整政策框架；保守机构普遍对高波动、去中心化资产持谨慎态度，大规模买入操作难以推进；比特币的市值规模有限，无法匹配储备资产所需的投资能力或稳定性；政府大规模购买可能会推高价格，滋生额外成本、扭曲市场。他还指出债务方面的考虑，美国政府目前的预算赤字约 1.8 万亿美元，"很难想象特朗普会举债投资比特币这类不稳定资产"。

也有人持相反的观点。《新闻周刊》援引区块链加密和应用平台"新区块链"高级经理阚耷萍观点：建立比特币战略储备可能推动市场显著增长，"美国政府设立的比特币战略储备基金将成为催化剂，推高比特币价格，甚至达到分析师预测的最高水平——一些人预测比特币价格或将达 50 万美元 / 枚"。美国政府若接纳比特币，将吸引养老基金、主权财富基金等机构投资者进入这一领域。她还谈道,"美国总统选举的结果证实,加密货币是一种成熟的资产类别。比特币等加密货币受到密切关注,成为全球资本市场观测特朗普任期影响和结果情绪的风向标"。

4. 英国《金融时报》:"特朗普用比特币偿还美国国债,是否可行?"

英国《金融时报》2024年11月22日发文称,仅靠现有的"比特币战略储备"偿还国债,这似乎不太可能。美国国债规模为36万亿美元,而美国政府的比特币持有量为208 109枚。要用比特币偿还这笔债务,每枚代币的价值需要达到约1.73亿美元。为此,特朗普需推动国会批准采购,或者启动某种行政手段。考虑到特朗普在其第一任期内习惯动用行政权力,文章假设这将再次成为他的优先选择。

该文表示,大规模加密货币投资需要得到国会的支持。怀俄明州共和党参议员卢米斯已提交《比特币法案》。该法案要求将政府扣留的比特币转入战略储备,还强制财政部未来五年内每年最多购买20万枚比特币。

对于资金来源,该文写道:一部分是通过将联邦储备银行的资本从68.25亿美元削减至24亿美元,并收取60亿美元的铸币税汇款(本应用于偿还美联储的递延资产);另一部分则涉及对美国政府黄金储备的特殊处理。当前,美国财政部持有的黄金账面价值为每盎司42.22美元,对应价值110亿美元。按市场价格计算,其价值超6 500亿美元。"因此,如果我们理解无误,美联储银行需要向美国财政部汇出约6 400亿美元,而财政部用这些资金购买比特币。这显然荒唐至极。"

5. 2024年11月以来，比特币合约"爆仓"数量显著上升

全球性加密货币数据分析平台CoinGlass数据显示，2024年11月以来，比特币合约"爆仓"数量显著上升。同年11月1—24日，比特币空单"爆仓"金额累计达15.12亿美元，多单"爆仓"金额累计达10.21亿美元，合计"爆仓"金额达25.33亿美元，其中，11月6日，即特朗普当选美国总统当日，比特币空单"爆仓"金额达2.42亿美元，随后仍有数个交易日"爆仓"金额超1亿美元（见表6-12）。

表6-12　2024年11月1日—24日比特币合约"爆仓"情况

（单位：亿美元）

时间	空单"爆仓"金额	多单"爆仓"金额	合计"爆仓"金额
11月1日	0.34	0.48	0.81
11月2日	0.08	0.05	0.13
11月3日	0.37	0.56	0.93
11月4日	0.14	0.44	0.57
11月5日	0.36	0.18	0.54
11月6日	2.42	0.61	3.03
11月7日	0.71	0.29	1.00
11月8日	0.24	0.21	0.45
11月9日	0.33	0.13	0.46
11月10日	1.33	0.35	1.68
11月11日	1.97	0.34	2.32
11月12日	0.84	1.03	1.87
11月13日	1.34	1.20	2.54
11月14日	0.31	0.85	1.17

续表

时间	空单"爆仓"金额	多单"爆仓"金额	合计"爆仓"金额
11月15日	0.67	0.32	0.99
11月16日	0.18	0.23	0.41
11月17日	0.18	0.45	0.63
11月18日	0.41	0.41	0.82
11月19日	0.48	0.29	0.77
11月20日	0.45	0.21	0.66
11月21日	1.15	0.38	1.52
11月22日	0.39	0.26	0.66
11月23日	0.18	0.41	0.59
11月24日	0.24	0.54	0.78
累计	15.12	10.21	25.33

资料来源：CoinGlass；艾利艾咨询整理。

（三）比特币政策研究所报告

2024年11月14日，比特币政策研究所发布《特朗普可以下令建立比特币战略储备吗》报告指出，尽管通过投资比特币（一种不受政府控制的去中心化货币）强化美元，看似有悖常理，但这一想法背后却有令人信服的理由。鉴于美国不断增长的国家债务和对长期金融稳定的担忧，将比特币纳入国家资产负债表，有助于增强市场对美国金融体系的信心。比特币的固定供应和通货紧缩属性，有望发挥对冲通胀的作用，彰显财政责任与创新价值。这或提升市场对美元的信心，进而长期稳定其汇率水平。

1. 美国财政部购买比特币具有合法机制

美国财政部借助 ESF（外汇稳定基金）购买比特币，可采用"可转换信用工具"这一实用方式（该工具允许持有人将信用资产转换成比特币等加密资产）。ESF 是美国财政部拥有的一项强大但常被忽视的金融工具。根据《美国法典》第 31 编第 5 302 (b) 条款，美国财政部长有权"交易黄金、外汇以及处置其认定必要的其他信用工具和证券"。

尽管比特币并非信用工具，但财政部可以参与依托此类工具开展的比特币交易。这种方式有若干优点：从法律上讲，它在 ESF 现有法定框架内运作，契合国会意图并遵守既定准则；从战略上讲，它促进与金融机构、行业参与者的合作，通过公私合作伙伴关系赋能整个金融生态系统，通过与信誉良好的交易对手合作，财政部可充分整合行业专业知识和基础设施，从而确保交易高效、安全推进。

然而，这种方法存在须审慎管控的考量因素。财政部必须评估交易对手信誉，以降低违约风险，确保到期时以比特币形式履约。鉴于比特币价格波动特性，偿还金额在首次交易至到期期间可能出现较大差异，从而引发估值波动，因此需要强有力的风险管理策略。

2. 收购比特币将符合 ESF 稳定美元汇率的法定目的

将比特币纳入美国储备，是实现国家资产多样化的战略举措，有望为美元汇率长期稳定提供重要支撑。比特币的独特属性，使其成为一种具有吸引力的投资资产，能够提供传统储备资产难以全面覆盖的优势。

（1）比特币可作为对冲通胀的工具

比特币的供应上限为 2 100 万枚，其本质上具有通货紧缩属性。比特币的稀缺性，与法定货币及以法定货币计价的国债形成鲜明对比——当货币政策驱动货币供应量增加时，这类国债可能会受到通胀压力冲击。通过持有比特币，财政部可对冲这些损失，因法定货币信心下滑时，比特币价格可能会上涨。尽管比特币历史波动剧烈，但从长远看，已表现出显著的升值趋势，超越了许多传统资产。这种增长潜力可以对冲美元贬值风险，提升国家储备配置弹性。

（2）将比特币列入战略储备可提高金融信誉

此举彰显美国致力于拥抱前沿金融技术，提升其作为全球金融领导者的形象。这种积极主动的姿态，可以吸引重视创新与资产多元化的投资者，从而吸引海外资本流入。随着其他国家和机构投资者开始认识、采用比特币，美国保持领先地位，可强化市场对其金融体系的信心，展现适配全球趋势主导金融格局演变的战略意图。

目前，全球范围内存在探索替代性数字货币、寻求降低美元主导依赖的趋势。例如，中国等国家正在开发 CBDC，并创建绕过传统美元网络的金融系统。通过合理布局比特币，美国可应对这类竞争态势，巩固其在全球金融领域的领导地位，强化美元作为世界储备货币的地位。

（3）将资产分散到比特币，可减少对黄金和外币等传统资产的依赖，因为这些资产存在局限性

黄金虽在历史上是一种可靠的价值储存手段，但在储存、运输与流动性层面，存在实际限制。外币受其他国家经济政策变

动、政治稳定性影响，易被外部风险尤其是地缘政治紧张局势冲击。比特币在去中心化的网络上运行，不受单一经济体表现的约束，不易受到此类外部影响。它不会取代传统资产，而是形成补充，为资产分散化开拓新途径，从而增强国家储备的稳健性。

3. 比特币战略储备的意义，并非仅围绕追求自身利益的比特币参与者展开

比特币政策研究所于 2024 年 11 月 22 日发布的《比特币战略储备或让比特币用户受益，但这不是重点》报告指出，随着比特币战略储备的提案近期逐步获得支持，反对意见和担忧也日益增多。此类提案意味着经济范式的重大转变，故而引发质疑和抵制声浪。这种质疑值得正视，因为它凸显了比特币战略储备在立法过程中可能面临的挑战。

一个主要的担忧在于，设立比特币战略储备可能会导致财富向现有比特币持有者的不合理转移。与此相关的是，有些人担心，设立比特币战略储备意味着美国政府在加密货币市场中选择了"赢家"。这一观点的依据是：如果美国政府开始购买比特币，随之而来的需求增加将推高比特币的价格。如此一来，随着比特币价格的上涨，现有比特币持有者的资产价值将同步上扬。

然而，值得强调的是，创建比特币战略储备的核心目标是服务国家利益。对比特币持有者的任何利好都是附带结果，而不是这一举措的主要目标。正如参议员卢米斯近期在 CNBC 上所言："由于比特币自诞生以来持续升值，它将成为有助于巩固美元世界储备货币地位的资产，并可作为大幅削减国家债务的储备

资金。"随着美元全球储备货币的地位承压加剧,将比特币列为战略储备资产,可作为防范国债市场系统性风险的对冲手段。此外,面对通胀和财政可持续性担忧升温,比特币战略储备可提供期权价值,为美国政府赋予灵活性并开辟偿债资金来源。将比特币列为战略储备资产,彰显美国政府积极应对现代金融挑战的姿态,增强了市场对金融系统韧性和稳定性的信心。

四、冲突与风险:全球金融的未来何去何从

(一)或推动比特币等加密货币与传统金融市场进一步挂钩,强化美国在现行金融规则下的优势地位

如前所述,此前 SEC 前期拒绝或拖延审批现货比特币 ETF 上市申请,却在 2024 年 1 月 10 日突然批准 11 只现货比特币 ETF。

加密货交易所 Coinbase 股票有望纳入标普 500 指数。2024 年 7 月 30 日,美国《华尔街日报》发文指出,数字资产迈向主流"可能会增加全球第二大加密货交易所 Coinbase 股票被纳入标普 500 指数的概率"。纳入标普 500 指数等知名指数,可激发投资者对相关股票的兴趣——指数纳入不仅赋予股票一定的合法性认可,还会促使跟踪该指数的投资基金买入。目前 Coinbase 的市值为 586 亿美元,若成功纳入,将成为标普 500 指数成分股中市值排名第 160 位的公司。

（二）美国将比特币列为战略储备资产，意图阻止竞争对手利用实物黄金储备冲击美元主导地位

1. 美国或将比特币定义为类似黄金（或超越黄金）的战略储备资产

2024 年 7 月 28 日，CNBC 发文指出，特朗普在同年 7 月 27 日的比特币 2024 大会演讲中提及："如果我当选，美国政府的政策会是，将目前持有或未来获得的所有比特币 100% 留存下来。实际上，这将成为国家比特币战略储备的核心。"美国专注于比特币生态的数字资产技术公司马拉松数字控股公司指出，"如果美国政府建立比特币战略储备，其他国家可能会效仿，这将导致大量比特币退出市场流通"。

美国政策研究和舆论界已在探讨是否将比特币归类为战略储备资产。美国《福布斯》2024 年 7 月 24 日发文指出，比特币作为能够为买家带来高回报的"数字黄金"（digital gold），具有独特优势，可作为战略储备资产补充实物黄金。如同闪亮的金属，比特币的价值缘于其稀缺性，以及作为价值存储和对冲通胀的新兴用途。美国可借助比特币作为数字黄金的独特属性，阻止竞争对手利用实物黄金储备冲击美元主导地位。

把比特币列为战略储备资产，或将成为"比特币太空竞赛"的发令枪。如果美国——世界上最富有的国家、全球资本的故乡——开始在资产负债表上积累比特币，其他国家也会有强烈动机效仿。随着主权国家竞相积累比特币这一稀缺性数字资产，国家间的博弈将进入高速演进阶段。实际上，美国可通过推动数字淘金热，抑制甚至逆转实物黄金的购买趋势。

该杂志特别指出，美国决策者可利用比特币，反制实物黄金武器化趋势。正如宏观投资者和金融作家卢克·格罗门所言，"一些国家可能会试图利用其黄金储备，削弱美元的武器化影响。但美国现在可能在比特币领域拥有战略优势"。特朗普、众议员埃默、参议员卢米斯以及越来越多的政策制定者意识到，比特币不仅是一项金融实验，还是彰显美国经济实力的工具。美国能否会充分利用这一工具，很大程度上取决于2024年11月的总统大选结果。

2. 比特币作为经济治国工具的潜力与"数字黄金"在货币网络中的战略主导地位

2024年7月28日，美国《福布斯》发文指出，美国目前持有约212 000枚被扣押的比特币，价值约150亿美元，而其黄金储备价值达6 000亿美元。特朗普称，"很快，比特币市值将超过白银整体市值。有朝一日，比特币也可能会超过黄金，从目前发展情况看，这很有可能"。

比特币政策研究所国家安全研究员马修·派恩斯于2023年10月发布了《大国网络竞争与比特币》报告，详细阐述了比特币作为经济治国工具的潜力："从国家安全角度看，关键决策者可能会意识到，允许比特币与黄金一同货币化（或超越黄金），将为美国带来不对等的好处。也就是说，当中国和俄罗斯越发重视模拟黄金（analog gold）时，美国可以反其道而行之，转向'数字黄金'。"全球权力格局正在迅速演变，数字网络成为核心枢纽。在美国经历"决定性的十年"之际，政策制定者应适配非传统方法，应对对手的不对称战略。

该报告指出，支持比特币的政策立场对美国国家安全及地缘政治优势产生的战略利益，值得认真分析，并应在报告摘要中重点强调以下两点。

第一，美国当前货币网络主导地位存在战略脆弱性。尽管美国在全球货币体系中占主导地位，但这一体系正积累日益严重的金融、政治及地缘政治负债，可能对美国国家安全和全球力量架构形成系统性风险。

第二，新兴非传统货币网络潜在优势和风险。比特币和美元稳定币可能有助于强化美国主权债务市场，并在发展中国家推动个人自治。

（三）美国或将在区块链领域展开新一轮激烈竞争

2024年7月24日，美国《福布斯》杂志发表《美国如何利用比特币作为应对中国的"王牌"》一文。文章指中，"冷战"期间，美苏较量不是靠子弹，而是靠技术，其中太空竞赛是最激烈的角逐领域。鉴于区块链这一新兴领域的竞争日趋激烈，太空竞赛的历史教训，在今天尤其具有现实意义，美国前总统特朗普似乎正在吸取这些教训。

2024年6月11日，特朗普在"真实社交"平台发帖称，"任由中国和俄罗斯主宰数字资产经济是危险的"。为化解这一威胁，"我们希望所有剩余的比特币在美国制造"。同年7月16日，其接受彭博社采访时进一步表态，"如果美国未能赢得比特币霸权的新一轮竞赛，将遭受严重后果。现在，如果我们不行动，这一领域就会被其他国家接手，中国的可能性最大——毕竟他们在这一领域相当先进。虽然现在还处于初始发展期，但我不想让其他国家接管这个领域"。

（四）或将比特币作为美国化债新手段，削减美国政府财政赤字

1. 美国加密货币政策最终制定者——美国财政部

2024年8月27日，美国Axios新闻网发文指出，如果美国要确立一套关于加密货币行业的系统性监管框架，其主导权很可能掌握在美国财政部手中。多年来，区块链行业的希望和挫折一直与SEC紧密相关，但大局的掌控者却是美国财政部。美国乔治·华盛顿大学监管研究中心主任罗杰·诺伯表示："财政部是政府金融服务总体政策中心。尽管财政部已开展研究，但其并未阐明监管愿景，这也是该行业从华盛顿接收到的信号混乱的原因之一。"

该文提道，美国财政部已呼吁对加密货币市场实施更有效监管，并推动联邦政府和国会填补监管空白，但该部门尚未发布明确政策信号。目前，财政部主要通过几种方式对加密货币行业行使监管权，其中之一是预防金融犯罪。美国昆鹰律师事务所合伙人凯瑟琳·勒米尔指出，FinCEN值得关注，因为它在反洗钱中发挥着重要作用。早在2013年，该部门就表示对加密货币交易所作为货币服务企业具有监管权。

该文提及，近期，美国财政部关于区块链行业的监管集中在税收和制裁方面。2024年6月，OFAC禁止美国公民及公司与欧洲白人至上主义、勒索软件团伙、俄罗斯商品和隐私协议相关

的数字钱包往来。隶属美国财政部的国税局也在开展加密货币交易者信息报告义务的研究。国税局还可进一步拓展监管范围，比如将加密货币纳入外国货币范畴进行监管，这样小额交易产生的收益和损失便无须计入税款。稳定币也是重点关注方向，其目前市值为1 690亿美元。美国财长耶伦曾称，稳定币对金融稳定构成威胁，尤其是在大型供应商遭遇挤兑的情况下。而这一判断，发生在俄罗斯尝试使用美元支持的稳定币规避制裁之前。美国乔治敦大学金融问题专家阿加瓦尔指出："财政部正在关注跨境业务问题。"

2."可用于一个目的：减少美国政府债务"

2024年7月27日，在特朗普举办的比特币大会后，美国怀俄明州联邦参议员辛西娅·卢米斯宣布将提交一项支持建立比特币战略储备的新法案。根据法案规划，5年内，美国将收集100万枚比特币，占全球比特币总供应量的5%；这些比特币将至少持有20年，可用于一个目的：减少美国政府债务；建立比特币储备将有助于美元抵御通胀上行压力。

2024年7月28日，CNBC发文指出，根据参议员卢米斯计划提交的法案，比特币储备的资金来源，将由美国财政部的"现有资金"（包括税收收入等）支付。卢米斯公开表示，最终目标是减少联邦赤字，有望抵消最初的投入成本。不过，要通过这一立法，很可能需要共和党在2024年11月赢得白宫、参议院、众议院的压倒性胜利。

The Block发文指出，参议员卢米斯在发布公告前接受访问时表示："通过对比特币的数字建模，结合过去的经验验证，我们知道它能够彻底改变美国的债务和赤字困境。美国既拥有战略石油储备，也持有黄金资产。因此，设立专门用于减少债务的战略储备这一构想，不仅能解决诸多难题，更是财政管理领域的重大突破。"这并不是她第一次建议美国政府购买比特币，早在2022年，她就提出用比特币分散美联储资产负债表的构想。最新授权文件显示，其本人持有的比特币，价值超过10万美元。

低调的美国独立总统候选人小罗伯特·肯尼迪[①]，近期对将比特币列入战略储备议题颇为关注。CNBC指出，肯尼迪比特朗普的设想更进一步：他承诺建立规模达400万枚比特币的战略储备（远超特朗普承诺），以匹配美国目前的黄金储备，并承诺如当选将签署行政命令，要求美国财政部每天购买550枚比特币——这一举措将彻底改变加密货币的监管逻辑和估值体系。

3. "不断增加的美元债务，或推高比特币价格"

2024年7月24日，美国《福布斯》杂志刊文称，在美国财政部长耶伦表态对美元前景感到担忧之后，马斯克发出警示：美元正走向"毁灭"，不断攀升的35万亿美元债务，甚至可能让美国"破产"。一些分析师认为，此局面或推高比特币价格。2024年初，美国银行分析师指出，美国的债务负担正以每100天新增1万亿美元的速度膨胀，势必推动比特币价格飙升。

美国国会预算办公室（CBO）于2024年6月18日发布《预算和经济展望更新：2024年至2034年》报告，其中谈到，社会保障和医疗保险支出的增加，将推高强制性支出规模；可自由支

---

① 罗伯特·肯尼迪于2024年8月宣布退出竞选，转为支持特朗普竞选。

配支出占GDP的比重，将降至历史最低水平；而利率上升和债务扩容会导致净利息支出增加。自2025年起，债务利息成本与GDP之比，将攀升至1940年（CBO首次统计该数据）以来的最高水平，并超过国防支出与非国防项目和活动的支出规模。

4. 特朗普："给他们一点比特币，然后把我们的35万亿美元债务一笔勾销。"

2024年8月2日，美国福克斯商业频道发布消息称，特朗普在接受其采访中谈到，"或许我们会用加密货币支票偿还我们的35万亿美元债务。我们会给他们一点比特币，然后把我们的35万亿美元债务一笔勾销"。

当前，美国一方面大力推动比特币等加密货币与传统金融体系挂钩，另一方面却未释放任何遏制美债规模持续扩张的信号。比特币等加密货币脱离了传统法定货币的诸多属性，回顾历史上著名的郁金香金融泡沫事件，再看二战后布雷顿森林体系崩溃，彼时美元兑换黄金的承诺不了了之。再观当前情势，美国政府债务在可预见的时间里延续"有增无减"态势的可能性难以排除，未来美国政府强行"以比特币等加密货币偿还债务"的情况也无法完全否定。若真出现这种情形，将会带来颠覆性冲击和挑战。

（五）比特币对跨境资本流动的强化作用及规避资本监管的通道属性

比特币交易模式分为两种：链上（on-chain）交易和链下（off-chain）交易，主要区别在于交易信息是否写入区块链。链上交易时，投资者通过数字钱包交易完成比特币转移，交易信息永久性写入区块链，写入过程需遵循区块链共识机制的规则和协议，因此安全性更高；但因需等待区块链各节点确认，交易速度较慢。链下交易则发生在区块链外，如双方通过第三方机构完成交易，速度更快，但安全性低于链上交易。

IMF于2024年4月5日发布的研究文章《比特币跨境流动初探：测量与驱动因素》，利用链上、链下交易原始数据，分析全球跨境资本流动状况。总体情况是，链上交易规模显著高于链下交易：平均每笔比特币链上交易涉及约13.348 6枚，链下交易涉及约0.017 8枚（见表6-13）。以2024年4月21日0点比特币价格（64 952美元/枚）推算，平均每笔链上交易金额约86.7万美元，链下交易约1 156美元。

表6-13　IMF：全球比特币链上、链下交易规模

	链上交易	链下交易
样本总交易次数（次）	1 632 049	2 107 509
平均每笔交易比特币数量（枚）	13.348 6	0.017 8
最大一笔交易的比特币数量（枚）	30 000	187.5

注：链上交易数据收集日期为2011年8月2日—2020年2月7日；链下交易数据收集日期为2017年3月15日—2023年2月16日。
资料来源：IMF《比特币跨境流动初探：测量与驱动因素》；艾利艾咨询整理。

该文得出的三点结论值得关注。

第一，比特币高波动、高风险资产的特征，并未使国际投资者避而远之，反而成为其实现风险对冲的工具。当代表国际市场波动的VIX指数上升时，传统跨境股权、债权投资的资金流动会下降，而比特币链上交易的流动反而增加，这与此前部分研究

结论相契合，表明与普遍认知相反，国际投资者将比特币视为一种"避险"资产，而不是一种有风险的资产。

第二，比特币链下交易的核心动机是规避资本管制，链上交易则更契合投资者对区块链安全性的偏好。

第三，比特币跨境流动在一些发展中国家表现更突出。例如，阿根廷、委内瑞拉的链上和链下规模都较大；比特币流入在一些非洲、亚洲和东欧国家也较显著。尤其在传统资本流动规模较小的国家，比特币跨境流动规模颇大；而资本流动规模较大的国家，通常较发达且拥有健全金融体制，其比特币流动往往较小。

Foresight News 在 2023 年底发文提道，贝莱德 CEO 拉里·芬克表示，比特币作为一种开放、可验证的无国界货币，可能会成为一种越来越重要的金融工具。芬克在 2023 年 10 月接受美国《福克斯商业》采访时透露，"贝莱德客户对加密货币表现出浓厚的兴趣，公司针对该资产类别推出的产品更具'普惠性'"。他将近期市场趋势解读为货币之间对"优质资产"的追求，并称加密货币将在未来几个月超越传统全球货币。

（六）比特币潜藏的五大风险

BIS 金融稳定董事咨询小组于 2023 年 8 月发布《新兴市场经济体中加密资产引发的金融稳定风险》报告，归纳出加密资产可能带来的六大类金融风险：市场风险、流动性风险、信用风险、操作风险、去银行机构化风险及资本外流风险。除上述常规风险外，加密货币背后还潜藏五大风险。

1. 政治属性风险：加密货币被视作政治运动，比特币"解决方案"是一种人为创造的稀缺性

欧洲经济政策研究中心（CEPR）2023年6月发文《加密货币的传承》指出，从本质上讲，加密货币被视作一种政治运动。中本聪在原始比特币白皮书中提出，技术可解决现有金融系统问题。比特币等加密货币的推广，由技术自由主义者推动。他们认为，加密货币是解决腐败、低效金融系统的方案。尽管技术自由主义者在加密货币推广群体中只占一小部分，却对加密货币的发展至关重要；如果没有他们推动，加密货币可能很难起步。

英国历史学家亚当·图兹（现任哥伦比亚大学教授、卡内基国际和平基金会欧洲中心非常驻学者），在其主理的《图说政经》2021年第15期谈道，"谈货币即谈政治，我们应当有选择地谈政治。我不认同比特币等加密货币背后的政治逻辑，沉溺于关于货币的无意义讨论，等同于陷入愚蠢且危险的政治泥沼，我们应当避免这样做"。他补充道："我不喜欢谈论加密货币，因为它本质上并不是一个技术或商业命题，而是保守派/自由主义者为了挣脱布雷顿森林体系崩溃后货币政治秩序阴影的尝试。比特币的'解决方案'是人为创造稀缺性，这种稀缺性缘于数学问题求解，需要使用大量的算力。"

2. 金融振荡风险：或引发主权国家资本外流、货币主权丧失及金融系统震荡，给政策制定者带来新挑战

IMF于2023年初发文指出，包括稳定币在内的加密资产尚未对全球金融体系构成风险，但一些新兴市场和发展中经济体已

遭受到实质性冲击。部分国家甚至出现大规模个人持有加密货币资产及货币替代现象（主要是以美元计价的稳定币）；另有国家则正在经历资产加密化过程——法定货币和国内资产逐渐被加密资产替代，且借助加密资产的特性规避汇率和资本管制限制。这种货币替代现象或引发主权国家资本外流、货币主权丧失及金融系统震荡，给政策制定者带来新挑战。金融监管部门需要通过增强金融市场对本国经济政策、货币与银行系统的信任，消除资产加密化的根本原因。

3. 人为操纵风险：目前比特币市场依旧不真实，其价格或长期被人为操纵

美国《财富》2023年2月发文《有一种疯狂的理论：比特币价格正被抬高——2017年证实操纵行为的学者疑历史重演》提及，早在2017年，得克萨斯大学麦库姆斯商学院金融学教授约翰·格里芬，与当时身为该学院博士生的阿明·沙姆斯开展了多项调查。在筛查违法行为时，他们意外发现，一种鲜为人知的代币正被大量"增发"，这种代币本应与美元1∶1挂钩。他们顺藤摸瓜，发现了另外一条线索：每当新一批代币出现时，比特币价格似乎就会上涨。疑似存在个人或者群体利用这种新印发的"免费资金"炒高比特币的价格，为自己牟利。2018年，二人共同发表了一篇突破性研究报告，披露发现：一个身份未明的比特币"大户"，在2017年底至2018年初，通过扭曲比特币交易，近乎以一己之力推动了比特币价格的大幅上涨。

2022年底，又一神秘趋势引起格里芬教授的注意。尽管加密货币市场崩盘，叠加各种负面因素冲击，比特币价格每次

跌破 16 000 美元 / 枚后，均迅速反弹，交易价格长期维持在 16 000~17 000 美元 / 枚。令人难以置信的是，2023 年加密货币市场持续溃败，比特币价格却逆势上扬——同年 1 月 7 日以来涨幅达 35%，突破 23 000 美元 / 枚。格里芬表示："这种现象非常可疑。目前的比特币市场依旧不真实，2017 年出现过的操纵手段，现在可能仍在搅动市场。"而到目前为止，尚无确切的证据证明存在不良操纵行为。格里芬说道："如今比特币市场变得更加庞大，数据挖掘难度陡增。老练的市场参与者深谙隐藏自己的身份。"

该杂志强调，值得注意的是，格里芬并非唯一对行业不良行为保持警惕的知名观察者。欧洲央行市场业务总干事乌尔里克·宾德赛尔和欧洲央行顾问于尔根·沙夫，曾联名撰写《比特币的最后一站》长文，直言比特币的再次兴起是"人为操纵的回光返照，实际上比特币已经走上末路"。两位华尔街资深人士解读该文背景时称，比特币价格波动，并未受到大量坏消息的影响，这种市场表现与由独立买卖双方主导的传统自由市场截然不同。

4. 资产转移风险：推动国家财富从易扣押、易受攻击的有形资产，向数字形式转移

2022 年 3 月 1 日，英国路透社发文提及，俄乌冲突爆发以来，比特币交易量显著攀升，因为冲突双方民众希望以匿名、去中心化的加密货币存储和移动资金。美国数字资产投资公司 Radkl 总经理比伊·奥卡罗尔认为，冲突背景下西方制裁已催生出一种趋势——比特币成为价值转移工具。他提道，"一种不受

政府控制、不受紧急法案约束的货币……真的很有趣，也许这是俄罗斯转移资产的路径。同样，乌克兰方面也可能借助它让民众获取价值"。

2022年初，比特币政策研究所发文《比特币对冲突的实际影响》分析，比特币可能对冲突产生深远的影响，但绝无结束冲突的可能。通过将国家财富从易扣押、易受攻击的有形资产，转移到数字形式，暴力冲突中"以没收财富为目的的诱因"将大幅减少。综合各相关因素，更合理的结论是，比特币可能会限制部分大规模、高成本的常规冲突，但难以实质性减少网络空间中的人类冲突，或大幅约束国家暴力行为。

5. 不平等加剧风险：比特币分布不均，逃税行为侵蚀税基

（1）比特币分布呈显著差异

前述钱包地址数据显示，约98%的数字钱包地址持有不到7.2%的已挖比特币；而1.8%的地址，却持有近92.8%的比特币。

（2）比特币财富不均水平明显超过全球财富不平等水平

根据世界不平等数据库（WID）测算，2022年全球前10%的群体财富占比达77.2%，而占比8.38%的高资产钱包地址持有98.37%的比特币，显著超过2024年全球财富与收入不平等水平线；后50%的群体财富占比为1.64%，而占比54.9%的低资产钱包地址仅持有0.03%的比特币（见图6-2）。

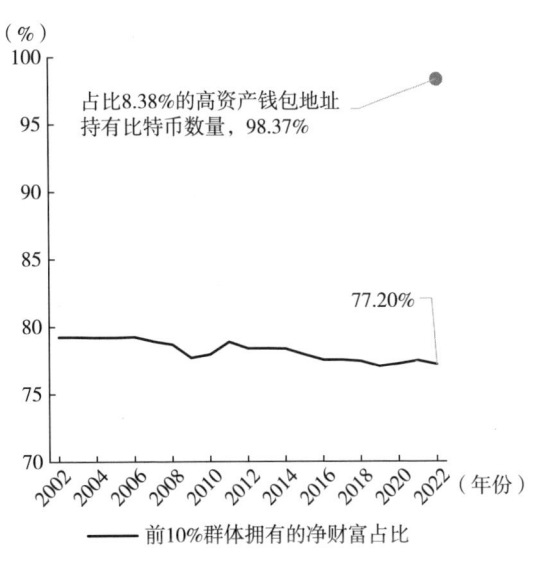

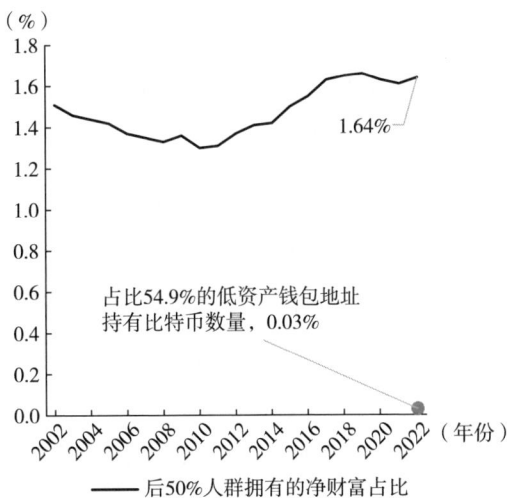

图 6-2 比特币的不平等已超越全球财富不平等水平

资料来源：WID、BitInfoCharts；艾利艾咨询整理。

（3）比特币投资高风险特征可能加剧不平等

美国布鲁金斯学会 2021 年 7 月发文指出，比特币相关技术创新可能加剧不平等。金融知识掌握程度和数字化渠道可及性的差异，或导致经验丰富的投资者从中获利，而不太富裕人群则易被新技术吸引，承担自身无法完全理解的风险。计算机算法可能会加剧而非减少信用评分及金融决策中长期存在的种族主义偏见等。数字支付的普及，还可能抹去我们日常生活中仅存的隐私痕迹。

（4）以比特币为代表的加密货币逃税额大，侵蚀税基

目前，美国国税局将比特币等加密货币归类为数字资产。以投资比特币并获取资本利得为例，依据投资时长不同计税：不足1年的，投资收益计入总收入，按个人普通所得税率征税；持有超过1年的，适用税率为0%、15%或20%。若投资出现亏损，按美国现行税法，每年最高可抵扣3 000美元税前收入，超出部分可结转至未来报税期抵扣。

2022年12月，NBER发文指出，加密货币投资者采用了一种名为"税收损失收割"的避税手段，即卖出亏损的加密货币，30天内再买入相同或类似资产，这类似证券市场熟知的"洗售"操作。美国国税局已禁止个人抵扣股票、债券、基金等传统金融资产因"洗售"产生的资本利亏，却未对加密货币设此类限制。例如，甲以1 000美元购买某股票，并以800美元出售，30天内又以800美元买回，税法不允许抵扣这200美元资本利亏；但如果甲购买的是比特币，这200美元就可以进行抵扣，从而减少其应纳个税。

NBER估算，若投资者在2018年加密货币大跌时采用这一手段，美国财政部在2018财年将损失100.2亿~162亿美元税收。巴克莱银行策略师约瑟夫·阿巴特于2022年5月估算，美国加密货币投资者至少有50%的应纳税负未缴纳，每年造成约

500亿美元税收损失。美国国税局报告显示，2021财年，因低报、漏报或不报产生的总税收缺口达6 880亿美元，若按此数据计算，加密货币行业逃税额占单一财年税收缺口的7.2%。

拜登政府计划填补这一漏洞。其2024年3月11日提交的2025财年财政预算计划提议，将"洗售"规则拓展适用于包括加密货币在内的数字资产，同时扩大金融机构和数字资产经纪商的信息报告要求。同年6月28日，美国财政部发布2025年加密货币税收报告法规，加大加密货币托管机构的税务报告力度，要求金融机构和经纪人详细报送数字资产交易信息，包括交易毛利（每笔交易盈利额）和调整后基础（购入成本）。该规则将于2025年起分阶段生效，目前仅适用于Coinbase、币安等为客户托管加密货币的交易所，DeFi及非托管钱包的相关规定暂被搁置。《华尔街日报》指出，2009年比特币推出以来，国税局始终要求通过交易这类资产获利的投资者缴税（通常针对资本利得征税），但从未系统地从海量加密货币市场中介机构处收集相关信息。2021年，CBO曾估算，新规实施后10年内可新增280亿美元联邦预算收入。

（七）比特币新估值或对传统估值形成冲击

1. 或冲击传统估值体系

传统投资时代的企业估值体系，以静态会计信息为基础建立：分母为通过历史财务报表信息推算的未来预期现金流，分子为投资者要求的投资回报率。巴菲特、格雷厄姆等古典价值投资范式是该估值体系的典型代表。工业时代，企业资产以土地、机器设备、厂房等有形资产为主，传统估值体系能有效适配。

如今，以人工智能为核心的新一轮数字科技革命，催生出数据资源、数字资产、技术专利、企业文化乃至品牌价值等无形资产，正大量涌入行业头部企业的资产负债表，苹果、特斯拉、亚马逊和 Meta 等数字时代行业领军企业，便是这类资产布局的典型。

传统估值手段难以对以加密货币为代表的数字资产进行评估，核心问题在于加密货币不存在现金流回报，其所谓"内在价值"难以衡量，价格完全依赖投资者以"动物精神"对加密货币未来价值抱有的信心。近年来，西方学界兴起行为金融学、心理经济学等研究方向，可视为回应这一估值难题的新尝试，需要对此加以关注。

2. 或突破现行会计制度

前文已提道，FASB 于 2023 年 12 月 13 日发布全球首个加密货币会计准则，规定公司按公允价值计算所持加密货币价值，且纳入季度和年度财报披露。新准则于 2024 年 12 月 15 日起对所有实体生效。

会计准则是美国公司（实际广泛应用于国际性上市公司）遵循的会计规则，也是财务数据统计的通用标准。在加密货币会计准则出台前，不符合投资公司资质的企业（如特斯拉等，主营业务并非资产管理），默认参照美国注册会计师协会的实践指南，将加密货币归类为无形资产（包括商标、版权、品牌等）。但与加密货币显著不同的是，这类资产很少被交易。如今，公司可根据新规则，按公允价值计量所持加密货币代币。由于公允价值的变动将计入净收入，代币可按最新市场价值纳入财报，资产负债表上的加密货币升值，即便未实际卖出也可记录为公司收入。

这一会计准则对公司最直接的影响，被认为会使上市公司更倾向于投资加密货币。在此前的会计准则下，加密货币升值带来的价格增益无法体现在财报，亏损却要如实记录，相当于只记录加密货币投资的负面消息，这对与财报息息相关的股价而言，绝非利好。今后，公司在上涨周期，更有可能把加密货币加入投资组合，且在财报中体现这些资产的升值情况。

后 记
艾利艾咨询的战略研究范式
——以加密货币为例

2024年初,现货比特币ETF获批的重磅消息,如同投入战略研究领域的深水炸弹,迅速激起加密货币领域的浪潮。这一事件在数字货币市场引发专业人士高度关注,更释放出全球货币秩序重构、技术范式更替、制度边界突破等多重深层信号。

彼时,市场主流视野尚未转向数字资产,多数传统研究仍未将其纳入国家战略和资本布局的考量范畴。正是在此节点,艾利艾咨询开启了一场看似"逆势"的研究——驱动我们的,并非数字资产时下的市场表现,而是其蕴含的未来潜力。

在我们看来,真正的战略研究从不以"预测未来"自居,而是以"透彻厘清事情本质"为前提和基础。这一理念看似朴素,实则极具挑战——在纷繁复杂的信息浪潮中,在话语权与叙事权的纷争中,要把一件事讲清楚,往往需要穿越迷雾、摒弃偏见、建立框架、厘清关系。这不仅是一套方法论,更是一种价值观。

这既是本书的鲜明特色,也是艾利艾咨询研究团队的核心竞争力所在。本书呈现的研究成果,绝非个人之力所能完成,本质上，它是团队集体智慧的结晶。无论是对比特币资产化进程、DeFi 机制演变的分析，还是对稳定币全球布局背后的地缘政治的解读，研究思路始终清晰且通透。这种清晰并非缘于对复杂问题的简单化处理，而是在于团队强大的信息收集、交叉验证和系统性梳理能力。我们相信，战略判断的基石，不是"预测对"，而是"搞明白"。

从 2024 年初涉入加密货币领域，到 2025 年稳定币话语权之争白热化，我们的研究绝非简单的时间轴式记录，而是在每一个关键节点，都全力完成从"信息收集"到"战略洞察"的跃升。

艾利艾咨询的战略研究强调"五见"理念，分别为远见、预见、高见、洞见与灼见。其中：远见，是敢于走在浪潮到来之前；预见，是洞悉趋势在酝酿中的方向；高见，是站在制度、资本、技术融合的高处看问题；洞见，是用跨领域的视角打通信息之间的壁垒；灼见，是对复杂格局提出鲜明有力的判断与主张。

我们之所以将加密货币作为艾利艾咨询战略研究的样本呈现给读者，并非仅因其题材新颖，更在于它是一个高度交叉的研究载体——既关乎全球金融体系变革，也牵涉国家主权博弈，更是全球范围内对技术、法律、伦理边界的一次集体试探。在这一动态系统中，上述"五见"理念指导下的研究能力得到了最直接的淬炼。

或许有读者好奇：为何从现货比特币 ETF 上市这一节点切入？因为我们察觉到，这是资本"开闸"向制度"破口"的关键转折点。随后，我们持续追踪比特币资金的流入流出、机构参与主体及监管政策演变，并将其与全球主要经济体的货币政策调整、金融监管框架革新、数字资产立法进程进行相互交叉分析。

我们意识到，这不仅是美国或加密货币行业内部的事件，而且是正在重塑全球资本流动规则与国家主权边界的重大趋势。

或许还有读者会问：是什么动力让你们在加密货币领域持续跟踪与深耕？因为我们发现，加密货币犹如一面镜子。在本书撰写的过程中，加密货币历经多轮剧烈波动：既见证过市值暴涨，也目睹过平台崩塌；既遭遇主权国家的强力监管，也迎来央行机构的主动布局；既涌现出技术创新，也充斥着金融诈骗。从表面上看，这是一个震荡剧烈的高风险领域；但我们认为，它更像一面镜子，映射出诸多关键议题：传统金融体系的制度僵化，技术势力与主权结构的博弈，全球货币权力格局的重构动向，普惠金融愿景与金融排斥现实的社会张力，以及国家治理与个体自由平衡，等等。

加密货币涉及领域的广度与边界的模糊性，使其成为战略研究的绝佳试炼场。在持续追踪的过程中，我们不断淬炼逻辑分析体系、升级研究模型，同时提升对全球格局演变的直觉力与敏感度。

当下，稳定币成为全球金融格局中最受关注的变量之一。不同于比特币的"野性"，稳定币的制度依赖性、技术合规性与货币职能，使其成为真正能"嵌入现有金融系统"的加密资产形态。

从本质而言，稳定币是加密货币从"对抗性力量"向"嵌入式工具"转型的标志。它带来的不只是技术层面的挑战，更是货币主权边界的再划定、跨境支付系统的结构性重构，以及数字时代"全球数字货币"雏形显现的可能性。

这一转型并非偶然，而是全球多种力量驱动的必然结果。早在比特币尚处灰色地带时，我们便持续开展研究；在稳定币崛起前，已完成多项专题推演——这正是艾利艾咨询"五见"理念在战略研究中落地的最好注脚。

不少人将战略研究简单等同于"宏观趋势判断"或"政策解读"。但在艾利艾咨询，我们始终强调：战略研究的起点不是"预测"，而是"诚实"——诚实地面对混乱，接纳未知，承接复杂。

我们相信，"透彻厘清事情本质"绝非"低级工作"，而是最具挑战性、最富深度、最具结构性价值的事。只有在此基础上，才可能孕育出真正的远见、预见、高见、洞见与灼见。

本书是艾利艾战略研究的阶段性成果记录。它并非答案的堆砌，而是思考轨迹的呈现。我们希望，本书不仅能为读者展现一个正在快速演变的加密货币世界，更能启发读者在不确定性中构建自己的认知秩序，在"结构性雾霾"中坚持一套方法论和一种价值观。这正是我们理解的战略研究核心意义。

最后，感谢参与此课题的每一位团队成员，也感谢全程陪伴的各位专家学者。希望本书能以我们的研究实践为"战略研究"添一份独特的注脚。

李未柠

2025 年 7 月